Christoph Kotanko

Kult-Kanzler Kreisky

Christoph Kotanko

Kult-Kanzler Kreisky

Mensch und Mythos

ueberreuter

Bildnachweis

Nora Schuster: S. 81, 82, 83, 84, 85, 86, 87 unten, 88, 93, 94, 95, 96
Kreisky-Archiv: S. 90, 91 links unten
Privat: S. 91 rechts unten, 92
Votava|Imagno|picturedesk.com: S. 87 oben
Nora Schuster|brandstaetter images|picturedesk.com: S. 91 oben
Grafik S.147: Die Presse|Petra Winkler

Der Verlag hat sich bemüht, alle Rechteinhaber ausfindig zu
machen. Sollten berechtigte Ansprüche übersehen worden
sein, werden die Rechteinhaber gebeten, sich mit dem Verlag
in Verbindung zu setzen.

Erweiterte Neuauflage
1. Auflage 2024
© Carl Ueberreuter Verlag, Wien 2024
ISBN 978-3-8000-7871-4

Covergestaltung: Saskia Beck, s-stern.com
Umschlagfoto: © Nora Schuster
Satz: Hannes Strobl, Satz·Grafik·Design, Neunkirchen
Druck und Bindung: Finidr Ltd., Český Těšín

www.ueberreuter.at

Inhalt

Vorwort von Heinz Fischer

In meinen Bücherregalen zu Hause sind fast zwei Laufmeter mit Büchern von und über Bruno Kreisky gefüllt. Und dennoch gibt es noch sehr viel über Kreisky zu erzählen und zu berichten.

Manchmal denke ich mir, dass das Bild Kreiskys durch den Abstand von so vielen Jahren seit dem Beginn seiner Kanzlerschaft nicht nur nicht verblasst, sondern sogar plastischer geworden ist und an Ausstrahlung gewonnen hat.

*

Für mich war Bruno Kreisky seit meiner Jugend ein Begriff. Als mein Vater 1954 zum Staatssekretär im Handelsministerium in der Regierung Raab/Schärf ernannt wurde, war auch Kreisky als Staatssekretär in dieser Regierung tätig, und zwar als Staatssekretär im Bundeskanzleramt, weil es damals noch kein eigenes Außenministerium in der österreichischen Bundesregierung gegeben hat – was erst 1959 geändert wurde.

Persönlich kennengelernt habe ich Bruno Kreisky Ende der 1950er-Jahre, als er bereits Außenminister war und – so wie Bruno Pittermann, Karl Waldbrunner oder Franz Olah – gelegentlich bereit war, mit Funktionären des Verbandes Sozialistischer Studenten zusammenzutreffen oder an Veranstaltungen des VSStÖ als Referent teilzunehmen. Seine strenge damalige Büroleiterin Frau Chiari setzte solchen Begegnungen enge zeitliche Grenzen.

Meine Frau Margit kennt Bruno Kreisky und dessen Familie noch viel länger – praktisch von frühester Kindheit an –, da die Familien Kreisky und Binder zeitgleich in Stockholm als Flüchtlinge aus Österreich lebten und einander, so gut es ging, unterstützten.

Ab 1962, als bei sechsmonatigen Koalitionsverhandlungen der heftige Kampf zwischen SPÖ und ÖVP um das Außenministerium zugunsten der SPÖ entschieden wurde, begann die politische Bedeutung von Bruno Kreisky sichtbar zu steigen.

Und vier Jahre später, als die SPÖ unter Bruno Pittermann am 6. März 1966 eine schwere Wahlniederlage im politischen Wettbewerb gegen den neuen ÖVP-Bundesparteiobmann und Bundeskanzler Josef Klaus hinnehmen musste – wobei die ÖVP zum ersten Mal seit 1945 wieder eine absolute Mehrheit erhielt –, erschien vielen in der SPÖ ein Wechsel an der Spitze der Partei unvermeidbar. Aber vor dieser Personalfrage war noch eine Sachfrage zu klären, nämlich die Frage, ob man mit der ÖVP, die im Nationalrat nunmehr über eine absolute Mehrheit verfügte, überhaupt noch eine Koalition eingehen konnte oder nicht.

Die ÖVP bot damals der SPÖ im Prinzip eine Koalition ohne Koalitionspakt an, d. h. die SPÖ sollte zwar in der Bundesregierung vertreten sein und auch einige Ministerien leiten, aber es sollte keinen bindenden Pakt geben, der die ÖVP daran hindern würde, ihre absolute Mehrheit für Beschlüsse im Nationalrat nach ihrem Ermessen einzusetzen.

Die Mehrheit in der SPÖ-Führung hielt eine solche Rolle für unzumutbar, weil die SPÖ damit bloß ein politisches Feigenblatt für eine im Parlament allein entscheidende ÖVP gewesen wäre.

Kreisky aber kämpfte wie ein Löwe für eine Fortsetzung der Koalition und sein Argument wurzelte in der Geschichte der Ersten Republik: Das Unheil der Ersten Republik habe – so argumentierte Bruno Kreisky – mit dem Ende der Koalition zwischen Christlichsozialen und Sozialdemokraten im Sommer 1920 begonnen, daher dürfe man 46 Jahre später nicht den gleichen Fehler wiederholen.

Aber bei der Abstimmung im Parteivorstand blieb Kreisky mit seinem Standpunkt deutlich in der Minderheit: Die SPÖ ging in Opposition und Bundeskanzler Josef Klaus bildete eine ÖVP-Alleinregierung.

*

Zehn Monate später, am 1. Februar 1967, wurde Bruno Kreisky nach einem stürmischen Parteitag zum SPÖ-Vorsitzenden gewählt. Er hatte einen guten Ruf in der Bevölkerung, war international gut vernetzt, brachte viele neue Ideen in die Politik ein und machte die SPÖ bei den Wahlen vom 1. März 1970 zur stärksten Partei im Parlament. Die endgültige Mandatsverteilung lautete (nach einer Nachwahl in einigen Wiener Wahlkreisen) 81 SPÖ zu 78 ÖVP zu 6 FPÖ.

Wenige Wochen später war Kreisky Bundeskanzler; und ich bin überzeugt, dass die SPÖ die Wahlen des Jahres 1970 nicht gewonnen hätte, wäre sie 1966 als Juniorpartner der ÖVP in die Regierung eingetreten. Man kann also sagen, dass die Niederlage, die Kreisky bei der Abstimmung im SPÖ-Parteivorstand im Frühjahr 1966 erlitten hat, die Weichen für seinen Wahlerfolg im Frühjahr 1970 gestellt hat.

Dabei unterschätzte Kreisky auch im Wahlkampf 1970 noch die Chancen der SPÖ und überschätzte jene von Josef Klaus, und zwar nicht zuletzt deshalb, weil Kreisky lange Zeit fürchtete, dass seine jüdische Herkunft de facto ein großes Hindernis zur Erlangung der Funktion des Bundeskanzlers sein würde.

Kreiskys Büroleiter und enger Mitarbeiter im Wahlkampf 1970 war der spätere Botschafter und Außenminister Peter Jankowitsch, der Kreisky auch auf seinen ausgedehnten Wahlreisen im Jänner und Februar 1970 begleitete. Mitten im Wahlkampf fiel Peter Jankowitsch wegen einer starken Grippe für einige Zeit aus. Kreisky fragte mich (ich war damals Klubsekretär in der SPÖ-Parlamentsfraktion), ob ich ihn auf seinen Wahlreisen bis zur Wiederherstellung von Peter Jankowitsch begleiten könne und wolle.

Ich nahm diese Einladung des Parteivorsitzenden gerne an, saß also täglich stundenlang mit Kreisky im Auto, hörte im Zweistundentakt seine Wahlreden, redet mit ihm über Gott und die Welt und lernte natürlich auch seine Einschätzung der Wahlchancen kennen.

Kreisky war damals 59 Jahre alt. Er schätzte die Lage so ein, dass die ÖVP am 1. März 1970 ihre absolute Mehrheit verlieren, aber stärkste Partei bleiben würde und es daher wieder zu einer Koalitionsregierung unter ÖVP Führung kommen werde. Bei der nächsten Wahl – also voraussichtlich 1974 – könnte die SPÖ dann den Sprung zur stärksten Partei schaffen und zum ersten Mal in der Zweiten Republik den Bundeskanzler stellen – so lautete die mittelfristige Perspektive in der Einschätzung von Bruno Kreisky. Und 1978 wäre dann auch eine absolute Mehrheit für die SPÖ möglich, fügte Kreisky noch hinzu.

Die Prognose war – wie sich bald darauf herausstellte – viel zu vorsichtig! Kreisky und seine Partei überholten die ÖVP schon im März 1970 sowohl an Stimmen als auch an Mandaten und bereits eineinhalb Jahre später, im Herbst 1971, erzielte Kreisky die absolute Mehrheit und blieb insgesamt 13 Jahre Bundeskanzler.

Als am 1. März 1970 das Wahlresultat vorlag, erhielt Bruno Kreisky von Bundespräsident Jonas zunächst den Auftrag zur Bildung einer

Koalitionsregierung mit der ÖVP. Aber der glühende Koalitionsanhänger von 1966, der damals gefürchtet hatte, dass ein Ende der Koalition sehr unerfreuliche Entwicklungen (wie in der Ersten Republik) zur Folge haben könnte, hatte inzwischen seinen Standpunkt revidiert: Tatsächlich hatte sich in den Jahren zwischen 1966 und 1970 gezeigt, dass eine der beiden großen Parteien in Opposition die Demokratie nicht gefährdete, wenn man bestimmte geschriebene und ungeschriebene Regeln beachtete; und dazu waren damals sowohl die ÖVP als Regierungspartei als auch die SPÖ als Oppositionspartei eindeutig bereit.

Zwischen Klaus und Withalm einerseits sowie Kreisky und mehreren Exponenten der SPÖ andererseits gab es zahlreiche Kanäle und Kontakte zum Informations- und Meinungsaustausch. Die Sozialpartnerschaft wurde vernünftig praktiziert, die beiden Parteien bzw. die Parteiführungen wussten, was sie einander zumuten konnten und was nicht. Über größere legislative Projekte wurde oft monatelang und ausführlich in Ausschüssen und Unterausschüssen des Nationalrats verhandelt und wichtige Institutionen wie Nationalbank, Verfassungsgericht oder andere Einrichtungen von staatspolitischer Bedeutung wurden weiterhin einigermaßen ausgewogen und sachlich besetzt.

Auf der Basis dieser Erfahrungen strebte Kreisky nach seinem Wahlsieg im Jahr 1970 nicht eine Neuauflage der Großen Koalition unter seinem Vorsitz an (was er sich ursprünglich vom Jahr 1974 erhofft hatte), sondern legte den Auftrag des Bundespräsidenten zur Bildung einer Koalitionsregierung mit der ÖVP nach einigen Gesprächsrunden zurück und ersuchte den Bundespräsidenten – nach einer entsprechenden Absprache mit FPÖ-Klubobmann Friedrich Peter – um die Betrauung mit der Bildung einer SPÖ-Minderheitsregierung.

Friedrich Peter, der Bruno Kreisky sehr schätzte und ihm die „Tolerierung" einer Minderheitsregierung für ein bis zwei Jahre in Aussicht stellte, war und bleibt für mich eine der am schwierigsten zu beurteilenden Persönlichkeiten der Zweiten Republik. Aber den Vorwurf, Kreisky habe sich die Tolerierung seiner Minderheitsregierung durch ein großes Wahlrechtsgeschenk an die FPÖ „erkauft", halte ich in dieser Form nicht für die ganze Wahrheit.

Denn die Wahlrechtsreform des Jahres 1970 war nicht etwa eine sachlich unbegründete Privilegierung der FPÖ als Lohn für „politisches Wohlverhalten", sondern es war eine demokratiepolitisch überfällige Maßnahme, über die schon diskutiert und verhandelt wurde, als die Koalition zwischen SPÖ und ÖVP noch stabil und unerschütterlich erschien. Denn das österreichische Verhältniswahlrecht aus den Zeiten der Ersten Republik war so konstruiert, dass die sogenannten Restmandate wesentlich „teurer" waren als die Grundmandate.

Und da SPÖ und ÖVP zum Großteil Grundmandate erzielten, während die kleinen Parteien überwiegend nur Restmandate erhielten, bedeutete dies, dass SPÖ und ÖVP für ein Nationalratsmandat im Durchschnitt etwa 24.000 oder 25.000 Stimmen benötigten (die SPÖ geringfügig mehr als die ÖVP), während kleinere Parteien wie KPÖ und FPÖ für ein Mandat in der Regel 35.000 bis 40.000 Stimmen benötigen. Das Verhältniswahlrecht war also systembedingt ein „Unverhältniswahlrecht".

Diese Ungerechtigkeit und dieses systematische Abweichen vom Prinzip der Wahlgerechtigkeit zu beseitigen, ist nichts, wofür man sich schämen musste – auch wenn der Anlass für diese gerechtfertigte und bis heute in Kraft befindliche Reform in Zusammenhang mit der Bildung einer Minderheitsregierung stand.

*

An die erste Regierungserklärung, die ein sozialdemokratischer Bundeskanzler seit 1920 im österreichischen Nationalrat abgegeben hat, erinnere ich mich noch, als ob es gestern gewesen wäre. Es war eine knapp zweistündige Rede, die Kreisky am Montag den 27. April 1970 (übrigens am 25. Geburtstag der Zweiten Republik) um 15 Uhr im voll besetzten Sitzungssaal des Nationalrats vor voll besetzten Besuchergalerien hielt.

Und es war eine stürmische Debatte, die über diese Regierungserklärung zwei Tage später geführt wurde. Am weitesten entfernt von der tatsächlichen künftigen Entwicklung hat sich zweifellos der damalige ÖVP-Abgeordnete Dr. Franz Bauer, welcher der Regierung Kreisky prophezeite, sie werde „sehr bald am Misthaufen der Geschichte" landen.

Die Zeit vom April 1970 bis zum Herbst 1971, also bis zur Erlangung der absoluten Mehrheit Kreiskys bei den Wahlen vom 10. Oktober 1971, war für mich eine der interessantesten Zeiten, die ich in der Politik erlebt habe.

Und auch das Zustandekommen der Regierungserklärung des nunmehr mit einer absoluten Mehrheit ausgestatteten Bundeskanzlers Kreisky ist mir in dauerhafter Erinnerung geblieben.

Kreisky wollte diese wichtige, ja historische Rede sorgfältig und zeitgerecht fertigstellen. Aber er war von früh bis spät mit so vielen anderen Themen beschäftigt, dass er die Erarbeitung der Rede immer weiter hinausschob. Schließlich kam der 4. November, also der letzte Tag vor der Regierungserklärung. Und da gab es dann kein Verschieben mehr. Kreisky lud einige enge Mitarbeiter, zu denen Peter Jankowitsch, Hannes Androsch, Karl Blecha, Heinz Fischer, Josef Staribacher, Heinz Brantl und vor allem auch seine junge Büroleiterin Margit Schmidt zählten, in seine Wohnung in der Armbrustergasse ein. Und dann begann er zu monologisieren und laut darüber nachzudenken, wie er Österreich verändern, modernisieren und gerechter machen wolle und was denn in dieser Rede alles drinnen stehen bzw. angesprochen und ausgedrückt werden müsse.

Auf allfällige Einwendungen oder Anregungen ging er – teils zustimmend, teils ablehnend – ein, spann den Faden weiter, stellte immer neue Zusammenhänge her und spätabends, nach vielen Stunden – und zwischendurch einer großen Portion Schinkenfleckerl aus der Küche –, meinte Kreisky, dass jetzt „das Wichtigste wohl gesagt" sei.

Margit Schmidt hatte alles (oder zumindest vieles) mit großer Sorgfalt und Feinfühligkeit notiert, zog sich zurück, um das alles zu Papier zu bringen, und irgendwann in der Nacht muss Kreisky die endgültige Fassung dieser Rede finalisiert und autorisiert haben. Und es war eine große und ermutigende Regierungserklärung, die übrigens von viel weniger Zwischenrufen unterbrochen wurde als jene vom 27. April 1970.

Für Bruno Kreisky war Politik das zentrale Thema seines Lebens. Er hatte viele Interessen, interessierte sich stark für Kunst und Kultur, las viel, hielt den Blick über die Grenzen unseres Landes und die Grenzen Europas hinaus für wichtig. Er war einer der wenigen österreichischen Politiker, die tragfähige Kontakte zu führenden Persönlichkeiten in den USA hatten, darunter auch zu John Foster Dulles, Harry S. Truman, Jimmy Carter oder Henry Kissinger, und er empfand – zumindest solange er gesund war – Politik nicht als Bürde und Belastung, sondern als Chance und Möglichkeit zur Gestaltung und Erweiterung des Freiheitsraums. Er hatte den Mut, Entscheidungen zu treffen, und ich denke, dass es ihm an den meisten Tagen des Jahres Freude machte, die Stiegen zu seinem Büro im 1. Stock des Bundeskanzleramtes emporzusteigen.

Warum das Publikum bei seinen vielen Reden so sehr an seinen Lippen hing und warum auch die sechste oder die zehnte Rede Kreiskys zu einem bestimmten Thema immer noch interessant und faszinierend war, erkläre ich mir damit, dass für Kreisky „reden" in der Regel darin bestand, laut zu denken – wie ich es schon beim Entstehen der Regierungserklärung beschrieben habe.

*

Ein Vorwort hat nicht die Aufgabe, den Inhalt eines Buches vorwegzunehmen, sondern in das Thema des Buches einzuführen. Und dazu ist es nicht erforderlich, auf die weiteren wichtigen Kapitel aus dem Leben und aus der Regierungszeit von Bruno Kreisky einzugehen. Ich mache daher einen großen Sprung zum Ende seiner Regierungszeit und muss in diesem Zusammenhang leider feststellen, dass seine letzten Kanzlerjahre – also vor allem die Periode von seinem höchsten Wahlsieg im Jahr 1979 bis zu seinem Ausscheiden aus der Bundesregierung im Jahr 1983 – nicht nur von gesundheitlichen Problemen, sondern auch von politischen Spannungen und zunehmenden Konflikten überschattet waren.

Der Abschied aus der Politik – die in seinem Leben eine so große und zentrale Rolle spielte – fiel ihm unendlich schwer.

Die SPÖ-Führung wollte ein sichtbares Zeichen des Dankes und der Anerkennung für den langjährigen Parteivorsitzenden und Bundeskanzler setzen und wählte ihn einstimmig zum Ehrenvorsitzenden der SPÖ. Aber damit wurde ein großes Missverständnis geschaffen: Von der neuen Parteiführung wurde Kreisky als EHRENvorsitzender – mit der Betonung auf EHREN – gesehen, während Kreisky sich als Ehren-VORSITZENDER – mit der Betonung auf VORSITZENDER – betrachtete. Dadurch ist es erst recht zu Missverständnissen und Spannungen gekommen.

Jedoch wusste jeder in der Sozialdemokratie, und es wussten auch sehr viele in der österreichischen Bevölkerung, wie wertvoll die 13 Jahre der Kanzlerschaft von Bruno Kreisky für Österreich waren und wie positiv sich Österreich in dieser Zeit entwickelt hat. Kluge Reformen im Interesse des Landes waren für Kreisky eine Herzensangelegenheit und nicht ein Thema, das in erster Linie unter dem Gesichtspunkt von Werbung und Propaganda gesehen wurde.

Noch im Jahr 1989, als ganz Europa im Banne der sich anbahnenden Veränderungen in den kommunistisch regierten Ländern stand, sagte Kreisky, der schon an einen Rollstuhl gebunden war: „Was könnte ich in Zeiten wie diesen alles tun, wenn ich nur zehn Jahre jünger wäre."

*

Kreisky starb im Juli 1990 und Willy Brandt sprach ihn in seiner Grabrede als „lieber, guter, schwieriger Freund" an. Das war Kreisky ganz bestimmt.

Aber ich möchte abschließend auch eines der Lieblingszitate von Bruno Kreisky erwähnen, nämlich jenes Zitat, wo Conrad Ferdinand Meyer in seinem Buch über Ulrich von Hutten diesen über sich selbst sagen lässt: „Ich bin kein ausgeklügelt Buch, ich bin ein Mensch mit seinem Widerspruch."

Auch das war Bruno Kreisky.

Ich wünsche diesem Buch viele, vor allem auch junge Leserinnen und Leser.

Heinz Fischer

Kreisky forever?

Bruno Kreisky ist nie wirklich aus dem kollektiven Gedächtnis verschwunden. Mensch und Mythos haben sich längst vermengt. Dem Kult-Kanzler gilt die Bewunderung von Sozialdemokraten und Christlichsozialen, Grünen und Blauen. In der Populärkultur hat er ebenfalls seinen festen Platz, als Name einer Band oder als Barschild in Wien und Berlin. Von Gerasdorf bis Ramallah tragen Plätze, Gassen, Schulen seinen Namen.

Kreisky stärkte das österreichische Nationalbewusstsein und war zugleich „der erste Kosmopolit der heimischen Politik" (so nannte ihn der Publizist Werner A. Perger). Er steht mit dem Deutschen Willy Brandt und dem Schweden Olof Palme für das Goldene Zeitalter der europäischen Sozialdemokratie; „die drei Musketiere" wurden sie genannt. Sie wollten tragfähige Ideen für die Zukunft des eigenen Landes, Europas und der Welt finden – was ihnen, trotz Rückschlägen, zum Teil gelang.

Ähnlich heroische Figuren sucht man heute fast vergeblich. Die gewaltige politische, ökonomische und mediale Beschleunigung lässt das Heranreifen so großer Persönlichkeiten kaum mehr zu. Die Elite ist diskreditiert, auch weil sie sich nur aus sich selbst erneuert; unkonventionelle, wagemutige Persönlichkeiten werden ferngehalten.

Ein Grundsatz Kreiskys scheint aus der Zeit gefallen: „Ich hab' immer wieder gesagt, holt's doch nicht immer dieselben Leute, sondern holt's Leute herein, die sich entfalten können. Fördert's diese Leute und lasst's net immer dieselben alten Fadiane reden." Dass er mit seiner Personalauswahl manchmal falsch lag, nahm er in Kauf. („Ich bin Menschen gegenüber sehr vorurteilsfrei und hab' daher auch hie und da draufgezahlt.")

Den Luxus der Langfristigkeit will sich auch niemand mehr leisten. Kreisky gestattete es sich, in langen Zeiträumen zu denken („Ich bin der Meinung, innerhalb von zehn Jahren soll das und das verwirklicht werden"). Er hatte politische Visionen und den Willen dazu, „er wollte Österreich verändern und hat es auch getan" (Hans Rauscher). Sein Geschäftsmodell war es, komplizierte Sachen einfach zu machen. Das trug ihm den Vorwurf ein, allzu pragmatisch vorzugehen. Den Vorhalt der Ent-Ideologisierung wollte er nicht gelten lassen: „Es war mein

15

Bestreben, dass diese Programme im prinzipiellen Einklang mit unseren grundsätzlichen Überlegungen stehen müssen." Damit stillte er jedenfalls den Traditionsbedarf der Partei.

Was können heutige Politikerinnen und Politiker von Kreisky lernen? Er war eine Integrationsgestalt für verschiedenste Strömungen, zuerst in seiner Partei, dann im Volk – weit über die SPÖ-Klientel hinaus. Erst durch ihn wurde das österreichische Zweiparteiensystem „zum offenen Zweieinhalbparteiensystem" (Anton Pelinka). Er verschaffte dem „dritten Lager" die uneingeschränkte Bündnisfähigkeit.

Solidarität, Leistung und Gerechtigkeit waren in der Ära Kreisky zentrale Begriffe, die aus den 1970er-Jahren ins Heute übersetzt werden müssen. Die Rehabilitierung des inzwischen verpönten Leistungsbegriffs fehlt. Alfred Gusenbauers „solidarische Hochleistungsgesellschaft" war nur eine Kopfgeburt. Unverändert gilt, was Kreisky bereits 1963 schrieb: Die innere Kraft der Demokratie ist abhängig von dem Maß an sozialer Gerechtigkeit, das in der modernen Industriegesellschaft verwirklicht werden kann.

Viel zu tun bleibt bei der Gleichberechtigung von Frauen in der Politik – trotz der Fortschritte, die mit Kreisky begannen. Als er Kanzler wurde, betrug der Frauenanteil im Nationalrat 4,8 Prozent. Er wurde in seiner Amtszeit verdoppelt. Am Ende der Legislaturperiode im Sommer 2024 waren von den 183 Abgeordneten im Nationalrat 75 Frauen (41 Prozent).

In Österreich gibt es keine gesetzlich festgelegte Frauenquote im Wahlrecht. Einige Parteien haben freiwillige Quotenregelungen für die Wahllisten bzw. für Mandate und Funktionen. Trotz solcher Bemühungen wurde bisher keine angemessene Vertretung erreicht (es sind mehr Frauen als Männer wahlberechtigt).

Auch die Wirtschaft muss weiblicher werden, „Sheconomy" ist nicht nur ein Schlagwort. Während Frauen bereits 47 Prozent der Erwerbstätigen ausmachen, sind sie in Führungspositionen in der Minderheit. 2023 wurden 10,5 Prozent der Positionen in den Geschäftsführungen und 25,5 Prozent der Aufsichtsratsposten bei den 200 umsatzstärksten Unternehmen in Österreich von Frauen besetzt.

Viel wird von der gespaltenen Gesellschaft gesprochen, vom tiefer werdenden Graben zwischen Stadt und Land. Kreisky gelang es, beide zu erreichen. Er schaffte es, Widersprüchliches, bisweilen Gegensätzliches zu harmonisieren und zu integrieren. Dafür tat er viel. Er reiste unermüdlich in alle Regionen, zeigte den Menschen authentisch seine Wertschätzung. Ein Affront wie Alfred Gusenbauers törichter Spruch „Und das wird heute was Ordentliches in Donawitz oder das übliche Gesudere?" (2008 bei einer Regionalkonferenz der steirischen und Kärntner Genossen) wäre Kreisky nie passiert.

Die Sozialdemokratie steht vor großen Herausforderungen. Sie hat auf der Bundesebene, aber auch in Ländern und Gemeinden eine lange Talfahrt hinter sich. Wirklich stark ist sie im „roten" Wien, im Burgenland und in Kärnten. Es gibt punktuelle Erfolge, eine nachhaltige Erholung steht vorerst aber aus (Redaktionsschluss der vorliegenden Ausgabe war Sommer 2024, spätere Entwicklungen konnten nicht berücksichtigt werden).

Die sinkende Bereitschaft von Bürgerinnen und Bürgern, Mitglied einer Partei zu werden, hat die SPÖ sehr stark getroffen. Unter Kreisky hatte die Sozialdemokratie 1979 rund 721.000 Mitglieder, 2002 waren es nur mehr 329.000, im Jahr 2020 knapp 158.000. Im Vorfeld der Mitgliederbefragung über die künftige Parteispitze im April und Mai 2023 (zur Wahl standen Pamela Rendi-Wagner, Hans Peter Doskozil und Andreas Babler) gab es Neubeitritte, doch diese halfen nur, die Mitgliederzahl bei rund 150.000 zu stabilisieren.

Ohne Zweifel befand sich die österreichische Sozialdemokratie vor der Nationalratswahl Ende September 2024 in einer Sinnkrise. Der Parteivorsitzende Babler versuchte, eine neue „Erzählung" anzubieten, die auf die Ängste vieler Wählerinnen und Wähler Antworten gibt und ein positives Bild einer möglichen Zukunft zeichnet.

Macht ist das Resultat von Wahlerfolgen. Daher muss eine Partei, die regieren möchte, eine Politik betreiben, die mehrheitsfähig ist – wie es Kreisky tat. Die SPÖ stellte seit 1945 acht Regierungschefs – von Karl Renner bis Christian Kern. 2017 begann mit Sebastian Kurz eine Zeit der ÖVP-Dominanz, Kanzler Karl Nehammer führte die Volkspartei in die Nationalratswahl 2024.

Die Herausforderungen für die SPÖ werden nicht kleiner. Nach ihrer langen Niederlagenserie muss sie ihr Milieu wieder finden und den Übergang ins digitale Zeitalter schaffen. Ihre Zukunft liegt nicht in der Vergangenheit, auch wenn die drei Pfeile im historischen Parteiemblem (gegen Faschismus, Klerikalismus, Kapitalismus) ihre Berechtigung behalten. Die Sozialdemokratie wird weder als linke Neos-Fraktion noch durch aufgewärmte Kapitalismuskritik weiterkommen. Vielmehr muss aus der Arbeiterpartei die Partei der Arbeit werden, die sich mutig der neuen Zeit stellt.

Friedrich Klocker, 20 Jahre Sekretär des Bundesparteivorstandes und Büroleiter mehrerer Parteivorsitzender, verlangt in einem Buchbeitrag zu Positionen und Perspektiven der Sozialdemokratie deren Konzentration auf Kernelemente: Themen wie Arbeit, Wirtschaft, Wohnen, Bildung, soziale Sicherheit, „die angetan sind, jene Teile unserer Gesellschaft zu unterstützen, die unserer Hilfe bedürfen, ganz so, wie wir es in den 1970er- und 1980er-Jahren vermochten."

Dazu kommen die riesigen Herausforderungen durch die Demografie, den Klimawandel, die rasante Entwicklung der künstlichen Intelligenz, Migration, Nationalismus, Terrorismus.

Der frühere Europa-Abgeordnete Josef Weidenholzer kennt als langjähriger Volkshilfe-Präsident alle Verästelungen der Sozialdemokratie. Er meint, die Partei müsse ihre Strukturen modernisieren. Es sei überfällig, mehr Demokratie zu wagen; mehr Mitbestimmung würde die Bewegung beleben.

Diesen Optimismus teilt der Schriftsteller Franz Schuh nicht. Er führte seinerzeit lange Gespräche mit Kreisky und nennt dessen Regierungszeit heute „extrem historisch, eine nostalgische Utopie". Von den Konzepten Kreiskys bleibe nur die Erinnerung daran, dass es einmal möglich war, eine relativ solidarische Gesellschaft zu schaffen. Der aktuelle Zustand der SPÖ (und vieler anderer sozialdemokratischen Parteien in Europa) spricht für Schuhs These.

Kreisky hätte dem düsteren Befund gewiss nicht zugestimmt. Sein Zukunftsglaube war unverrückbar: „Man muss sich bemühen. Wenn man alles nur an sich vorbeiziehen lässt oder selber an den Dingen so vorbeitänzelt, na dann ist halt nix." Durch Rückschläge dürfe man sich nicht entmutigen lassen: „Der Sinn des Lebens ist das Unvollendete."

Einleitung

Es war 1970, unmittelbar nach der Angelobung der neuen Regierung durch Bundespräsident Franz Jonas, als Bruno Kreisky seine erste Pressekonferenz als Bundeskanzler gab. Kurt Vorhofer, der langjährige Wien-Korrespondent der Grazer *Kleinen Zeitung*, fragte den Regierungschef: „Herr Bundeskanzler, was erfüllt Sie eigentlich am heutigen Tag?" Er erwartete, dass die Antwort ungefähr lauten würde: „Ja, ich trage gern Verantwortung. Die Verantwortung, das ist für mich das Schönste." Kreiskys Antwort war: „Mut und Lust." Mit diesen unverzichtbaren Eigenschaften aller Spitzenleute prägte Kreisky in den folgenden Jahren Österreich.

Mut bewies er etwa, als er das größte Volksbegehren der Zweiten Republik gegen das Wiener Konferenzzentrum links liegen ließ und Wien zum UNO-Standort machte – eine richtige, richtungweisende Entscheidung. Heute hat das Austria Center Vienna die Adresse Bruno-Kreisky-Platz 1.

Wie viel Lust er an der Politik hatte, verbarg er nie. Schon 1954, noch als Staatssekretär im Außenministerium, verkündete er bei einer Rede vor Diplomaten in Kleßheim: „Diese Formaldemokratie genügt ja nicht. Man muss die gesamte Gesellschaft mit Demokratie durchfluten lassen" (eine ähnliche Formulierung wählte viel später der SPD-Politiker Willy Brandt).

Regieren, so sagt sein langjähriger Kabinettschef Alfred Reiter, war für ihn keine Management-Aufgabe, sondern ein künstlerischer Akt. „Es war ein Stück, an dem dauernd gearbeitet worden ist." Das ist einer der Unterschiede zwischen Bruno Kreisky und Sebastian Kurz: Der ÖVP-Obmann sieht nach eigener Aussage die Politik in erster Linie als Management-Handlung.

Auf Kreisky passte der Ausspruch des deutschen Staatsmannes Otto von Bismarck (1815–1898), der einst formuliert hatte: „Die Politik ist keine Wissenschaft, wie viele der Herren Professoren sich einbilden, sondern eine Kunst."

Für den Chronisten Vorhofer war Kreisky „wie eine Laune der Natur. Von seiner Talentausstattung könnte ein halbes Dutzend tüchtiger Politiker bequem leben." 13 Jahre lang stand er an der Spitze einer

Alleinregierung, wurde nach der relativen Mehrheit 1970 drei Mal mit absoluter Mehrheit wiedergewählt – ein auch im internationalen Vergleich rarer Vorgang. „Niemand außer ihm hätte es geschafft, in den 1970er-Jahren den noch stark und hauptsächlich im Arbeitermilieu verhafteten ‚Roten' jene geistige Hegemonie zu verschaffen, die sie heute wieder verloren haben", schrieb Peter Pelinka in seinem Überblick über die österreichischen Bundeskanzler.

Die Rezession der 1970er-Jahre und den Ölpreisschock bekämpfte er mit dem „Austro-Keynesianismus". Oberstes Ziel war die Vollbeschäftigung – auch wenn die Staatsverschuldung stieg (allerdings hätte Österreich in Kreiskys ersten Regierungsjahren locker die Maastricht-Kriterien erfüllt, von 1970 bis 1974 gab es noch gesamtstaatliche Budgetüberschüsse).

Ganz oben auf seiner Agenda standen die Bildungspolitik (Gratisschulbücher, Schülerfreifahrt), die Aussöhnung mit der katholischen Kirche und die Strafrechtsreform. Der Republik bescherte er die längst fällige Öffnung im Inneren, aber auch jene zur Außenwelt.

Das war natürlich nicht exklusiv seine Leistung. Die Strafrechtsreform war überwiegend Christian Brodas Werk, die zeitgemäße Universitätsorganisation wesentlich Herta Firnbergs Verdienst, die Finanzpolitik die Domäne von Hannes Androsch. Das Arbeitsverfassungsgesetz wurde von Anton Benya mit Rudolf Sallinger ausgehandelt; Kreisky hatte freilich rasch erkannt, dass der wichtigste Schritt zur industriellen Demokratie seit dem Betriebsrätegesetz jede Unterstützung verdiente und international ein Vorbild sein konnte. Seine geistige Geografie war beeindruckend. Bruno Kreisky ist heute für politisch Interessierte aus allen Lagern eine Art säkularer Heiliger. Er war ein Solitär, eigentlich zu groß für das Land.

US-Präsident Jimmy Carter zollte ihm 1975 „den höchsten Respekt" und nannte ihn einen bedeutenden internationalen Staatsmann. Senator Edward Kennedy sagte: „Kreiskys Mut und seine Hingabe an die Sache der Humanität haben uns alle inspiriert." Für den ägyptischen Staatspräsidenten Anwar el-Sadat war er „der beste Mann für alles". Und der populäre deutsche Sozialdemokrat Helmut Schmidt (der ihm nicht immer zugetan war) sagte über Kreisky: „Er hatte wahrscheinlich einen besseren Überblick über die Welt als De Gaulle oder dessen Nachfolger Pompidou und einen viel besseren als irgendeiner der amerikanischen Präsidenten, die ich gekannt habe. Denn Kreisky hatte immer die Geschichte sowohl der europäischen Staaten als auch der ganzen Welt im Hinterkopf."

Er selbst gab sich bei diesem Thema bescheiden. Für Österreich wolle er keinesfalls eine Brückenfunktion zwischen Ost und West reklamieren, sagte er 1975. „Derartiges anzustreben hieße, außenpolitisch über unsere Verhältnisse leben zu wollen. Wir müssen unsere Begrenzung erkennen und uns vor jeder Romantisierung unserer Position in Mitteleuropa hüten."

Über die Ära Kreisky, die von seiner Wahl zum SPÖ-Vorsitzenden 1967 bis zum Rücktritt als Bundeskanzler 1983 dauerte, wurde schon viel gesagt und geschrieben. Immer wieder werden Neuerscheinungen vorgelegt. Ab 1986 wurden seine Erinnerungen publiziert („Zwischen den Zeiten", „Im Strom der Politik", „Der Mensch im Mittelpunkt"); es gibt Biografien, Gesprächsaufzeichnungen, Sammelwerke, thematisch fokussierte Studien (z. B. „Kreisky und die Südtirol-Frage", „Bruno Kreisky und die österreichische Automobilindustrie"), wirtschaftspolitische Abhandlungen, kommentierte Bildbände, Schallplatten, Videos, Witze- und Anekdotensammlungen, sein Gefängnistagebuch, Karikaturenbücher, Dokumentarfilme sowie publizistische Sammelklagen über angeblich fehlende Nachfolger.

Das vorliegende Buch erhebt nicht den Anspruch, den „kompletten Kreisky" abzubilden. Dazu gibt es etwa die Biografie von Wolfgang Petritsch, der in der zweiten Hälfte von Kreiskys Amtszeit (1977–1983) dessen Sekretär war, oder von Heinz Fischer „Die Kreisky-Jahre 1967–1983".

Dieser Text ist eine Einladung, Kreisky wieder oder neu zu entdecken: Kreisky für die Mausklick-Generation. Das Buch richtet sich also nicht vorrangig an ein Fachpublikum von Zeithistorikerinnen und Zeithistorikern oder Politologinnen und Politologen, sondern vor allem an jene Bürgerinnen und Bürger, die Kreisky nicht oder kaum mehr in Erinnerung haben. Ihre Zahl wächst. Jüngere mögen mit ihm die Rockband assoziieren, die seinen Namen trägt.

Das Buch basiert auf sechs Grundgedanken:
Erstens: Kreisky ist der einzige Bundeskanzler, der in der Monarchie wurzelte, die Erste und die Zweite Republik miterlebte bzw. mitbestimmte und der durch sein Werk ins 21. Jahrhundert herüberragt. Mit

4781 Tagen Amtszeit ist er der längstdienende Kanzler der Zweiten Republik.

Zweitens: Kein Kreisky ohne Josef Klaus. Der ÖVP-Bundeskanzler hatte Österreichs Reformdefizite erkannt und für seinen Nachfolger eine tragfähige wirtschaftliche Basis gelegt; Klaus ist zu Unrecht vergessen, auch in seiner Partei.

Drittens: Kreisky machte sich 1967 selbst zum SPÖ-Vorsitzenden; seine größte Stärke war immer, dass er nie von der Partei abhing.

Viertens: Er war der klügste Regierungschef, den Österreich je hatte.

Fünftens: Er hatte und machte Fehler.

Sechstens: Dass heutige Spitzenpolitiker anderer Parteien ihn vereinnahmen, beweist seine zeitlose Wirkung.

Der Band schöpft auch aus mancher bisher vernachlässigten Quelle und zeigt die Feinmechanik von Kreiskys Führung nach der Übernahme des Parteivorsitzes und später der Kanzlerschaft. Die Gespräche mit engsten Mitarbeiterinnen und Mitarbeitern, die ihn viele Jahre lang begleiteten, können als Zeitdokumente gelten. Es sind naturgemäß subjektive Deutungen, doch sie geben eine bemerkenswerte Innensicht wieder.

Das Spektrum reicht von den Erinnerungen der persönlichen Assistentin Margit Schmidt über den Bericht des Kabinettschefs Alfred Reiter bis zu den Erzählungen von Ernst Braun, der in der Hausverwaltung des Bundeskanzleramts beschäftigt war und sich um die effektvollen Inszenierungen des Regierungschefs kümmerte. Der legendäre Journalist Hugo Portisch schildert die verschiedenen Facetten Kreiskys aus seiner Wahrnehmung.

Damit beschreibt das vorliegende Buch den Jahrhundertpolitiker auch von seiner menschlichen und allzu menschlichen Seite; das Anekdotische, Alltägliche gehört zum Bild des Staatsmanns und „Sonnenkönigs."

Als Bruno Kreisky Bundeskanzler wurde, war ich 16 Jahre alt. Von seinen Reformen habe ich als Grundwehrdiener (Verkürzung des Präsenzdienstes von neun auf sechs plus zwei Monate ab 1971) und dann als junger Student profitiert. Als Journalist hatte ich mit ihm in der Spätphase seiner Regierungszeit oft zu tun. Ich hatte kein spezielles Vertrau-

22

ensverhältnis zu ihm, erlebte ihn aber als faszinierende positive Persönlichkeit, freilich mit Schattenseiten: Beim Einsatz der Macht konnte er hemmungslos sein. Seine aggressive Auseinandersetzung mit Simon Wiesenthal ist ein bedrückendes Beispiel dafür. Zu seinen Fehlern gehörte auch der Glaube an staatliche Eingriffe in die Wirtschaftspolitik.

Wie sehr er die Nachwelt bis heute prägt, sieht man unter anderem am Ballhausplatz an der wechselnden Nutzung seines Dienstzimmers. Dass es als Wahrzeichen einer Ära gezielt genutzt werden kann, begriff ausgerechnet der junge ÖVP-Kanzler Sebastian Kurz.

Kreisky arbeitete im „Zigarrenkistl" – so nannte man das holzvertäfelte Kanzlerzimmer, weil der Architekt Oswald Haerdtl auch die Zigarettenpackungen für die Österreichische Tabakregie entworfen hatte. Kreiskys sozialdemokratische Nachfolger schätzten den düsteren Raum wenig. Als dann ÖVP-Chef Wolfgang Schüssel im Jahr 2000 Kanzler wurde, gab er das alte Büro ganz auf und übersiedelte in das ehemalige Metternich'sche Zimmer im Südflügel des Palais. Später diente das Kreisky-Zimmer manchem SPÖ-Kanzler nur mehr als Kulisse für banale Werbefotos. Christian Kern z. B. ließ sich dort mit dem britischen Thronfolger Prinz Charles abbilden.

Erst Sebastian Kurz (Jahrgang 1986) erkannte den Symbolgehalt des Salons. Er arbeitete in dem 70 Quadratmeter großen Raum, ließ sich gerne im legendären Kreisky-Ambiente ablichten und hatte an der Wand (neben einem Bild von Leopold Figl) ein Schwarz-Weiß-Foto des roten Altkanzlers platziert. Das Bild zeigt Kreisky im Halbschatten an seinem Schreibtisch. Kurz ließ nur die Beleuchtung des Raumes verändern: Er wurde stärker ausgeleuchtet und wirkte dadurch frischer, „jünger" als zur Zeit Kreiskys – gewiss kein zufälliges Detail.

Die erste Kanzlerschaft von Kurz dauerte allerdings nur 17 Monate, dann musste er die Beletage des Kanzleramts räumen. Übergangs-Kanzlerin Brigitte Bierlein, die bis 7. Jänner 2020 amtierte, nützte den Raum nicht mehr.

Nach seiner neuerlichen Angelobung kehrte Kurz in das Kreisky-Zimmer zurück, denn „das ist ein Ort mit viel Geschichte, und Kreisky hat das Land geprägt".

Der Vorgänger von Kurz als ÖVP-Obmann, Reinhold Mitterlehner, verweist in seinem Erinnerungsband „Haltung – Flagge zeigen in Leben und Politik" (erschienen im April 2019) ausdrücklich auf Kreiskys nachhaltige Wirkung. „Binnen einer Generation konnte sich meine Familie aus eher einfachen Verhältnissen emporarbeiten und etablieren", berichtet Mitterlehner. „Vieles davon verdanken wir, im Nachhinein betrachtet, Bruno Kreisky." An anderer Stelle schreibt der Ex-Vizekanzler, der aus einem kleinen Ort im oberen Mühlviertel stammt, über seine Studentenzeit in Linz: „Ich profitierte enorm vom Stipendienwesen, das Kreisky eingeführt hatte."

Solche Bekenntnisse sind ein großer Unterschied zu früher: Im Jänner 2011 boykottierte die ÖVP die Feier zum 100. Geburtstag des Altkanzlers. Weder der damalige ÖVP-Obmann Vizekanzler Josef Pröll noch seine Minister noch Ex-Bundeskanzler Wolfgang Schüssel nahmen an dem Gedenken in der Wiener Hofburg teil.

Der damalige FPÖ-Chef Heinz-Christian Strache war dabei. Führende freiheitliche Politiker berufen sich gern auf Kreisky – das war schon zu Jörg Haiders Zeiten Usus. Als Strache 2017 die Publizistin Karin Kneissl als neue Außenministerin vorschlug, nannte er sie „einen weiblichen Kreisky". Beim Neujahrstreffen 2018 sagte er vor jubelnden Parteifunktionären: „Bruno Kreisky würde heute HC Strache und die FPÖ wählen." (Strache stürzte 2019 über die „Ibiza-Affäre".)

Auch der Bundessprecher der Grünen, Werner Kogler, nennt sich „ein Kreisky-Kind". Der Steirer, seit Jänner 2020 Vizekanzler, musste als Fahrschüler jeden Tag 80 Kilometer zurücklegen und war insgesamt drei Stunden unterwegs. Ohne Schülerfreifahrt und Gratisschulbücher hätte er nie seinen Weg gemacht, sagt Kogler.

Pamela Rendi-Wagner, die im November 2018 als erste Frau an die Spitze der SPÖ gewählt wurde, berief sich im für sie schwierigen Nationalratswahlkampf 2019 überdeutlich auf die Partei-Legende. Sie sei „ein Kind der Ära Kreisky", betonte sie bei jeder Gelegenheit, „und ich bin stolz darauf". Öffentliche Auftritte und Interview-Termine verlegte sie gern in die ehemalige Kreisky-Villa. Die Ahnenverehrung hatte keine Wirkung, die SPÖ setzte den Weg vom Glanz ins Elend fort und erzielte ihr historisch schlechtestes Wahlergebnis.

Rendi-Wagners Nachfolger Andreas Babler inzenierte sich als „Kreisky 2.0!" und versprach, Österreich „moderner und gerechter" zu machen. Mit seinem Expertenrat wollte er in Bruno Kreiskys Fußstapfen treten.

Bablers Vorbild Kreisky bekam nach seinem Rückzug in der eigenen Partei wenig Aufmerkamkeit. Der Altkanzler hatte sich der SPÖ immer mehr entfremdet. „Die Entwicklung der Sozialdemokratie ist die größte Enttäuschung meines Lebens", sagte er kurz vor seinem Tod 1990. Diese Bitterkeit beschrieb der sozialdemokratische Politologe Norbert Leser so: „Man sollte eigentlich glauben, dass ein Mensch von diesen vielen Hochgefühlen zehren kann, die er erleben durfte. Aber das war nicht der Fall."

Kreiskys Nach-Nachfolger Franz Vranitzky brachte zu guter Letzt mit diskreter Unterstützung der Parteizentrale eine vorsichtige Versöhnung zustande. Sie erfolgte im März 1990 anlässlich des 20. Regierungsjubiläums, das die österreichische Sozialdemokratie im Austria Center Vienna beging – auf dem Areal der UNO-City, die Kreisky so viel bedeutete. Auch Fred Sinowatz war dabei.

Zuvor hatte es schon einen zaghaften Versuch der Wiederannäherung gegeben. Hilfreich war dabei der österreichische Botschafter in Bonn, Friedrich Bauer. Der erfahrene Diplomat hatte das Vertrauen von Kreisky, war er doch in dessen Kanzlerzeit Österreichs erster Botschafter in der DDR (1973–1977) gewesen. (Bauer war überdies von 1986 bis 1990 der letzte österreichische Botschafter in der alten Bundesrepublik.)

Im Dezember 1988 gab der deutsche Kanzler Helmut Kohl in Godesberg ein Abendessen zu Ehren des 75-jährigen Willy Brandt. Als Kreisky eintraf, informierte ihn Botschafter Bauer, dass auch Vranitzky als amtierender SPÖ-Chef kommen würde. Kreisky reagierte ungehalten, doch Bauer konnte ihn beruhigen. Als Vranitzky kurz darauf den Saal betrat, sagte er zu dem alten, halb blinden Herrn: „Guten Abend, Herr Bundeskanzler, es ist schön, dich hier zu treffen." Kreisky gab sich einen Ruck und antwortete so freundlich, wie es ihm eben möglich war: „Servus, ganz meinerseits." – Beim Weggehen sagte Vranitzky zu Bauer: „Ich hab' nicht die Absicht, so lang' wie Kreisky in der Politik zu bleiben."

*

Ich gewann meinen ersten direkten Eindruck von Bruno Kreisky als Student 1979 auf dem Stadtplatz von Braunau am Inn. Der SPÖ-Chef war vor der Nationalratswahl am 6. Mai 1979 zu einem Wahlkampf-auftritt in meine Geburtsstadt gekommen, wo ich die Volksschule und das Gymnasium besucht hatte. Als Student an der Wiener Uni kam ich regelmäßig zu meiner Familie nach Hause. Als ich die Plakate mit dem Slogan „Kreisky – Österreich braucht ihn" und die Ankündigung seines Auftritts sah, ging ich hin; mein Elternhaus sowie gute Lehrerinnen und Lehrer hatten früh mein Interesse an der Politik geweckt.

Kreisky hatte sich als Tag für seinen Braunauer Auftritt den 20. April ausgesucht – just jenen Tag, den NS-Nostalgiker als „Geburtstag des Führers" begehen. Entsprechend aufgeladen war die Stimmung schon am Nachmittag.

Ein Dutzend Neonazis, in der Mehrzahl aus Wien angereist, wollten zu Hitlers Geburtshaus in der Salzburger Vorstadt marschieren. Die Aktivisten der „Aktion Neue Rechte" in ihren Fantasie-Uniformen kamen nicht weit. Sie wurden von linken Gegendemonstranten eingekreist. Sogleich begann eine Schlägerei zwischen den beiden Gruppen. Einige Zuschauer schlugen mit Schirmen auf die Unruhestifter ein, eine Frau schüttete unter Beifall des Publikums einen Eimer kaltes Wasser aus einem Fenster und machte Rechte wie Linke nass. Schließlich gingen Gendarmen dazwischen.

Zehn Neonazis und zwei Gegendemonstranten wurden festgenommen, diejenigen, die nicht freiwillig mitkamen, wurden über den Stadtplatz zum Posten getragen.

Einer der Gegendemonstranten, der im Arrest landete, war der Sohn des Braunauer Bürgermeisters.

Die Stimmung war aufgeheizt, als bei einbrechender Dunkelheit Kreiskys Kundgebung begann. Ich erinnere mich, wie seine Limousine – ein moosgrüner englischer Wagen – durch das Salzburger Tor auf den Stadtplatz einbog. Beamte der Sicherheitswache machten dem Mann im Maßanzug den Weg zur Rednertribüne frei.

Kreisky hielt zuerst seine Standardrede über Arbeitsplätze, Pensionssicherung, Stabilität und Sicherheit, die er im Wahlkampf schon oft abgeliefert hatte. Doch als Politprofi nützte er die spezielle Stimmung am Schauplatz. Er betonte, dass es immer noch „Ewiggestrige" gebe, die „eine furchtbare Zeit feiern" wollten. Mit flammenden Worten warnte er vor dem Neofaschismus, der hier in Braunau nicht Fuß fassen dürfe: „Wehret den Anfängen!"

Der Redefluss des Parteivorsitzenden beunruhigte die örtlichen SPÖ-Funktionäre zunehmend. Schließlich flüsterte einer dem Kanzler zu, dass Braunau seit Langem von der SPÖ regiert werde und keine Brutstätte des Neonazismus sei. (Die SPÖ dominierte von 1945 bis 2011 in der Bezirksstadt, ihre Vorherrschaft wurde nur kurz durch einen ÖVP-Bürgermeister 1949 bis 1955 unterbrochen; erst seit 2011 gibt es wieder einen ÖVP-Stadtchef.)

Nach Schluss der Veranstaltung kümmerte sich der Kanzler persönlich um die zwei Genossen im Gewahrsam der Gendarmerie. Auf seine Intervention hin wurden sie noch in der Nacht freigelassen.

An jenem Abend verkörperte Kreisky für mich im unmittelbaren Erleben die Politik als aufregendes Schauspiel. Seine Wortmacht und seine Geistesgegenwart waren beeindruckend.

Der deutsche Jurist und Nationalökonom Max Weber (1864–1920) hat in seinem Essay „Politik als Beruf" drei Eigenschaften benannt, die für einen Spitzenpolitiker unerlässlich sind: Leidenschaft, Verantwortungsgefühl, Augenmaß.

Leidenschaft bedeutet laut Weber keine „sterile Aufgeregtheit", auch keine „Romantik des intellektuell Interessanten", sondern setzt Kompetenz voraus: die Fähigkeit und den Willen, sich mit den komplexen Wirkungsmechanismen der Gesellschaft auseinanderzusetzen. Das Verantwortungsgefühl richtet sich auf das Gemeinwohl; der eigene Standpunkt, die Position der eigenen Partei darf nicht überhöht werden. Das Augenmaß schließlich hat die Selbstreflexion als Vorbedingung. Der Hauptfeind des guten Politikers sei die Eitelkeit, befand Weber.

Auf Kreisky traf vieles in dieser Definition zu. Man darf ihn natürlich nicht überhöhen oder gar seligsprechen, wie es jene machen, die der „guten alten Zeit" nachtrauern oder seinen Ruhm ausbeuten wollen. Kreisky war „ein Mensch in seinem Widerspruch", doch fraglos eine Ausnahmeerscheinung.

Als Journalist hatte ich immer wieder mit ihm zu tun. Er konnte komplexe Vorgänge verdichten und klar kommunizieren: ein Glücksfall für den Berichterstatter. Sein Umgang mit Medienvertretern war entgegenkommend – und berechnend. Er träumte ein Leben lang davon, Journalist zu sein, und verstand die Zwänge des Berufes. Der „schreibenden Zunft" gab er das Gefühl, man könne mit ihm auf einer

Ebene reden. Das war eine verführerische Vorspiegelung, die man zu gern glaubte. Dabei verstand es der SPÖ-Chef blendend, Medien und ihre Mitarbeiter zu instrumentalisieren.

In den ersten Jahren seiner Amtszeit regierte er mit Interviews und Informationen, die er als vertraulichen „Hintergrund" bezeichnete; es konnte freilich vorkommen, dass er am nächsten Tag grollend anrief, weil seine „Hintergrundinformation" nicht veröffentlicht worden war.

Mein erster Dienstgeber war (nach Monaten als Volontär bei der Innviertler Wochenzeitung *Neue Warte am Inn*) ab Dezember 1979 die Wiener *Wochenpresse*, ein politisch konservatives, im Wirtschafts- und Kulturteil liberales Blatt, das der Industriellenvereinigung gehörte. Für die Kontakte zu Kreisky war diese Konstellation kein Hindernis. Den SPÖ-Vorsitzenden störte an der *Wochenpresse* eher, dass die Recherchen des innenpolitischen Ressortleiters Gerald Freihofner im Fall „Lucona" hochrangige rote Politiker in Erklärungsnot brachte (später traten Nationalratspräsident Leopold Gratz und Innenminister Karl Blecha wegen ihrer Verwicklung in die Affäre zurück).

Bei Pressekonferenzen oder im berühmten „Pressefoyer" nach dem Ministerrat stellte sich Kreisky jedenfalls geduldig jeder Frage.

Abweisend erlebte ich ihn im April 1983. Ein Funktionär der KPÖ-nahen „Vereinigung demokratischer Soldaten Österreichs" hatte sich die *Wochenpresse* ausgesucht, um eine kleine innenpolitische Bombe zu platzieren. Er ließ mir eine fotokopierte Liste von Mitgliedern des hochverräterischen „Nationalsozialistischen Soldatenringes" (NSR) zukommen. Das war ab 1936 eine illegale Organisation innerhalb des Bundesheeres. Ab 1937 stand an der Spitze des NSR Oberst Maximilian de Angelis, einer der eifrigsten Nazis im Offizierskorps. Der Oberst legte ein Mitgliederverzeichnis mit den Namen von Offizieren und Soldaten an.

Eine Eintragung auf der Liste, die ich dann in der *Wochenpresse* veröffentlichte, enthielt Sprengstoff: Es handelte sich um Ernest Bernadiner, geboren 1919 in St. Ulrich bei Steyr, Militärdienst ab 1937 beim Linzer Infanterieregiment 14, ab 1939 Kompaniechef einer Fallschirmjägereinheit der Deutschen Wehrmacht. Im Bundesheer der Zweiten Republik macht der Haudegen Bernadiner (er hatte unter anderem bei Monte Cassino gekämpft) ab 1955 Karriere. 1981 beförderte ihn Kreisky als Nachfolger von General Emil Spannocchi zum Armeekommandanten, dem ranghöchsten Offizier des Bundesheeres.

Am 5. April 1983 erschien das Cover der *Wochenpresse* mit dem Titel: „Armeekommandant Bernadiner – Schatten der Vergangenheit". Im Faksimilie des NSR-Mitgliederverzeichnisses stand, im Original falsch geschrieben: „Berndiener, Ernest." Aufgrund dieses Schreibfehlers war die wahre Identität des Mannes der Öffentlichkeit jahrzehntelang verborgen geblieben. Hinter Bernadiners Name stand G, das bedeutet Gruppenführer. Er war also kein Mitläufer gewesen, sondern hatte in der Kaserne eine sogenannte „Zelle" von Illegalen zu betreuen.

Als ich den General mit der Liste konfrontierte, meinte er, Gruppenführer sei „mehr oder weniger ein Ehrentitel" gewesen. Er gab allerdings zu: „Ich war dort Mitglied. Das war eine jugendkameradschaftliche Sache und ich war von der Idee sehr angetan." Er habe nach Kriegsende einen „Entlastungsbescheid" bekommen und sei zuerst zur ÖVP, später zur FPÖ gegangen.

Am 8. April 1983 wurde Kreisky bei einer Pressekonferenz im Wiener Presseklub Concordia zu Bernadiner befragt. Ob dieser als oberster Soldat der Armee tragbar sei? Antwort: „Was wollen Sie? Bernadiner war damals 18 Jahre alt, er war mit der klerikalen Regierung unzufrieden und wollte sie bekämpfen. Da ist er halt oppositionell geworden, das kann ich verstehen." Außerdem sei der General längst per Gesetz pardoniert worden, „das liegt ja alles Jahrzehnte zurück". Ob er von Bernadiners Vergangenheit gewusst habe? Antwort Kreiskys: „Nein. Aber wenn ich's gewusst hätte, hätte es mich auch nicht gestört. Im Übrigen haben ihn seinerzeit Graf und Prader (zwei ehemalige Verteidigungsminister der ÖVP) ins Bundesheer aufgenommen."

Kreiskys Worte sorgten bei den anwesenden Journalisten für Kopfschütteln, teilweise für Empörung.

Als ich nach dem Ende der Veranstaltung auf den Bundeskanzler zuging, um ihm noch eine Frage zu stellen, fuhr er mich an: Er sei von den Austrofaschisten gemeinsam mit Nationalsozialisten in eine Gefängniszelle gesteckt worden und könne verstehen, wie die Illegalen „damals" dachten. Sie hätten sich für „eine Art Widerstandskämpfer" gegen das Regime von Engelbert Dollfuß gehalten; daraus dürfe man ihnen heute „keinen Strick drehen". Jeder habe schließlich das Recht auf politischen Irrtum.

General Bernadiner blieb trotz dieser Verteidigung nicht mehr lange Armeekommandant. 1984 nahm er seinen Abschied.

Kreiskys Umgang mit der NS-Zeit bleibt ein Schatten auf seiner Politik, besonders durch die Affäre Wiesenthal. Kreisky verstieß gegen die Grundregeln der politischen Kultur und stellte den Verdacht in den Raum, Simon Wiesenthal sei ein Nazi-Kollaborateur oder Gestapo-Spitzel gewesen. Er nannte sogar einen Zeugen für diese Behauptung, den früheren CDU-Vertriebenenminister Theodor Oberländer, der sich aber nicht dazu äußerte und selbst mit Wiesenthal in Kontakt war.

Paul Lendvai schrieb über diese Auseinandersetzung, Kreisky habe Wiesenthal „mit Verbissenheit und überbordender Emotion, ja mit biblischem Hass bekämpft". *Profil*-Herausgeber Peter Michael Lingens kritisierte Kreiskys Verhalten als „unmoralisch" und würdelos: Man könne die Österreicher auch mit ihrer Vergangenheit versöhnen, „ohne sich bei SS-Leuten anzubiedern und ohne Simon Wiesenthal unter Ausnützung antisemitischer Emotionen verächtlich zu machen".

Aus der Zeit nach Kreiskys Rücktritt habe ich ein Gespräch besonders in Erinnerung. Es war kurz. Und vielsagend.

2. März 1986, ich arbeitete als innenpolitischer Redakteur beim Nachrichtenmagazin *profil*: Eine Enthüllung meines Kollegen Hubertus Czernin brachte die „Waldheim-Affäre" ins Rollen. Der vormalige österreichische Außenminister und UN-Generalsekretär Kurt Waldheim, nunmehr Präsidentschaftskandidat der ÖVP, hatte in seinen biografischen Angaben seine Tätigkeiten als Wehrmachtsoffizier von 1942 bis 1944 ausgelassen; in seiner Nähe wurden Kriegsverbrechen verübt, Waldheim wollte aber davon nichts bemerkt haben.

Die Affäre hatte einen Nebenstrang. In Wien gingen Gerüchte um, SPÖ-Wahlkämpfer hätten Waldheims Kriegszeit zum Thema gemacht, um die Chancen ihres wenig überzeugenden Kandidaten Kurt Steyrer zu steigern. Es seien zweckdienliche Informationen an die *New York Times* und an den World Jewish Congress geflossen. Bundeskanzler und SPÖ-Chef Fred Sinowatz bestritt das.

Der legendäre *profil*-Reporter Alfred Worm hatte jedoch Hinweise, dass Sinowatz gegenüber SPÖ-Vertrauensleuten im Burgenland angekündigt hatte, man werde „zur rechten Zeit vor der Präsidentenwahl in einer groß angelegten Kampagne die österreichische Bevölkerung über Waldheims braune Vergangenheit informieren". (Später wurde Worm wegen dieser Darstellung von Sinowatz geklagt – und freigesprochen.)

In der Redaktionskonferenz wurde beschlossen, Altkanzler Kreisky zu der Causa zu befragen. Ich sollte erkunden, ob Kreisky Sinowatz eine solche Aktion zutraue oder gar von einer solchen gehört habe. Ich wählte also Kreiskys Wiener Telefonnummer 37 12 36; sie stand im Wiener Telefonbuch. Der Altkanzler hob selbst den Hörer ab, lauschte meiner Frage, ob Sinowatz etwas mit den US-Berichten zu tun haben könnte, und antwortete in gallenbitterer Kürze: „Na. Der Herr kann ja net amal Englisch."

In diesem beißenden, beleidigenden Ausspruch waren mehrere Fakten vereint: die schmerzliche Entfremdung vom enttäuschenden Nachfolger, den Kreisky einst selbst ausgewählt und mit einer rot-blauen Koalition installiert hatte; das Entsetzen über die Situation, in die Österreich geraten war (später sagte Kreisky in einem *profil*-Interview, „das Ausland ist eine Ausrede", Waldheim sei selber schuld); und schließlich die Einsicht, dass er den Lauf der Dinge nur mehr kommentieren, nicht mehr beeinflussen konnte.

Am Tag der Bestellung von Franz Vranitzky zum Nachfolger von Sinowatz, am 9. Juni 1986, schrieb Kreisky an den „Genossen Sinowatz" einen Brief, in dem er den Rücktritt vom Ehrenvorsitz der Partei ankündigte. Er wolle „ab sofort diese lang gehegte Absicht verwirklichen".

Das Schreiben wurde nie beantwortet. Ein halbes Jahr später, nach der Vergabe des Außenministeriums durch Vranitzky an Alois Mock, war der Bruch endgültig. Kreisky legte sämtliche Parteifunktionen zurück und kündigte in der *Arbeiter Zeitung* an, „gegen diese Niederlage der Partei" in aller Öffentlichkeit anzukämpfen. Damit war der österreichische Weg, den Kreisky vorgezeichnet hatte, zu Ende.

Dieses Buch versucht, die wichtigsten Markierungen zu zeigen – mit den vielen Um- und Abwegen, die Kreiskys Politik kennzeichneten. Seine Themen waren wohl schon lange vorhanden. Sein Erfolg war (auch von ihm) unerwartet, aber gleichzeitig erwartbar. Es gab damals eine gesellschaftliche und politische Konjunktur, die nur noch die richtige Person brauchte.

Der Aufstieg zum „Sonnenkönig" und „großen Zampano" wäre allerdings nicht denkbar gewesen ohne die Selbstbefreiung einer desparaten Sozialdemokratie, die ihren großen Erneuerer anfangs nicht wollte. Und er wäre nicht möglich gewesen ohne die Vorarbeiten eines konservativen Reformers, des ÖVP-Kanzlers Josef Klaus, der von 1966 bis 1970 eine Alleinregierung anführte.

Kreisky habe die Moderne nicht erfunden, schreibt der Zeithistoriker Oliver Rathkolb, „aber er war der Katalysator und vor allem auch Transformator der Öffnung und Modernisierung der Gesellschaft ab 1970, wofür die Wählerschaft 1966 eigentlich Josef Klaus auserkoren hatte". Der ÖVP-Chef war zu grundlegenden Veränderungen und zum Ausbruch aus dem Immobilismus entschlossen, in dem sich die politische Klasse behaglich eingerichtet hatte.

Heute gilt Klaus, dieser damals neue Typ von Politiker, wegen seines raschen Aufstiegs und tiefen Falls als „von der Geschichte geschlagen", wie es der *Falter* einmal beschrieb. Dass er nach 1970 in Vergessenheit geriet, hat der Ex-Landeshauptmann, Ex-ÖVP-Obmann und Altkanzler mit Fassung getragen.

Als ich ihn am 26. Juli 1990 für den *Kurier* im Garten eines Seniorenheims in Wien-Döbling ausführlich interviewte (er hatte als Pensionist zwei Wohnsitze, einen in Wien, einen auf Gran Canaria), erzählte er folgende Geschichte: In der U-Bahn bot ihm ein Mädchen einen Sitzplatz an. Die beiden kamen ins Gespräch. Das Mädchen war Ferialpraktikantin in der ÖVP-Zentrale. Klaus bat, einem Spitzenfunktionär der Partei seine Grüße weiterzugeben.

„Mach' ich gern", war die freundliche Antwort.

„Ich bin nämlich der Josef Klaus", gab sich der Altkanzler zu erkennen, „sagt Ihnen der Name etwas?"

Beim jugendlichen Gegenüber blieb jedes Aha-Erlebnis aus.

„Wer Ruhe haben will, muss Ruhe geben", nahm Klaus die Begebenheit nicht tragisch. Dabei hatte er – wie zu zeigen ist – große Meriten um seine Partei. Und um Österreich.

1966 bis 1970: Von Klaus zu Kreisky

Josef Klaus war ein ungewöhnlicher Mann. Seine Rolle als Wegbereiter der Modernisierung des Landes wird unterschätzt. Und das lange auch in seiner Partei, die ihm nach seinem freiwilligen Rückzug aus der Politik wenig Beachtung schenkte. Erst als er am 25. Juli 2001 starb, erinnerte sich die ÖVP wieder an seine Leistungen.

Über Bruno Kreisky gibt es Dutzende dicke Bücher, über Josef Klaus wenige. Das ist nicht nur mit der wesentlich kürzeren Ära Klaus zu erklären. Dem medienscheuen ÖVP-Politiker fehlte es an Charisma, Kreativität und jener Gewandtheit, die Kreisky im Übermaß besaß. Daher beginnt in der heutigen Wahrnehmung die politische Zeitrechnung der Zweiten Republik erst mit Kreiskys Wahlsieg am 1. März 1970.

Aber zugespitzt kann man sagen: Ohne Klaus kein Kreisky. In den Worten des Historikers Ernst Hanisch: „Obwohl Klaus und Kreisky zwei völlig verschiedene Politikertypen repräsentierten, bildete, historisch gesehen, die Ära Klaus–Kreisky eine Einheit, vor allem in den ersten zehn Jahren von Mitte der 60er- bis Mitte der 70er-Jahre, eine Reformperiode wie selten in der österreichischen Geschichte." Der konservative Klaus brach mit der in den Staatsparteien herrschenden Vorstellung, ohne Große Koalition könne nicht stabil regiert werden. Er hinterließ Kreisky einen geordneten Haushalt und tragfähige Ansätze für gesellschaftliche Veränderungen, ganz nach seinem Lebensmotto: „Konservativ im Pflichtbewusstsein, modern in der Sache."

1910 als Sohn eines Bäckers in Mauthen in Oberkärnten geboren, war Klaus nach dem Krieg nach Hallein, an den Geburtsort seiner Ehefrau Erna, übersiedelt. 1949 wurde der Rechtsanwalt dort Vizebürgermeister und noch im selben Jahr, mit 39, Landeshauptmann von Salzburg. Diese Aufgabe liebte er wirklich, wie er in seinem Lebensbericht „Macht und Ohnmacht in Österreich" bekennt. Auf der Fahrt nach Wien zur Angelobung verspürte er „ein Glücksgefühl, wie es mir in so unbeschwerter Art in meiner späteren politischen Laufbahn nicht mehr beschieden war". 1961 wagte er den Schritt auf das Wiener Parkett.

In der gesamten bisherigen Geschichte der Zweiten Republik ist er der einzige Landeshauptmann, der die Bundespolitik nicht bloß aus

sicherer Entfernung kommentierte, sondern als Mitglied der Bundesregierung Verantwortung für das Staatsganze übernahm. Er war der
erste und bisher einzige ÖVP-Politiker der Zweiten Republik, der einer
Einparteienregierung vorstand.

Bemerkenswert war auch sein Abgang: Nach der Wahlniederlage
seiner Partei am 1. März 1970 sagte er der Politik von einem Tag auf
den anderen Adieu – ein Schritt, den ihm bis heute kein Politiker in
dieser rigorosen Art nachgemacht hat. „Es gehört zum Schicksal eines
Politikers, dass er in vielem und Wesentlichem, was er gewollt hat,
scheitert", lautete sein dürres Resümee. Einen Versorgungsposten nach
landesüblicher Art lehnte er entschieden ab.

Josef Klaus stammte aus einem kleinbürgerlich-katholischen Milieu.
Die Mutter, eine Bergbauerntochter, hatte – nachdem der Vater früh
verstorben war – großen Einfluss auf ihren Sohn. Sie erzog ihn zur
strikten Frömmigkeit und prägte sein missionarisches Bewusstsein.
Zeitzeugen beschreiben ihn als dynamisch, ehrgeizig, konsequent,
selbst- und sendungsbewusst.

Doch seine Vergangenheit hatte einen dunklen Fleck. Als Leitungsmit-
glied der Deutschen Studentenschaft an der Wiener Universität unter-
zeichnete er im Juni 1932 ein Flugblatt gegen einen renommierten
jüdischen Pharmakologen. Dieser solle bedenken, „dass die deutschen
Studenten als ihre Führer nur deutsche Lehrer anerkennen", hieß es
im Text. Und weiter: „Die Deutsche Studentenschaft steht auf dem
Standpunkt, dass Professoren jüdischer Volkszugehörigkeit akademi-
sche Würdestellen nicht bekleiden dürfen."

Den Ruf nach Wien nahm Klaus an, als ihn im März 1961 während eines Skiurlaubs in den Dolomiten ein Anruf von Bundeskanzler
Alfons Gorbach erreichte. Klaus sollte Finanzminister werden. Zuerst
wehrte er sich, aber dann meldeten sich Gefühle wie „Gefolgschafts-
pflicht, Treue, Teamgeist, vielleicht auch Freude. Ich holte tief Luft und
versprach, am übernächsten Tag in Wien zu sein" (Josef Klaus).

Seine politischen Grundüberzeugungen hatte der damals 39-jähri-
ge Rechtsanwalt am 3. Dezember 1949 im Salzburger Landtag, der
ihn soeben zum neuen Landeshauptmann gewählt hatte, skizziert. Er
nannte die drei Begriffe Freiheit, Arbeit und Eigentum, „die uns alle
entzweien oder zusammenführen können". Er bekenne sich „zum hohen Menschheitsgut der Freiheit", dem einzigen „Unterpfand gegen

das Kollektiv, gegen Tyrannis und Allmacht des Staates und auch gegen die Konzentration von Wirtschaftsmacht in wenigen Händen". Die Begriffe Arbeit und Eigentum seien komplementär, sagte Klaus. „Arbeit muss zur Eigentumsbildung für jeden arbeitenden Menschen führen." Um dies zu erreichen, seien die bürgerlichen Sekundärtugenden Sparsamkeit, Tüchtigkeit und Leistungsbereitschaft von zentraler Bedeutung.

In seinen Memoiren beharrte Klaus auf den Grundsätzen seiner Politik als Finanzminister, die er bereits als Salzburger Landeshauptmann praktiziert hatte: „Man kann nur ausgeben, was man einnimmt, man kann nur verteilen, was man erarbeitet hat." Das Instrument zur Realisierung dieses programmatischen Konzepts war die neue, von ihm nach amerikanischem Vorbild entwickelte „Politik der Sachlichkeit" mit tief greifenden strukturellen Reformen.

Der Historiker Robert Kriechbaumer, dessen zwei Bände über die „Ära Josef Klaus" Standardwerke zum Thema sind, bezeichnet Klaus als den herausragenden Repräsentanten „eines die Notwendigkeit von Reformen erkennenden aufgeklärten Konservatismus, der sich trotz seines letztlich etwas steif und oberlehrerhaft wirkenden Wesens großer Popularität und hoher Zustimmungswerte über das eigene Parteiklientel hinaus erfreute".

Als Finanzminister im Kabinett Gorbach brachte er Ausgabenkürzungen in Höhe von einer Milliarde Schilling durch. Freunde machte sich der rabiate Reformer damit nicht, auch nicht in der eigenen Partei. Er galt nach eigenen Worten als „sturer Geldverwalter", schien unfähig zum Kompromiss und zur Teamarbeit. Er sei „bald der bestgehasste Mann" in der Regierung geworden, vermerkte er in seinen Erinnerungen: „Ich stand mit dem Rücken zur Wand der Einheitsfront wütender Minister gegenüber, die Dutzende, wenn nicht Hunderte Millionen ihrer mühsam im Herbst erkämpften Ressortmittel davonschwimmen sahen. Das führte zu einem Freundschafts- und Vertrauensbruch auch mit Ministern der Volkspartei." Als er einmal im Kanzleramt seine strengen Budgetgrundsätze erläuterte, unterbrach ihn ein Sitzungsteilnehmer grob: „Wir wollen Geld, nicht Grundsätze!"

Der Journalist Erwin Zankel bewertete Klaus als einen „bis zur Starrköpfigkeit prinzipientreuen Moralapostel, eine tickende Zeitbombe im Kabinett".

Zwei Faktoren erschwerten Klaus die Arbeit zusätzlich. Er kam nach Wien, als die Agonie der Großen Koalition bereits begonnen hatte. „Proporz und Junktim dominierten", schreibt der Historiker Manfried Rauchensteiner in seiner Arbeit über Österreich seit 1918 („Unter Beobachtung"). Zwischen den Großparteien herrschten Eifersucht und absurde Packeleien, etwa „tausche Aktienübertragungen im Erdölbereich gegen gleitende Zollsätze für Eier-Importe".

Klaus wollte seine Vorstellungen ohne Abstriche umsetzen, er verordnete einen radikalen Sparkurs, der auf erbitterten Widerstand stieß – nicht in der Bevölkerung, die ihm zustimmte, aber bei den Regierungskollegen. Als sich wichtige ÖVP-Minister, allen voran Unterrichtsminister Heinrich Drimmel, von ihrem Kollegen abwandten, gab Klaus nach nur knapp zwei Jahren im Finanzministerium auf. Die nachgeworfenen Zensuren pendelten laut seiner Erinnerung zwischen „Fahnenflucht", „Sturheit" und „Messianismus."

Er zog sich nach Salzburg zurück. Doch die „junge Garde" in der Volkspartei setzte weiterhin auf ihn. Im September 1963 wurde das Duo Josef Klaus/Hermann Withalm auf dem Klagenfurter Parteitag zur neuen Führung der Partei gewählt.

Der Niederösterreicher Withalm war Generalsekretär der ÖVP, Klubobmann von 1966 bis 1970 und nach 1970 als Nachfolger von Josef Klaus für knapp zwei Jahre Bundesparteiobmann. Er hielt auf dem Klagenfurter Parteitag eine leidenschaftliche Rede, in der er zur Erneuerung der Partei und zu einer selbstbewussten Haltung gegenüber der SPÖ aufrief, auch wenn das den Bruch der Großen Koalition bedeuten sollte. Das war eine bahnbrechende Wortmeldung, die bereits die spätere Entwicklung vorwegnahm.

Klaus setzte sich mit 251 Stimmen gegen Drimmel (116), den Kandidaten jener Kreise in der ÖVP, die auf eine Fortsetzung der Großen Koalition bauten, durch. Klaus versprach die Bildung einer „Alleinregierung", sollte das Wahlergebnis dies ermöglichen.

Die Wahl von Klaus zum Bundesparteiobmann der Volkspartei war die erste Abstimmung zur Wahl eines Parteivorsitzenden einer politischen Partei in der Zweiten Republik, die zwischen zwei Kandidaten stattfand. (Solche „Kampfabstimmungen" gibt es in Österreich fast nie. Es sollten bis heute auf Bundesebene von politischen Parteien auch nur mehr drei weitere folgen. Die nächste Kampfabstimmung fand 1967 in der SPÖ statt und wurde von Bruno Kreisky gewonnen. 1986 errang Jörg Haider am hitzigen Innsbrucker FPÖ-Parteitag die Obmannschaft, Norbert Steger unterlag dabei dem rechten Hoffnungsträger. Eine weitere Kampfabstimmung gab es 1991 in der ÖVP zwischen Erhard Busek und Bernhard Görg, Busek wurde zum Bundesparteiobmann gewählt.

Die Wahl von Klaus war auch eine Abstimmung über die Fortsetzung oder Beendigung der Großen Koalition zwei Jahrzehnte nach Ende des Zweiten Weltkriegs. Damit wurde das Ende der scheinbar ewigen Zweisamkeit von Schwarz und Rot eingeläutet, ein Transformationsprozess, der 1966 in eine lange Phase von Alleinregierungen – zunächst der ÖVP, dann der SPÖ – mündete.

Das politisch-wirtschaftlich-soziale System der Zweiten Republik war unmittelbar nach Kriegsende im April 1945 konzipiert worden. Der Ausgangspunkt in dieser „Stunde null" war die Überlegung der Gründerväter (Gründermütter gab es in der öffentlichen Wahrnehmung keine), dass es nie wieder so furchtbar werden dürfe wie zwischen 1914 und 1945. Nach zwei Weltkriegen, einem Bürgerkrieg, dem Horror des Holocaust, Zerstörung und Rechtlosigkeit, Hunderttausenden Toten und Verwundeten an den Fronten und im Hinterland, Flüchtlingsströmen und dem Verlust der Eigenstaatlichkeit war Konsens oberstes Gebot: Der „Geist der Lagerstraße" band die KZ-Generation aneinander, die zahllosen Opportunisten fanden auch wieder ihren Platz. Das traf speziell auf die vielen Mitläufer zu, die von den Parteien als Mitglieder aufgenommen wurden.

„Die österreichische Politik hat sich seit dem Ende des Zweiten Weltkrieges auf völlig neuen Grundlagen zu entwickeln begonnen", stellte der konservative Publizist Alexander Vodopivec in seiner 1960 erschienen Analyse „Wer regiert in Österreich?" fest. Die Innenpolitik habe durch den Wegfall politischer Splittergruppen, die Zusammenarbeit der beiden großen Parteien und die sich daraus ergebende Aufteilung der Macht nach dem „Proporz" ein völlig verändertes Gesicht bekommen. Vodopivec weiter: „Der materielle Aufschwung (seit 1945) hat nicht nur die historisch bedingten strukturellen Schwächen der österreichischen Wirtschaft zum größten Teil beseitigt, sondern auch den politischen und sozialen Auseinandersetzungen einen großen Teil jener Schärfe genommen, die eine der Hauptursachen für das Versagen der parlamentarischen Demokratie in der Ersten Republik war."

Herbert Krejci, Generalsekretär der Industriellenvereinigung von 1980 bis 1992 und tief geprägt von den 1930er-Jahren und der Nazizeit, bestätigte: „Die Führungsgeneration beider Seiten hat gesagt, die Feindschaft darf nicht wiederkehren." Die Nachfolger der Christlichsozialen und Sozialdemokraten setzten völlig auf Sicherheit und Stabilität: „Die soziale Sicherheit ist die verlässlichste Grundlage der Demokratie." (Johann Böhm, sozialistischer Gewerkschafter, ÖGB-Präsident 1945–1959)

Dieses Sicherheitssystem bestand aus zwei Kernelementen: Zusammenarbeit der beiden Großparteien ÖVP und SPÖ – sie stützten sich in der Nachkriegszeit auf Mehrheiten weit über 90 Prozent, Opposition gab es praktisch keine; und eine enge Abstimmung der Standesorganisationen von Unternehmern, Landwirten, Arbeitern und Angestellten im Rahmen der Sozialpartnerschaft. Gerade die Institutionen der Sozialpartnerschaft entwickelten sich zu mächtigen Instanzen, weit über ihre eigentliche Zuständigkeit hinaus. Eine Regierungspolitik ohne oder gar gegen sie schien undenkbar.

Die ökonomische und soziale Erfolgsstory der Zweiten Republik (Stichwort „Insel der Seligen"; wird Papst Paul VI. zugeschrieben) wäre freilich ohne Sozialpartner nicht möglich gewesen. Die sozialpartnerschaftliche Nebenregierung überdauerte auch den Systembruch einer Alleinregierung.

Josef Klaus war am 2. April 1964 Bundeskanzler geworden, vorerst noch als Chef einer schwarz-roten Koalitionsregierung. Doch vom ersten Tag an war klar, dass dieser Koalitionspakt nur ein Vertrag auf Zeit sein würde. „Was Klaus half, die Abläufe zu beschleunigen, war aber nicht die Stärke seiner Partei, sondern die Selbstdemontage der SPÖ", so Rauchensteiner. Vier Anlässe bewirkten nach seiner Darstellung die Schwächung der SPÖ.

Da war einmal der „Fall Habsburg": Der Sohn des letzten österreichischen Kaisers, Otto von Habsburg, hatte die von allen Mitgliedern seiner Familie geforderte Verzichtserklärung abgegeben und wollte aus Bayern nach Österreich einreisen. Außenminister Bruno Kreisky hatte signalisiert, dass es dabei kein Problem geben würde, andere SPÖ-Minister waren dagegen. Der rote Staatssekretär Eduard Weikhart erklärte sogar öffentlich, sollte Habsburg einreisen, „wird ihm jener Empfang bereitet werden, den man einem unerwünschten Eindringling bereiten muss". Habsburg ging zum Verfassungsgerichtshof. Um die Einreise zu verhindern, schmiedete die SPÖ im Nationalrat trotz der Koalition mit der ÖVP ein Bündnis mit den oppositionellen Freiheitlichen. (Otto von Habsburg durfte 1966 schließlich einreisen, den Schlusspunkt unter die Affäre setzte Kreisky als Bundeskanzler 1972 mit einem Händedruck am Rande des Paneuropa-Kongresses.)

Zweiter Streitpunkt war der „Fall Olah". Der ehrgeizige Innenminister, gefürchtet wegen seiner Rücksichtslosigkeit, hatte mit Gewerkschaftsgeldern die FPÖ unterstützt; er wollte damit die Variante einer Kleinen Koalition offenhalten. Gewerkschaftsgelder in Form von Haftungen waren auch bei der Gründung der *Neuen Kronen Zeitung* im Spiel. Im folgenden innerparteilichen Konflikt – vor allem mit Justizminister Christian Broda – unterlag Franz Olah, er wurde als Innenminister abgelöst, aus der Partei ausgeschlossen und landete später im Gefängnis. „Der Schaden für die SPÖ in dieser offenen Auseinandersetzung war immens, denn Olah war seit seinem Eingreifen in die von Kommunisten geführte Streikbewegung im Oktober 1950 sehr populär." (Manfried Rauchensteiner)

Olah trat 1966 mit einer eigenen wahlwerbenden Partei („Demokratische Fortschrittliche Partei") an, führte seinen Wahlkampf fast ausschließlich gegen die SPÖ und wurde dabei von der *Kronen Zeitung* unterstützt. Diese rechtspopulistische Gruppierung erhielt etwas mehr als drei Prozent der Stimmen, erreichte aber kein Mandat; für die absolute Mandatsmehrheit der ÖVP war das ein entscheidender Faktor.

Der dritte Fehler war die geplante Taufe des neuen Bodensee-Schiffes auf den Namen „Dr. Karl Renner". SPÖ-Verkehrsminister Otto Probst wollte gegen alle lokalen Widerstände die Benennung nach dem roten Staatskanzler durchboxen und erlebte bei der Veranstaltung am 21. November 1964 in Fußach am Bodensee ein Debakel. 20.000 Demonstranten, die von den Lokalzeitungen angefeuert wurden, verhinderten die Schiffstaufe; Probst, der mit einem Motorboot über den Bodensee zum Festakt kommen wollte, musste abdrehen. Der Minister kehrte nach Bregenz zurück, wo er versuchte, die beiden Tageszeitungen *Vorarlberger Nachrichten* und *Vorarlberger Tagblatt* wegen „Aufforderung zum Aufruhr" beschlagnahmen zu lassen. Die Staatsanwaltschaft Feldkirch wies das zurück, die Niederlage von Probst war perfekt.

Die vierte, extrem folgenschwere Fehleinschätzung der SPÖ war jene zum Rundfunk-Volksbegehren. Mehrere Journalisten unabhängiger Zeitungen, allen voran Hugo Portisch vom *Kurier*, wollten mit dem Parteienrundfunk (der RAVAG) Schluss machen und ein Volksbegehren für einen neuen, unabhängigen Rundfunk einleiten. Der spätere ORF-Generalintendant Teddy Podgorski, der 1963 zum Rundfunk kam, erinnerte sich 2016 in einem *Kurier*-Interview an die damaligen Zustände: „Als ich im ORF angefangen habe, waren Rot und Schwarz wie eine ägyptische Priesterschaft. Sie waren unantastbar. Nur wenn sie selbst interviewt werden wollten, sind sie mit einem fertigen Manuskript gekommen."

Podgorski schilderte einen konkreten Fall: „Anfang der 60er-Jahre war ich Leitender Redakteur bei der ‚Zeit im Bild', mein Chefredakteur war ein Tontechniker und strammer SPÖ-Genosse aus Klagenfurt. Er hat Kurzschlüsse reparieren können, sonst aber nichts. Ich hatte wegen eines geplanten Interviews über eine Werbekampagne des Bundesheeres einen Riesenwickel mit dem damaligen ÖVP-Verteidigungsminister Karl Schleinzer.

Er und ich saßen vor dem Interview gemeinsam im Schminkraum und er sagte zur mir: ‚Herr Redakteur, was werden Sie mich denn fragen?' Ich habe gesagt: ‚Na, ich werde Sie über den Beruf des Soldaten fragen. Ist es erstrebenswert, Soldat zu werden?' Daraufhin hat Schleinzer einen Anfall bekommen: ‚Das werden Sie mich sicher nicht fragen! Sie werden mich das fragen ...' – und hat mir ein Manuskript in die Hand gedrückt. Ich habe gesagt, dass ich ihn das sicher nicht fragen werde, und bin gegangen. Der damalige Chefredakteur Ingenieur Dörflinger hat das Manuskript zitternd übernommen und daraus die Interviewfragen abgelesen." – Podgorskis Schluss: „Das war ein Meilenstein der knienden Berichterstattung."

Das Rundfunk-Volksbegehren im Oktober 1964 wurde von fast 833.000 Bürgerinnen und Bürgern unterzeichnet. Mit dieser machtvollen Demonstration „erhob die Bevölkerung auch ihren Protest gegen das politische Proporzsystem, das alles und jedes im Land seinem Einfluss und seiner Kontrolle unterwarf" (Hugo Portisch).

Die SPÖ verstand vorerst nicht, was hier in Bewegung gekommen war. Im Parteiorgan *Arbeiter Zeitung* verurteilte Chefredakteur Franz Kreuzer (der viel später ORF-TV-Informationsintendant wurde) das

„Triumphgeschrei der Kommerzpresse", die er eine „Ad-hoc-Partei" nannte. Und er meinte abfällig: „Für ein besseres Rundfunkprogramm kann jeder eintreten so wie für ein besseres Wetter." Keinesfalls, so Kreuzer in der *AZ* vom 14. Oktober 1964, sei dieses Volksbegehren „eine politische Manifestation von bestimmendem Gewicht. So viel Druck wie hinter diesem Gesetzesentwurf steht hinter jedem Anliegen eines größeren Berufsverbandes." Später, bei der parlamentarischen Behandlung des Volksbegehrens, erklärte der SPÖ-Abgeordnete Otto Winter, seine Partei habe „nicht die Absicht, sich zu Stiefelleckern einer gewissen präpotenten Journaille degradieren zu lassen".

Dazu kam eine weitere krasse Fehleinschätzung der Parteiführung: Sie wies eine Wahlempfehlung der KPÖ nicht zurück, nicht bedenkend, wie militant der Antikommunismus in der Wählerschaft war. „Volkspartei gegen Volksfront" plakatierte daraufhin die ÖVP. Dieser Slogan erwies sich bei Tests als der mit Abstand erfolgreichste des gesamten Wahlkampfs. Die theoretisch vielleicht nützlichen KPÖ-Stimmen für die SPÖ wurden laut ÖVP-Pressereferent Karl Pisa „in der Praxis vom antikommunistischen Wahlreflex weit übertroffen".

Im Wahlkampf nahm Klaus einige Elemente vorweg, die Kreisky später perfektionieren sollte, etwa den Einsatz von Experten bei der Überzeugungsarbeit.

Der langjährige Wiener Korrespondent der *Financial Times*, Paul Lendvai, war bei „einer der ungewöhnlichsten Pressekonferenzen, deren Zeuge ich wurde", dabei. Im Wiener Presseclub Concordia präsentierte Klaus am 14. Jänner 1966 die „Aktion 20", eine Verbindung von Wissenschaft und Politik.

Neben dem Kanzler saßen herausragende Wissenschaftler wie die Universitätsprofessoren Karl Fellinger (Medizin), Stephan Koren (Nationalökonomie), Hans Tuppy (Biochemie), Leopold Rosenmayr (Soziologie) und Günther Winkler (Rechtswissenschaft). Die Wände, so Lendvai, waren rundum mit großen Bildstatistiken und Diagrammen bedeckt – Darstellungen zur Lage und zu den Chancen vom Bildungswesen bis zur Gesundheitspolitik, vom Sozialsystem bis zur Außenpolitik. Hinter dem Podium der Experten stand in Riesenlettern: AKTION 20. Diese Bezeichnung sollte Verschiedenes bedeuten – die 20-Jährigen auf dem Sprung und die nächsten zwanzig Jahre, in denen man sich „von der Zukunft nicht überrollen lassen" wollte.

Die Aufbruchsstimmung und Reformbereitschaft waren aufseiten der Bürgerlichen. Damit gewannen sie bei der Nationalratswahl am 6. März 1966 zwar nicht die Mehrheit der Stimmen, aber die absolute Mandatsmehrheit (85 von 165). Am Abend wurde Klaus auf den Schultern stämmiger Anhänger in das Palais Todesco getragen, in die prunkvolle Zentrale der ÖVP neben der Staatsoper. Die Deutschmeister spielten auf, die Sieger genossen ihren Triumph.

Heinz Fischer, damals Sekretär der SPÖ-Fraktion im Parlament, später Nationalratspräsident und Bundespräsident, schildert in seinem Band „Die Kreisky-Jahre" diesen Abend aus Sicht eines Sozialdemokraten. „Als am Abend des 6. März 1966 die Niederlage der SPÖ feststand, ging ich zunächst gedankenverloren zur Löwelstraße, wo nur mehr wenige Lichter brannten, und dann – einer plötzlichen Eingebung folgend – in die Kärntner Straße, um die Reaktionen der ÖVP auf ihren Wahlsieg zu beobachten. Ich kam gerade rechtzeitig zur Siegesfeier der Volkspartei, wo Bundeskanzler Dr. Klaus und Generalsekretär Dr. Withalm von einem Balkon des damaligen ÖVP-Hauptquartiers unter den Scheinwerfern des Fernsehens und einem Gewitter von Blitzlichtern kurze und selbstbewusste Ansprachen hielten und dafür den tosenden Applaus der umstehenden ÖVP-Anhänger erhielten."

Klaus selbst berichtete in seinen Memoiren, im Zimmer des Generalsekretärs hätten sich bereits „führende Funktionäre und solche, die es noch werden wollten, versammelt, einige Dutzend Flaschen Wachauer und Brünnerstraßler wurden entkorkt".

Sollte der Wahlsieger den Alleingang wagen? Ganz sicher waren sich die Schwarzen ihrer Sache noch nicht. Josef Klaus berichtete später in der ORF-Dokumentation „Österreich II", in der Volkspartei sei man zuerst der Meinung gewesen, „dass es da noch gewisse Altlasten aus der Zeit der Ersten Republik zu beseitigen gilt, aus der Zeit des Bürgerkriegs und der autoritären Regierung. Das hat dazu beigetragen, dass wir uns gesagt haben, das Experiment ist sehr groß und sehr gefährlich, probieren wir es noch einmal mit einer Großen Koalition. Natürlich unter der Bedingung, dass, wenn man in einer wichtigen Angelegenheit zu keiner Einigung kommt, man eine freie Abstimmung im Parlament durchführt."

Die Sozialisten waren gespalten. Fischer schreibt, hinter der SPÖ-Formel „Koalition ja – aber nicht um jeden Preis" hätten sich in Wahrheit zwei entgegengesetzte Positionen verborgen. Die einen, zu denen Bruno Kreisky und mehrere führende Politiker aus den Bundesländern zählten, hielten es für zu gefährlich, wenn ÖVP und SPÖ bzw. Bürgertum und Arbeiterschaft wieder durch den Graben zwischen Regierung und Opposition getrennt wären. „Die Entwicklung wäre unabsehbar. Auf ein solches Risiko darf man sich nicht einlassen", sagte Kreisky laut Fischer immer wieder in diesen Tagen.

Der Parteivorsitzende Bruno Pittermann, aber auch ÖGB-Chef Anton Benya und der Zweite Nationalratspräsident Karl Waldbrunner warben für den Gang in die Opposition. Ihre Argumentation lautete: Die ÖVP-Führung wolle ihren Erfolg voll ausschöpfen und werde der SPÖ nur eine inferiore Rolle als Juniorpartner gestatten; in einer solchen Konstellation könne die SPÖ nur weiter an Gewicht und Gesicht verlieren. Es werde daher nichts anderes übrig bleiben, als „unfreiwillig freiwillig" (Bruno Pittermann) in die Opposition zu gehen und dort neue Kraft zu schöpfen.

Der Kompromiss zwischen den beiden Positionen war, Verhandlungen mit der ÖVP aufzunehmen, um zu sehen, ob die Schwarzen zu einem „fairen Angebot" bereit waren. Die letzte Entscheidung sollte ein außerordentlicher Parteitag treffen. Den Roten war aber klar, dass der Bewegungsspielraum ihres Verhandlungspartners sehr klein war. Das wussten führende Sozialisten aus vertraulichen Gesprächen mit Klaus, vor allem aber mit Withalm. Den „eisernen Hermann" betrachteten laut Fischer viele Sozialisten „als ihren Hauptgegner, ja Hauptfeind in der Volkspartei".

Am 5. und 6. April brachten Marathonverhandlungen zwischen den beiden Großparteien keinen Fortschritt. Withalm verkündete danach, die ÖVP sei der SPÖ so weit wie möglich entgegengekommen, sie könne ihren Wählerauftrag aber nicht aufgeben und auf den Gebrauch der Mehrheit, die sie am 6. März erhalten hatte, nicht verzichten.

In der SPÖ wurde für den 15. April 1966 ein Parteitag einberufen, um die Frage Regierungsbeteiligung oder Opposition zu klären. Parteichef Pittermann hatte die Teilnahme an einer Koalition offenkundig schon aufgegeben, denn er formulierte vor den Delegierten bereits eine Oppositionslinie: Man werde gegen die Regierung arbeiten, aber „niemals" Opposition gegen den Staat oder die Demokratie machen.

Ganz anders Kreisky in seiner Wortmeldung: Er erinnerte an den grausamen Bürgerkrieg und sagte: „Ich bitte und beschwöre die Genossen, das nicht einfach beiseite zu schieben. Gewiss, die Verfassung gibt der Minderheit eine große Macht. Aber sie verleitet auch eine sehr wenig demokratisch gesinnte Mehrheit, sich dieser Verpflichtungen auf die verschiedenste Art zu entledigen. Man ist nicht ein schlechter Sozialist, wenn man der Meinung ist, dass wir mitverwalten sollen."

Nach insgesamt 40 Diskussionsbeiträgen wurden Bedingungen für eine Fortsetzung der Partnerschaft formuliert, zum Beispiel eine Garantie für deren Mindestdauer. Aus heutiger Sicht interessant ist eine weitere Bedingung, sie betraf die Sicherheitsministerien: Die „alleinige Verfügungsgewalt" einer Partei (in diesem Fall der ÖVP) über Exekutive und Bundesheer „muss vermieden werden", verlangten die Delegierten. Diesen Forderungen wollte Klaus nicht zustimmen; er hatte den Alleingang der ÖVP bereits mit Withalm abgesprochen.

Der erweiterte SPÖ-Vorstand legte sich daraufhin am 18. April mit 30 gegen zehn Stimmen auf die Opposition fest: „Durch ihre Maßlosigkeit hat die ÖVP die Voraussetzungen für eine weitere Zusammenarbeit der beiden großen Parteien zerstört. Sie will eine ehrliche Zusammenarbeit nicht wirklich." Wortführer beim Oppositionsbeschluss war der stellvertretende Parteivorsitzende Waldbrunner; er – und nicht Pittermann – war in Wahrheit der starke Mann der Partei. Waldbrunner war felsenfest davon überzeugt, dass unter den gegebenen Umständen in der Regierung „nichts zu holen war".

Fischer im Rückblick: „Hätte sich Waldbrunner mit gleicher Intensität für die Fortsetzung der Koalition eingesetzt, wäre die Entscheidung anders ausgefallen. So groß ist manchmal in Grenzsituationen der Einfluss eines einzelnen Mannes." Unter den zehn Stimmen gegen den Oppositions-Beschluss war jene von Bruno Kreisky.

Nach 21 Jahren war die Ära der Großen Koalition vorbei. Klaus fühlte nach seiner Darstellung „weder Trauer noch Jubel. Ich ahnte, was mir bevorstand – zögernde Gefolgschaft bei manchen, denen man in der eigenen Partei nichts recht machen konnte, und erbitterte Angriffe von der Seite jener, die bei den Wahlen und bei den Regierungsverhandlungen ihr Ziel verfehlt und nun das harte Brot der Opposition vor sich hatten."

Der Neue ging mit Hochdruck ans Werk. Die Liste der Regierungsmitglieder war schon fertig. Bundeskanzler wurde Josef Klaus, Vizekanzler Fritz Bock (ab 19. Jänner 1968 Hermann Withalm), Außenminister Lujo Tončić-Sorinj (ab 19. Jänner 1968 Kurt Waldheim), Finanzminister Wolfgang Schmitz (ab 19. Jänner 1968 Stephan Koren), Innenminister Franz Hetzenauer (ab 19. Jänner 1968 Franz Soronics), Justizminister Hans Klecatsky, der kein Parteimitglied und eine sehr eigenwillige Persönlichkeit war, Unterrichtsminister Theodor Piffl-Perčević (ab 2. Juni 1969 Alois Mock), Sozialministerin Grete Rehor, Landwirtschaftsminister Karl Schleinzer (ehemaliges NSDAP-Mitglied mit der Mitgliedsnummer 9.244.264), Handelsminister Fritz Bock (ab 1. Jänner 1968 Otto Mitterer), Verkehrsminister Ludwig Weiß, Verteidigungsminister Georg Prader.

In seiner Regierungserklärung am 20. April 1966 – der ersten in der Zweiten Republik, in der eine Partei allein ihr Programm für die kommende Legislaturperiode formulieren konnte – nannte Klaus elf Materien vorrangig:

1. ein Übereinkommen mit der Europäischen Wirtschaftsgemeinschaft EWG
2. die Bereinigung der Südtirol-Frage
3. die Verabschiedung von Wirtschaftswachstumsgesetzen
4. Maßnahmen zur Milderung der Lohn- und Einkommensteuerprogression
5. die Einführung eines jährlichen Berichts zur sozialen Lage
6. eine Gesamtreform der Wohnungswirtschaft
7. Maßnahmen für eine regionale Strukturpolitik
8. einen langfristigen Energieversorgungsplan
9. Reorganisation der Verstaatlichten Industrie
10. Sanierung der ÖBB
11. neue Schulgesetze

Als Hauptziele der Wirtschafts- und Sozialpolitik wurden „die Förderung der persönlichen Initiative, des Leistungswillens und der möglichst breiten Streuung des Eigentums" genannt. Wichtigstes familienpolitisches Ziel von Klaus war „die familiengerechte Wohnung". An mehreren Stellen des Programms wurde ausdrücklich darauf hingewiesen, dass Österreich „in hohem Maße auf die sittliche Substanz angewiesen ist, die zu erhalten und zu mehren das Anliegen der Kirche ist" (zitiert nach Helmut Ornauer, „Wahlprogramme und Regierungserklärungen 1956–1979").

Die Situation im Nationalrat war völlig neu. Vor 1966 war die Opposition schwach, viele Minderheitenrechte bestanden nur auf dem Papier. Wichtige Instrumente der Geschäftsordnung des Nationalrats kamen nie zum Einsatz, etwa die Dringliche Anfrage. Die SPÖ musste sich in ihre neue Situation erst hineinfinden, gewann aber rasch an Selbstsicherheit.

Auch die ÖVP stand unter Druck. Mit der absoluten Mehrheit ausgestattet, musste sie nun ihren Reformankündigungen entsprechen. Klaus machte gleich am Start die bittere Erfahrung, dass er die innerparteilichen Machtverhältnisse nicht ignorieren durfte. Die Bünde meldeten Ansprüche an, alle großen Bundesländer waren in der Regierung vertreten. Der Wegfall des Regierungspartners als billige Ausrede für (Nicht-)Entscheidungen wirkte sich nachteilig aus. Außerdem zehrten Skandale wie jener um Viktor Müllner (der niederösterreichische ÖVP-Grande war in einen Parteispendenskandal verwickelt) oder eine riesige Bauaffäre an der Glaubwürdigkeit der Volkspartei.

Der im persönlichen Umgang sehr distanzierte Kanzler Klaus hatte auch das Problem, dass er weder in der Partei noch in der Beamtenschaft enge Beziehungen knüpfen konnte. Ein Kern der ÖVP, die finanzstarke Industrie, misstraute ihm ebenfalls. „Klaus stand den kleinen Leuten, den kleinen Gewerbetreibenden und dem Handel viel näher als der Industrie", so sein Redenschreiber und späterer Staatssekretär Josef Taus.

Immerhin konnte Klaus ein deutliches Reformzeichen setzen: Durch die Berufung der Christgewerkschafterin Grete Rehor zur Sozialministerin war seine Regierung die erste, der eine Frau angehörte. Auch den 33-jährigen Taus nahm er als Fachmann für die Reorganisation der Verstaatlichten Industrie in sein Team auf. Know-how holte er sich zudem aus dem Institut für Wirtschaftsforschung. Im Kanzleramt hielten neue Technologien Einzug. Der Regierungschef nahm sogar Privatvorlesungen bei einem IT-Gelehrten, sein Referatsthema lautete „Der moderne Staat und die Kybernetik". Er besuchte auch Programmierkurse.

Der Nationalrat wurde allein in den ersten drei Monaten mit mehr als 40 Gesetzesvorlagen eingedeckt. Rund 600 waren es am Ende der

Legislaturperiode. Zu den Maßnahmen der Regierung Klaus gehört die Erhebung des 26. Oktober zum gesetzlichen Staatsfeiertag (Nationalfeiertag zur Erinnerung an den Beschluss des Neutralitätsgesetzes im Jahr 1955). Das bedeutete, dass dieser Tag bezahlt arbeitsfrei wurde. Ein erster, 1965 vom damaligen SPÖ-Außenminister Kreisky gestarteter Vorstoß war am Widerstand der von der ÖVP beherrschten Wirtschaftskammer gescheitert; sie wollte einem bezahlten Feiertag nur im Abtausch gegen die Abschaffung eines der vielen kirchlichen Feiertage zustimmen. 1967 gaben die Wirtschaftsvertreter dem Wunsch der ÖVP-Alleinregierung grollend nach.

Der große ideologische Widerstand kam von den Freiheitlichen. Ihr Obmann Friedrich Peter – der wenige Jahre später die Minderheitsregierung der SPÖ ermöglichen sollte – nannte den Begriff Nationalfeiertag eine „Abkehr von der historischen Wahrheit", die FPÖ könne sich keinesfalls zu einem „sogenannten österreichischen Nationalfeiertag" bekennen. Peter musste auf die in seiner Partei dominierenden Deutschnationalen Rücksicht nehmen.

Kanzler Klaus notierte in gelben Schulheften, später in schwarzen Ringbüchern penibel, was geplant und was verwirklicht worden war. Sein Ziel war „eine echte soziale Leistungsgemeinschaft" in einem wirtschaftlich wachsenden, sozial befriedeten Land. Bereits im Juli 1966 wurde mit dem Rundfunkgesetz dem Rundfunkvolksbegehren entsprochen. Klaus akzeptierte auch die Wahl Gerd Bachers zum ORF-Generalintendanten, obwohl dieser nicht sein Kandidat war. Aber der „heimatlose Rechte" (Bacher über Bacher) war der Liebling der parteiunabhängigen Zeitungen. Das wog mehr als die Mahnung von Ernst Wolfram Marboe, der selbst gern ORF-Chef geworden wäre. Marboe warnte Klaus vor Bacher und dessen Mitstreitern (Alfons Dalma, Franz Kreuzer, Helmut Zilk, Teddy Podgorski) mit den Worten: „Seids ihr wahnsinnig, dieser Grinzinger Heurigenclique wollts ihr den Rundfunk übergeben?"

Am 9. März 1967 wählte der neue ORF-Aufsichtsrat den 41-jährigen gebürtigen Salzburger Gerd Bacher zum ersten Generalintendanten. Der erste Anruf am Abend dieses Tages kam vom Bundeskanzler. Nachdem er Bacher gratuliert hatte, sagte er zum ihm: „Sie wissen, dass Sie ursprünglich nicht mein Kandidat waren. Ich verspreche Ihnen, nie bei Ihnen zu intervenieren. Sollte ich es tun, so erinnern Sie mich an dieses Versprechen." Klaus hielt Wort. Er versuchte auch nicht zu verhindern, dass Franz Kreuzer zum TV-Chefredakteur bestellt wurde, jener Kreuzer, der kurz zuvor in einer Fernsehdebatte den Kanzler als „Niete" bezeichnet hatte.

Ironischerweise kam die durch Bacher im nunmehr proporzfreien ORF ausgelöste Medienrevolution aber nicht dem oberlehrerhaft wirkenden Klaus, sondern ab 1967 seinem telegenen Widerpart Bruno Kreisky zugute.

Klaus versuchte, an vielen Schrauben zu drehen. In der Partei beendete er die alte Gremialpolitik, die Willensbildung wurde in einen kleinen Kreis ausgelagert. Es gab regelmäßige Lagebesprechungen („Postsitzungen") und eine enge Koordination zwischen Regierungs- und Parteiführung. Dieser Managementstil war völlig neu.

Klaus erwies sich zudem als hervorragender Headhunter: „Kein österreichischer Regierungschef hat je so viele politische Talente entdeckt und gefördert wie er." (Paul Lendvai) Aus der „Baumschule Klaus" gingen Stephan Koren, Thomas Klestil und Alois Mock, Michael Graff und Heinrich Neisser, Josef Krainer junior und Leo Wallner hervor.

Eine besondere Rolle im System Klaus spielte der CV, der Cartellverband der katholischen, farbentragenden Hochschulverbindungen (nicht zu verwechseln mit den „Schlagenden", also den deutschnationalen Burschenschaften, die bestimmte Schnittmengen mit dem Rechtsextremismus haben). In der 1945 neu gegründeten Volkspartei hatten CVer wichtige Positionen. „Sehr viele Mitglieder des Cartellverbands, in dem manche eine Art katholischer Freimaurerloge sahen, saßen bereits in der Regierung", betonte Klaus (Mitglied der „Rudolfina Wien") in seinen Memoiren. Nicht nur er, sondern alle Nachkriegskanzler der ÖVP außer Wolfgang Schüssel und Sebastian Kurz waren CVer. Ein Viertel der VP-Abgeordneten gehörte dem Verband an. Auch in der öffentlichen Verwaltung war das katholische Netzwerk besonders stark; von den sechs Sektionschefs des Bundeskanzleramts waren vier im CV.

Die Folgen skizziert Manfred Matzka, der langjährige SPÖ-nahe Präsidialchef des Bundeskanzleramts, in seinem Band „Die Staatskanzlei. 300 Jahre Macht und Intrige am Ballhausplatz". Matzka: „Mit einem Schlag scheint der Platz für sozialdemokratische Beamte im Haus eng zu werden, es kommt zu unschönen ‚Ausquartierungen' von Mitarbeitern, das Palais wird recht konsequent ‚eingefärbt'. Der Cartellverband hat dafür die personellen Ressourcen und der langjährige Präsidialchef Eduard Chaloupka hat in seiner Doppelfunktion als beamtete Spitze des Bundeskanzleramtes und Vorsitzender des CV hier bereits solide Grundlagenarbeit geleistet." Nach den Vorstellungen von Klaus sollte das Kanzleramt die Kaderschmiede der ÖVP werden.

Eine der ersten Regierungsmaßnahmen war eine Bildungsoffensive, in deren Rahmen nach der Gründung der Universität Salzburg auch je eine Hochschule in Linz und Klagenfurt geschaffen wurde. Zwischen 1966 und 1970 wurden 22 höhere Schulen eröffnet, die Zahl der Schüler an Berufsbildenden Schulen verfünffachte sich.

Noch im Dezember 1966 kam das ÖIG-Gesetz, durch das die Verwaltung der Verstaatlichten neu geordnet wurde. Im Frühjahr 1967 vereinbarte Finanzminister Wolfgang Schmitz mit den Sozialpartnern eine Senkung der Lohn- und Einkommenssteuer per 1. Oktober als Gegenleistung für maßvolle Lohnforderungen.

Der wenig später einsetzende Wirtschaftsabschwung, der auch Strukturschwächen offenlegte, veranlasste Klaus, den Staatssekretär Stephan Koren mit einem strategischen Konzept zu beauftragen, dem „Koren-Plan". Als Finanzminister realisierte Koren dann ab Februar 1968 sein Vorhaben, um ein (Schilling-)Milliarden-Defizit zu bekämpfen. Er verordnete einschneidende Ausgabenkürzungen sowie die Anhebung von Alkohol- und Tabaksteuern, Sonderabgaben auf Autos sowie die vorübergehende Erhöhung von Vermögen-, Lohn- und Einkommensteuer. Die Folge war eine schwere Niederlage bei der Landtagswahl in Oberösterreich. Die SPÖ überholte die ÖVP an Stimmen, Letztere konnte nur durch Zugeständnisse an die FPÖ den Landeshauptmannsessel behaupten. Das Desaster in Oberösterreich löste eine Führungsdiskussion aus, in deren Verlauf Klaus sogar von einer „Hofübergabe" an Hermann Withalm sprach, diese Ankündigung aber wenig später zurücknahm. Ein „Neustart" wurde ausgerufen, die Regierung am 19. Jänner 1968 umgebildet.

Wieder zeigte sich Klaus als unsentimentaler Realpolitiker: Er sei sich bewusst, dass man durch die Versäumnisse der vorangegangenen Koalitionsregierungen und durch die internationale Entwicklung noch schwere Zeiten vor sich habe, erklärte er öffentlich. Koren kündigte einen „Paukenschlag" an, der im Wesentlichen auf seinen umstrittenen früheren Plänen basierte. Um angesichts eines drohenden Defizits von 16 Milliarden Schilling eine Budgetkonsolidierung zu erreichen, mussten die Ausgaben um fünf Milliarden Schilling gekürzt und die Steuern um 3,8 Milliarden Schilling erhöht werden. Robert Kriechbaumer schreibt dazu in seiner Bilanz der Reformen 1966 bis 1983: „Vor allem die Einführung der KFZ- und die Erhöhung der Alkohol- und Tabaksteuer sowie der Lohn- und Einkommensteuer mit Jahresbeginn 1969 erregten heftigen Unmut bis tief in die eigenen Kernwählerschichten. Dem gegenüber wurden die positiven wirtschafts- und finanzpolitischen Effekte im öffentlichen Bewusstsein kaum registriert."

Das Haushaltsdefizit konnte jedenfalls stabil gehalten werden, das Nettodefizit verringerte sich. Das „Strukturverbesserungsgesetz" vom 5. Mai 1968 brachte Wachstumsimpulse, die Investitionen in die Infrastruktur wirkten belebend. 1968 setzte eine internationale Phase der Hochkonjunktur ein. Alles zusammen bewirkte, dass 1969 die Industrieproduktion um 11 Prozent und die Exporte um 15 Prozent stiegen. „Österreich trat in die längste Hochkonjunkturphase der Zweiten Republik ein, von der jedoch erst die Regierung Kreisky profitieren sollte, die mit hervorragenden Wirtschafts- und Budgetdaten ihre Arbeit aufnehmen konnte." (Robert Kriechbaumer)

Die zahlenmäßige Reformbilanz der Alleinregierung Klaus war alles in allem positiv, doch für die tektonischen Veränderungen der Gesellschaft hatten die Konservativen im Kanzleramt kein Gespür. Ihnen fehlte das Bewusstsein für die schleichende Auflösung traditioneller autoritärer Rahmenbedingungen in der Gesellschaft. Es ging Ende der 1960er-Jahre nicht mehr wie in der unmittelbaren Nachkriegszeit um das Überleben und die Behebung von Kriegsschäden, sondern um die Beseitigung überholter Strukturen und die Anpassung an aktuelle europaweite Trends. Konkret bedeutete das z. B. die wachsende Ablehnung des Proporzes sowie der direkten Einflussnahme der Parteien auf alle möglichen Lebensbereiche. Vor allem Frauen und Jungwähler wandten sich von der ÖVP ab.

Die Niederlagen der ÖVP bei den Landtagswahlen in Salzburg, Wien, Niederösterreich und Vorarlberg 1969 signalisierten einen negativen Bundestrend für die bevorstehende Nationalratswahl im März 1970. Dennoch war Klaus von der Wiedererringung der absoluten

Mehrheit überzeugt und verkündete das Motto „70er-Jahre ohne Proporz und Packelei". Er und die ÖVP seien der Garant für eine solche neue Politik, weshalb er nur im Fall einer neuerlichen absoluten Mehrheit bereit sei, die Funktion des Bundeskanzlers auszuüben. Ansonsten werde er aus der Politik ausscheiden.

Der Wahlkampf hatte zwei negative Höhepunkte. Der niederösterreichische Abgeordnete Alois Scheibenreif beschimpfte Kreisky auf einer Wahlveranstaltung als „Saujuden", wofür sich Hermann Withalm im Parlament mit den Worten entschuldigte: „Lassen Sie mich hier in einer vielleicht ungewohnten Offenheit einmal Folgendes aussprechen – Jude zu sein ist kein Privileg, aber noch weniger eine Schande." Klaus wiederum ließ sich als „echter Österreicher" plakatieren, eine schamlose Anspielung auf die jüdische Herkunft von Oppositionsführer Kreisky. Zugleich sollte der Sozialismus internationaler Prägung, den der vormalige Exilant Kreisky vertrat, gegen das Österreichertum von Klaus ausgespielt werden. (Im Nationalratswahlkampf 1999 wurde der Slogan von der FPÖ wiederbelebt, sie ließ Jörg Haider und Thomas Prinzhorn als „zwei echte Österreicher" plakatieren.)

Am Abend des 1. März 1970 zog Klaus aus der Wahlniederlage der ÖVP, die mit 79 Mandaten hinter die SPÖ mit 81 Mandaten auf die zweite Stelle zurückgefallen war, die Konsequenz und schied aus der Politik aus. Er hatte das Unheil kommen sehen: „1966 war Aufbruchsstimmung, Erwartung des neuen Kurses, durch den alles besser werden sollte als während der Koalition, die Funktionäre waren auf Angriff und Sieg eingestellt. 1970 gab es schon Schatten der Enttäuschung und des Zweifels."

Auf die Frage nach dem entscheidenden Grund für die Niederlage sagte er am Wahlabend, zum demokratischen Leben gehöre die Pendelbewegung der Wählergunst: „Die Demokratie hat nicht nur ihre Spielregeln, die wir genau beachten müssen, sondern auch ihre Launen, die wir hinnehmen müssen." Das war klug gesagt, aber unzureichend für die Aufarbeitung der Ereignisse. Klaus hatte nicht verstanden, dass er einem neuen Politikertypus unterlegen war.

Bruno Kreisky war nach der Wahlniederlage seiner Partei 1966 als Abgeordneter im Nationalrat verblieben und hatte nach dem Verlust seiner Funktion als Außenminister die Führung der niederösterreichischen Partei übernommen. Die interne Diskussion, ob der angeschlagene Bruno Pittermann an der Spitze der SPÖ bleiben sollte, hatte bereits am Wahltag eingesetzt. Heinz Fischer: „Noch vor dem Sommer 1966 hatte sich ein Freundeskreis von SPÖ-Funktionären der zweiten Reihe gebildet, um eine längerfristige Strategie für die österreichische Sozialdemokratie zu entwickeln."

Zu dieser Gruppe gehörten neben Fischer der spätere Minister Josef Staribacher, AZ-Chefredakteur Franz Kreuzer, Heinz Kienzl vom ÖGB, der steirische Bildungsfunktionär Rupert Gmoser und der Publizist Günther Nenning. Es ging um eine Konzeption für die Zeit nach Pittermann, was diesem naturgemäß missfiel. Kreisky dagegen war ungeduldig. „Wir müssen spätestens 1970 wieder in der Regierung sein", war seine Überzeugung.

Seit August 1966 veranstaltete Kreuzer in der *Arbeiter Zeitung* die „August-Gespräche", bei denen es um die Modernisierung von Partei und Gesellschaft ging. Diese Diskussionsbeiträge waren mitentscheidend für die Wahl Kreiskys zum Parteivorsitzenden. (Kreisky dankte es Kreuzer später nicht; als die Wiener Genossen Kreuzers Ablöse verlangten, tauschte er ihn gegen Paul Blau, einen Mann der Gewerkschaft; er nannte es „ein Zeichen der Versöhnung".)

Fischer erwähnt in seinem Buch auch ein Referat des einflussreichen Linzer Altbürgermeisters Ernst Koref am 21. September 1966 im Wiener Palais Pálffy, bei dem dieser zu einer Neuorientierung der Partei aufrief. Damit war eine Weiche für den Parteitag Ende Jänner 1967 gestellt.

Die Schlüsselfrage lautete: Sollte Pittermann, damals im 62. Lebensjahr, bleiben? Vielen in der Partei – auch dem Betroffenen selbst – war klar, „dass er die SPÖ vielleicht dank seiner Routine stabilisieren, nicht mehr jedoch zu neuen Höhepunkten führen konnte" (Heinz Fischer). Kreisky war sechs Jahre jünger, hatte als langjähriger Außenminister internationale Verbindungen und blendende Medienkontakte. Von den innenpolitischen Grabenkämpfen war er weitgehend verschont geblieben. Sicher schien, dass der elegante, eloquente Diplomat ins bürgerliche Lager hineinwirken könnte. Unsicher war, ob seine jüdische Abstammung für einen Spitzenkandidaten ein allzu großes Handicap sein könnte.

Eine Kampfabstimmung um den Vorsitz sollte vermieden werden, daher wurde von der Parteiführung der Niederösterreicher Hans Czettel als gemeinsamer Nenner ins Spiel gebracht – ein ehemaliges Mitglied von Hitlerjugend und NSDAP, später ein biederer Gewerkschafter, der von 1964 bis 1966 als Nachfolger von Franz Olah Innenminister gewesen war. Czettel lehnte diese Idee vorerst ab, wurde jedoch von Pittermann und Waldbrunner überredet. Seine Bedingung war, dass es weder eine Kampfabstimmung gegen Pittermann noch eine gegen Kreisky geben sollte.

Die beiden mit Abstand bedeutendsten Organisationen der SPÖ – die Wiener Partei und die Fraktion Sozialistischer Gewerkschafter im ÖGB – einigten sich auf Czettel als Nachfolger Pittermanns und künftigen Bundesparteivorsitzenden der SPÖ. Bei diesem hektischen Parteitag hinter verschlossenen Türen – die Journalisten der unabhängigen Zeitungen waren von der Veranstaltung in der Wiener Stadthalle ausgesperrt – gab Pittermann bekannt, dass er nicht mehr kandidieren werde und im Sinne einer Verjüngung Czettel als seinen Nachfolger wünsche.

Schnell war aber klar, dass es um Kreisky gehen würde. Er war nicht der Kandidat des allmächtig scheinenden engeren Zirkels im Parteivorstand, sondern Favorit der Bundesländer-, Jugend- und Frauenorganisationen. Benya griff ihn frontal an: Kreisky sei seit 1959 stellvertretender Parteivorsitzender gewesen, daher könne er sich nicht von den Niederlagen und Fehlern der Partei distanzieren. Außerdem versuche der „Brunnenvergifter", Politik über die Medien zu machen. Als Beleg verlas Benya Passagen aus einem früheren Interview Kreiskys in der *Frankfurter Allgemeinen Zeitung* mit der Aussage, er, Kreisky, rechne am Parteitag mit gewichtigen Gegnern; insbesondere werde sich der ÖGB-Präsident seiner Wahl widersetzen. Letzterer empörte sich prompt über das Informieren der „Fremdpresse":

„Genossinnen und Genossen! Wo ist die Berechtigung, solche Interviews zu geben?" Sogar ein Parteiausschluss Kreiskys wurde erwogen. Dieser erklärte daraufhin, er sei ungenau zitiert worden; er habe nur erklärt, dass er seine Wahlchancen optimistisch beurteile und seine Aussichten nur dann gering wären, wenn sich die Delegierten auf einen Kompromisskandidaten einigen sollten.

Der Parteitag war überschattet von Versuchen der Wiener SPÖ, Kreisky von einer Bewerbung abzubringen, und dem Bemühen mehrerer Landesorganisationen, Czettel die Kandidatur auszureden. Eine

Zerreißprobe drohte. Als dann der Wiener Parteivorsitzende Felix Sla-vik „seinen" Parteitagsdelegierten „die Wahl freigab", war das Rennen für Kreisky gelaufen. Bei der Wahl des Parteivorsitzenden im Partei-vorstand stimmten 33 Mitglieder für Kreisky, 19 für Czettel. Anschlie-ßend wurde Kreisky vom Parteitag mit 347 von 497 Stimmen, also mit 70 Prozent, zum dritten SPÖ-Vorsitzenden der Zweiten Republik gewählt.

Seine Antrittsrede skizzierte der neue Spitzenmann eilig auf einem Schreibblock in einem Kaffeehaus neben der Stadthalle. Seine ersten Worte an die Delegierten waren: „Sie dürfen heute von mir keine gro-ßen, richtungsweisenden Deklarationen erwarten, denn bis vor zehn Minuten wusste ich gar nicht, ob ich hier überhaupt stehen werde." Ein paar grundsätzliche Anmerkungen hatte er sich aber schon über-legt. „Ich glaube, es ist die Aufgabe einer sozialistischen Partei, vor al-lem Antwort auf die Frage zu geben, wie leben wir morgen?"

Dazu müsse man die Erkenntnisse der Wissenschaft nutzen. Im Mittelpunkt der Politik müsse der Mensch stehen, seine Unsicherheit, Existenzangst, Entfremdung. „Wir demokratischen Sozialisten sind die Einzigen, die sich von allem Anfang an mit diesen Fragen beschäftigt haben, wir sind die Einzigen, die eine Politik vertreten, die uns eine heile Zukunft verheißt."

In der Nacht nach seiner Wahl ging Kreisky – so erzählte es Franz Kreuzer Paul Lendvai – zum Gebäude des „Vorwärts"-Verlages an der Rechten Wienzeile. Das 1910 bezogene Haus mit den historischen Sitzungsräumen des Parteivorstands und dem Parteiverlag hat für die Sozialdemokratie eine besonders Bedeutung. Kreisky ging in das Büro des *AZ*-Chefredakteurs, um sich unter ein Bild seines Idols Otto Bauer (Begründer des Austromarxismus) zu stellen und dort fünf Minuten zu verharren. „Er, der immer Chefredakteur der *AZ* und Parteiführer werden wollte, aber nie daran dachte, Bundeskanzler zu werden, fühlte sich als Weiterführer von Bauers Werk und erwies ihm seine Reverenz." (Franz Kreuzer)

Als Parteichef war Kreisky sofort bemüht, die früheren Rivalitäten zu überwinden. Sein Verhältnis zu Benya begradigte er noch 1967 bei einem Treffen der Metallarbeitergewerkschaft in Krumpendorf. Czettel wurde sein Nachfolger als niederösterreichischer Landesparteichef.

Mit Pittermann, der an der Spitze der Parlamentsfraktion stand, war der Umgang komplizierter. Kreisky legte Wert auf seine Führungsrolle, der Klubobmann pochte auf seine Eigenständigkeit. Das führte zu delikaten Situationen, wie der damalige Klubsekretär Fischer erzählt: „Wenn am Tag nach einer Plenarsitzung oder nach einer Pressekonferenz Pittermanns bei mir das Telefon läutete und Kreisky am Apparat war, konnte ich nie sicher sein, ob der Dialog mit den Worten begann ‚Seid ihr denn alle wahnsinnig geworden?‘ oder ob ein aufmunterndes ‚Das habt ihr ganz gut gemacht‘ durch die Leitung kam."

Kreiskys erster Büroleiter in der Löwelstraße war Peter Jankowitsch. Der Diplomat hatte schon von 1959 bis 1962 beim Außenminister Kreisky gearbeitet und war von ihm beauftragt worden, die erste österreichische Botschaft im Senegal zu errichten. Dort wurde er von der ÖVP-Alleinregierung als Kreisky-Mann abberufen. Ins nunmehr schwarze Außenamt zurückgekehrt, fand Jankowitsch eine feindselige Stimmung vor. Daraufhin fragte er bei verschiedenen ehemaligen Regierungsmitgliedern nach, ob jemand einen Mitarbeiter brauche. Kreisky holte ihn 1967 in sein Büro in der Partei. Der Beamte Jankowitsch war eine „Leihgabe", formell war er dem SPÖ-Klub im Nationalrat zugeteilt.

Jankowitsch sagt im Rückblick auf die Oppositionsjahre: „Als Oppositionsführer hat Kreisky sehr bewusst auf den Regierungschef hingearbeitet. Er hat sich für alles interessiert und schon damals sein Netzwerk von Fachleuten aufgebaut. Daraus wurde dann ein Programm zur Reform der Wirtschaft. Denn was der SPÖ bis dahin gefehlt hat, war die Wirtschaftskompetenz."

Kreisky habe „gespürt, dass er die Leute ansprechen kann. Das begann im Oktober 1967 bei den Landtagswahlen in Oberösterreich. Er hielt in diesem Herbst um die 30 Wahlversammlungen ab und es sind immer mehr und mehr Leute gekommen. Schließlich wurde die SPÖ in Oberösterreich zur stärksten Partei. Die ÖVP hat den Landeshauptmann nur durch die Unterstützung der FPÖ behalten können. Aber Kreisky hat gefühlt, dass da was in Bewegung kommt."

Jankowitsch räumt ein, dass die neue Medienwelt nach dem Rundfunk-Volksbegehren Kreisky gelegen kam. „Gerd Bacher war für eine offene, auch kontroverse Informationspolitik. Damit hat er Kreisky ein Forum eröffnet, das es vorher in dieser Form nicht gab."

Fischer nennt vier Hauptpunkte der politischen Konzeption Kreiskys als neuer Vorsitzender der SPÖ. Erstens ging es ihm darum, die innerparteilichen Differenzen auszugleichen. Zweitens musste der Kampf um die Wirtschaftskompetenz geführt werden, die Sozialpolitik allein würde nicht genügen. Drittens musste das Verhältnis zur Kirche verbessert werden; damit konnte man fortschrittlichen Katholiken die Scheu nehmen, „ein Stück des Weges" gemeinsam zu gehen. Viertens wollte Kreisky den damals zahlreichen Klein- und Nebenerwerbsbauern signalisieren, dass sie im Grunde mit den Arbeitern viel mehr gemeinsame Interessen hätten als mit der Industriellenvereinigung oder den Funktionären der Agrarbürokratie.

Überdies hatte Kreisky am Vorabend der Studentenbewegung des Jahres 1968 „ein feines Gefühl dafür, dass es ein weit verbreitetes Bedürfnis für Reformen, für Emanzipation, für Demokratisierung und Liberalität gab, dem die doch eher an Law und Order orientierte Politik von Klaus nicht ausreichend Rechnung tragen konnte" (Heinz Fischer).

Dies wird von Aktivisten der seinerzeitigen Kulturszene bestätigt. Das kulturelle Klima wurde, als Kreisky antrat, von Exponenten des konservativen Katholizismus bestimmt, besonders vom erzkatholischen Volksbildner Rudolf Henz und dem langjährigen Unterrichtsminister Heinrich Drimmel.

Henz war nicht nur, wie der Hamburger *Spiegel* in seinem Nachruf meinte, „der wetterfeste Grandseigneur der österreichisch-katholischen Literatur". Der Dichter aus Göpfritz an der Wild (Niederösterreich) begann 1920 seine literarische Laufbahn mit expressionistischer Frontheimkehrer-Lyrik und wurde in den 1930er-Jahre eine Führungsfigur bei der Vaterländischen Front. Als Verfasser des Dollfuß-Liedes war er Propagandist des Ständestaates. 1931 wurde er Abteilungsleiter beim staatlichen Rundfunk RAVAG. Nach dem „Anschluss" verlor er seinen Posten, nach 1945 kam er als Rundfunk-Programmdirektor erneut zu Amt und Ehren.

Henz war bis ins Greisenalter aktiv und hatte enormen Einfluss auf den strammen Konservativen Drimmel. Dessen Leitmotiv war der „Kampf gegen Schmutz und Schund" und er trat für die geistige Verbundenheit von Staat und Kirche „als Gegensatz zu ihrer liberalistischen Trennung" ein. Damit kam der rechte CVer (Hochschulverbindung „Nordgau Wien") nicht nur deklarierten Linken und Liberalen in die Quere, sondern geriet auch in Gegensatz zu Reformkatholiken wie Friedrich Heer.

Doch der Zeitgeist drehte sich allmählich – nach Frankreich, Großbritannien und Deutschland auch in Österreich. Noch provozierten Oswald Wiener, Peter Weibel oder Günter Brus mit ihren Aktionen das Establishment in einem Ausmaß, das heute unvorstellbar ist. Brus z. B. wollte beim „Wiener Spaziergang" 1965 weiß bemalt und mit einem schwarzen Strich über Gesicht und Körper vom Heldenplatz zum Stephansdom gehen. „Was, das soll Kunst sein?", fuhr ihn ein Polizist an und nahm ihn mit auf die Wachstube. Es folgte eine Geldstrafe wegen „Erregung öffentlichen Ärgernisses".

1969 stand Brus wegen der „Uni-Ferkeleien", wie die Boulevardpresse titelte, nach zwei Monaten U-Haft endgültig der Gang ins Gefängnis bevor. Weil er bei der Aktion „Kunst und Revolution" im Neuen Institutsgebäude der Wiener Uni unter Absingen der Bundeshymne uriniert, onaniert und auf die österreichische Fahne erbrochen hatte, wurde der gebürtige Steirer zu sechs Monaten verschärften Arrests verurteilt. Angeklagt worden war er wegen Herabwürdigung österreichischer Symbole sowie Verletzung der „Sittlichkeit und Schamhaftigkeit". Daraufhin verließ er mit Frau und Tochter um drei Uhr morgens Wien. „Das ganze Haus hatte schon eine Unterschriftenliste gemacht, dass uns die Tochter weggenommen werden soll", so Brus. Er landete mit seiner Familie in Westberlin, damals Fluchtort vieler Kreativer. Mit den ebenfalls geflohenen Kollegen Oswald Wiener und Gerhard Rühm gründete er eine „österreichische Exilregierung" gegen die Repression in der Heimat. Ihr dortiger Hoffnungsträger: Kreisky.

Der SPÖ-Chef nahm sich zunächst das Thema Wirtschaftskompetenz vor. „Ich habe die Schwierigkeit der Sozialistischen Partei bei der Wählerschaft erkannt, weil die Meinung bestand, dass die SPÖ eine gute Partei nur für schlechte Zeiten sei", schrieb Kreisky im dritten Teil seiner Memoiren. Daher müsse schon vor der nächsten Wahl bewiesen werden, dass sie „auch die beste Partei für guten Zeiten ist. Und vor allem müsste sie gute Zeiten gewährleisten".

Kreisky entschied, die besten Wirtschaftsfachleute der SPÖ, aber auch parteifreie Experten („Blutgruppe Null") zusammenzurufen, um ein umfassendes Wirtschaftsprogramm auszuarbeiten. Im Wiener Palais Auersperg wurde eine Konferenz mit 200 Teilnehmern veranstaltet, aus der acht Arbeitsgruppen hervorgingen – mit den legendären 1400 Experten, die in Wahrheit deutlich weniger waren. Im Februar 1968 lag das Konzept vor. Es werde ab 1970 aus Österreich einen modernen Industriestaat machen, schrieb Kreisky im Vorwort. „Damit werden zum ersten Mal die Voraussetzungen dafür geschaffen, dass auch in Österreich der Lebensstandard und der Wohlstand sich in einem Tempo entwickeln, wie das zum Beispiel in Schweden der Fall war." Das Programm sei „ein Dokument des Optimismus in die Möglichkeiten, die wir haben, ein Dokument des Vertrauens in die Tüchtigkeit, Intelligenz und Energie der arbeitenden Menschen in Österreich".

Auf 170 Druckseiten wurden elf Themen abgehandelt, vom Ausbau der Infrastruktur über neue Grundsätze der Arbeitsmarktpolitik bis zur Regionalentwicklung. Kreisky genügte aber der sperrige Name nicht: „Wirtschaftsprogramm der SPÖ". Er wollte mit einer griffigen Formulierung schon auf den Inhalt des Programms hinweisen und schrieb mit seiner großen, schwer lesbaren Schrift eigenhändig einen Untertitel auf das Manuskript: „Leistung – Aufstieg – Sicherheit". Diese Begriffe sollten bereits auf der Titelseite die Absichten des Programms charakterisieren – in dieser Reihenfolge. Ohne Leistung kein Aufstieg und keine Sicherheit, war die Botschaft, die laut Hannes Androsch von Kreiskys Nachfahren nicht mehr gern gehört wird: „In meiner Partei sind Leistung und Aufstieg inzwischen ja schon zu Hochverratsvokabeln geworden." (Androsch im *Presse*-Interview, 2. August 2014)

Unterdessen war spürbar, dass sich das politische Klima unter dem Vorsitz von Kreisky zugunsten der SPÖ veränderte. Bei den Regionalwahlen 1967/68 gab es sensationelle Wahlerfolge, nicht nur in Oberösterreich, sondern auch im Burgenland (erstmals absolute Mehrheit bei Landtagswahlen) und bei den Gemeinderatswahlen in Graz, der zweitgrößten Stadt Österreichs.

Die Versuche von Kanzler Klaus, das Steuer durch eine große Regierungsumbildung herumzureißen, wirkten panisch. Der Koren-Plan mit seinen Opfern für große Bevölkerungsgruppen verschlechterte die Stimmung gegenüber der ÖVP weiter. Es gab sogar Bauerndemonstrationen auf dem Ballhausplatz, bei denen die Rücknahme der Weinsteuer verlangt wurde.

Die unsichere Reaktion der Regierung auf den Einmarsch der Warschauer-Pakt-Truppen in die Tschechoslowakei („Prager Frühling"

1968) schwächte das Vertrauen in die Führungsstärke von Klaus zusätzlich: Die Staats- und Heeresspitze war in dieser Krisensituation auf Urlaub oder nicht erreichbar. Der Kanzler hatte in seinem Wochenendhaus in Wolfpassing keinen Telefonanschluss, Vizekanzler Withalm war in Gösing auf der Jagd, Bundespräsident Franz Jonas in der entlegenen Dienstvilla im steirischen Mürzsteg. Dabei hätte die Regierungsspitze wissen können, was sich im Nachbarland zusammenbraute: Das Heeresnachrichtenamt, die Auslandsaufklärung des Bundesheeres, hatte zeitgerecht Hinweise gegeben. Während andere Regierungen bereits ihre Krisenstäbe einrichteten, musste Kanzlersekretär Thomas Klestil um vier Uhr früh nach Wolfpassing im Tullnerfeld rasen, um seinen Chef zu alarmieren. Auf dem Rückweg begegneten die beiden dem Wagen von ORF-Generalintendant Bacher, der Klaus ebenfalls über die Vorgänge in Prag unterrichten wollte.

Positiv fiel nur Rudolf Kirchschläger auf: Er ignorierte als österreichischer Botschafter in Prag die Weisung von Außenminister Kurt Waldheim, keine Visa mehr für ČSSR-Bürger auszustellen. Damit öffnete er vielen Tschechen und Slowaken das Tor Richtung Westen. (Ironie der Geschichte: Kirchschläger war später Waldheims Vorgänger als Bundespräsident.)

Während sich Klaus verworren über die Zuständigkeiten in der Befehlskette des Heeres und die Mobilmachung von Reservisten äußerte, nutzte Kreisky die Invasion der Warschauer-Pakt-Truppen für eine staatstragende Rede. Vor 3000 SPÖ-Funktionären zog er in der Wiener Stadthalle drei Lehren aus den Vorgängen: Eine kommunistische Diktatur könne man nicht „demokratisieren"; eine militärische Intervention sei das Instrument aller Diktaturen; nur ein entschlossenes Auftreten könne auf Angreifer Eindruck machen, Willfährigkeit und Leisetreten seien verhängnisvoll.

Kreisky arbeitete also zielbewusst auf die Wahl 1970 hin, musste intern aber eine hohe Hürde überwinden. In seinen Memoiren ist nachzulesen, dass ÖGB-Chef Benya und seine Leute das Wirtschaftsprogramm für überflüssig hielten und meinten, man möge derlei den Gewerkschaften überlassen. Das entsprach der Linie der früheren Großen Koalition und dem Revierdenken der Sozialpartner. Erst als das Programm großen Anklang in der Bevölkerung fand, verzichtete der Gewerkschaftsbund auf seinen Alleinvertretungsanspruch im wirtschaftspolitischen Bereich.

Kreisky setzte, beraten vom genialen Werber Heinz Brantl, auch neue Formen der Kommunikation durch, etwa in den Kinos. „Es war irgendwie typisch, dass wir die modernsten Kurzfilme herstellen konnten", schreibt er in seinen Memoiren. „Unser erster Vorspannfilm zeigte ein sich in die Lüfte erhebendes AUA-Flugzeug, was gleichzeitig auch einen gewissen unbewusst patriotischen Effekt auslöste." Damit gelang es, die Zuschauer emotional mitzureißen.

Auf dem Parteitag in den Wiener Sofiensälen im Oktober 1968 umriss der Vorsitzende, der mit 97,5 Prozent der Stimmen bestätigt wurde, die Wichtigkeit des Wirtschaftsprogramms und präsentierte zugleich eine publizistischen Strategie für dieses Vorhaben. Seine Botschaft an die Delegierten: „Von dem Tag an, an dem der Parteitag dieses Programm beschlossen hat, wird eine intensive Aufklärungsaktion durch die ganze Republik gehen. Wir werden mit Plakaten und mit modernen Annoncen in den großen, weit verbreiteten Zeitungen und Zeitschriften einige der tragenden Ideen in kurzen Formeln darlegen. Wir werden in einer illustrierten Zeitung, die wir nach den neuesten Prinzipien der Massenblätter gestalten, versuchen, die Ideen unseres Wirtschaftsprogramms allen zu vermitteln. Wir wollen Klarheit schaffen, dass die Sozialistische Partei die ist, die weiß, was sie will."

Gleichzeitig ging in Expertengruppen die Arbeit an einem Humanprogramm (Leitung Herta Firnberg), einem Justizprogramm (Leitung Christian Broda) und einem Hochschulkonzept (federführend Heinz Fischer) voran. 1969 verabschiedete der Parteirat ein neues Wohnbauprogramm; für den Zeitraum 1971 bis 1980 wurde eine Bauleistung von 775.000 neuen Wohnungen geplant (realisiert wurden laut Fischer dann rund 510.000).

Noch etwas wollte Kreisky vor der Nationalratswahl erledigen: eine klare Distanzierung von den Kommunisten. Der Fehler von 1966 sollte sich nicht wiederholen. Im Oktober 1969 verabschiedete der Parteirat, der in Eisenstadt tagte, die „Eisenstädter Erklärung". Sie enthielt die klare Absage an jede Gemeinsamkeit mit den Kommunisten.

Einen Mobilisierungstest unternahm die SPÖ Anfang 1969, als sie gemeinsam mit der Sozialistischen Fraktion im ÖGB ein Volksbegehren für die 40-Stunden-Woche startete. Die Initiative wurde mit 890.000 Unterschriften ein voller Erfolg. Dies führte im September 1969 zu einem Generalkollektivvertrag über die Einführung der 43-Stunden-Woche ab 1970 und der 40-Stunden-Woche ab 1975.

Indessen gingen die sozialistischen Wahlerfolge weiter. In Salzburg wurden bei der Landtagswahl gleich viele Mandate wie die ÖVP erreicht. In Wien kam die SPÖ in die Nähe der Zweidrittelmehrheit, während die Volkspartei spürbar verlor. Zu Jahresbeginn 1970 kündigte Kreisky zudem an, dass der Präsenzdienst beim Bundesheer von einer SPÖ-Alleinregierung verkürzt würde: „Sechs Monate sind genug."

Auch medial konnte sich Kreisky besser als sein Mitbewerber Klaus positionieren. Im ersten TV-Wahlkampf der österreichischen Geschichte präsentierte sich der Sozialist locker, während Klaus kamerascheu, nervös und dozierend wirkte. „Mir machte die Scheu vor den Massenmedien zu schaffen, obwohl ich wusste, wie sehr jeder Politiker auf sie angewiesen ist", gab er später zu.

Im Jänner begann der Intensivwahlkampf, der den Oppositionsführer mehrmals durch ganz Österreich führte. Peter Jankowitsch und zeitweise auch Heinz Fischer begleiteten ihn. Als sie eines Tages in Kärnten am Ossiachersee unterwegs waren, fragte Fischer Kreisky, welchen Ausgang er erwarte. Kreisky Antwort damals (Mitte Februar 1970): „Die ÖVP wird deutlich verlieren, wir werden einige Mandate dazugewinnen und der Vorsprung der ÖVP wird nur mehr drei oder vier Mandate betragen. Da wird Klaus nichts anderes übrig bleiben, als mit uns eine Koalition zu bilden. Die Schwierigkeiten der ÖVP werden dadurch größer werden und 1974 könnte uns dann der Durchbruch zur Mehrheit gelingen, wenn wir keine Fehler machen."

Am Abend des 1. März 1970 stellte sich heraus, dass Kreisky sich geirrt hatte. Das Vierteljahrhundert (seit 1945), in dem die Volkspartei immer den Kanzler gestellt hatte, endete. (Im Statut der ÖVP war damals festgeschrieben, dass der Kanzler automatisch Mitglied des Parteivorstands sei – so sehr war sie davon überzeugt, dass es nie einen Regierungschef einer anderen Partei geben würde.)

An diesem kühlen Vorfrühlingstag begannen 30 Jahre, in denen die SPÖ ununterbrochen am Ballhausplatz regierte. Erst im Jahr 2000 konnte Wolfgang Schüssel eine Wende herbeiführen – mithilfe der FPÖ, wie 1970 Kreisky auch.

Gespräch mit Margit Schmidt

„Er hat immer Wege gefunden"

Frau Schmidt, wie sind Sie zu Bruno Kreisky gekommen?
Ich bin 1959 nach der Matura in der Handelsakademie mit 18 Jahren
ins Außenministerium eingetreten, weil ich ins Ausland wollte, war
aber nach den damaligen Bestimmungen noch nicht großjährig. Ich
bin zuerst in der wirtschaftspolitischen Abteilung gelandet und wurde
eines Tages als Ersatz für eine kranke Kollegin ins Kabinett des Außen-
ministers Kreisky in die Archivkanzlei bestellt. Dadurch habe ich ihn
kennengelernt. Er hat sich natürlich gleich bei mir erkundigt, woher
ich komme – er war immer interessiert an Menschen. Ich habe ihm
erzählt, dass ich aus einer Arbeiterfamilie in Ottakring komme. Bald
danach hat man mich wieder ins Kabinett geholt, wo ich bis 1961 war,
als ich bis 1964 auf eigenen Wunsch ins österreichische Generalkonsu-
lat in Zürich versetzt wurde.

Nach meiner Rückkehr nach Wien wurde ich ins Vorzimmer von
Außenminister Kreisky verpflichtet, da meine Vorgängerin sich verändern wollte. Da war ich bis 1966. Nach dem Regierungswechsel wollte
ich mich verändern. Davon hat Kreisky gehört. „Was machen Sie denn
jetzt?", hat er gefragt. Er hat in seiner Parteifunktion – zuerst als Abgeordneter zum Nationalrat, dann als niederösterreichischer Parteiobmann und ab 1967 als Bundesparteivorsitzender – eine Mitarbeiterin
beschäftigen können. Und so wechselte ich zu ihm.

Das war eine spannende Oppositionszeit, in der Programme erarbeitet wurden – von Sozialdemokraten, Parteienfreien und auch konservativen Experten. Diese Programme wurden dann die Grundlage für die
Regierungsarbeit. 1970 bis 1983 ging es zurück ins Bundeskanzleramt.
Als Kreisky 1983 aus Gesundheitsgründen als Bundeskanzler aufgehört
hat, habe ich mich verpflichtet gefühlt, ihn noch zu unterstützen. Er
wurde ja nicht gleich Privatmann, sondern hat noch eine europäische
Kommission für Beschäftigungsfragen präsidiert, die einen Bericht an
die EU und an die OECD geliefert hat. Er hat seine Erinnerungen dik-

tiert und Vortragsreisen in die USA, nach Indien usw. absolviert. Das musste ja alles noch organisiert werden. Ich habe bis zu seinem Tod für ihn gearbeitet. Dann wurde das Kreisky Forum für internationalen Dialog gegründet. Ich habe die administrativen und organisatorischen Angelegenheiten gemacht. Später war ich dort Generalsekretärin – bis 2004. Das war auch insofern ideal für mich, als ich sehr viele Kontakte aus der Kreisky-Zeit hatte, auch im Ausland.

Was hat Sie am meisten beeindruckt bei Kreisky?
Er hat von den Journalisten viele Attribute bekommen – Sonnenkönig, der große Zampano, Journalistenkanzler; in den späteren Jahren war er „der Alte". Ich wiederhole, was ich schon früher gesagt habe: Er war ein Mann mit Eigenschaften. Er hatte Kreativität, Gestaltungswillen, Charisma, Leadership-Qualität, Humor. Was mich am meisten beeindruckt hat, war seine Menschlichkeit, sein soziales Engagement, die Art, wie er mit Menschen umgegangen ist. Er hatte keinen intellektuellen Hochmut. Und er hat sich nicht nur mit den großen Fragen beschäftigt, sondern auch um die kleinen Dinge gekümmert. Dafür wurde er in Österreich und international geschätzt und geliebt.

Sind Sie auch auf Auslandsreisen mitgefahren?
Ja. Die Außenpolitik war ihm ein großes Anliegen, weil er erlebt hatte, wie Österreich von der Landkarte verschwunden ist. Daher war ihm Wien als dritter UNO-Sitz so wichtig. Er wollte Österreich international verankern, sodass das nicht wieder passieren kann.

Bei den Dienstreisen ist immer gearbeitet worden, in jeder möglichen und unmöglichen Situation. Ich habe im Vorzimmer des Kanzlers gearbeitet oder zu Hause bei ihm in der Armbrustergasse oder im Auto zum Flughafen. Genauso haben wir auf dem Weg zur UNO nach New York in der Raclette-Lounge des Swissair-Jumbos gearbeitet. Da wurden die letzten Seiten seiner Rede vor der Generalversammlung geschrieben. Die Schweizer Bankiers, die auch dort saßen, haben sich sehr gewundert.

Sie waren immer in Kreiskys Nähe. War der Druck nicht enorm? Und ging das auf Kosten Ihres Privatlebens?
Eine Unterscheidung zwischen Dienstzeit und Freizeit hat er für sich

nicht gemacht. Er war sozusagen immer im Dienst. Meine Kollegen und ich haben das nicht als Druck empfunden. Wir waren jung, motiviert und politisch interessiert. Ich habe oft private Verabredungen abgesagt. Nicht, dass Kreisky es verlangt hätte. Wenn eine Sitzung länger gedauert hat oder eine spontan einberufen wurde, wusste man selbst, was zu tun war.

Über Kreiskys enges Verhältnis zu Künstlern und Journalisten gibt es viele Berichte. Sie haben das aus nächster Nähe erlebt. Wie war das?
Er hat Künstler sehr gern gehabt und hat sich oft mit ihnen ausgetauscht, hat auch viele österreichische oder internationale Künstler zu sich nach Hause und zum Heurigen nebenan eingeladen. Die Armbrustergasse war ein Ort, wo viele ein und aus gegangen sind. Ich habe das auch genossen, denn ich habe dadurch viele interessante Leute kennengelernt. Das war erfrischend anders als die Tagespolitik.

Wie war sein Umgang mit Journalisten?
Er hat viele Journalisten direkt angerufen oder sich von ihnen auch anrufen lassen und nie ein Gespräch verweigert. Ich konnte jeden durchstellen. Er hat nie gesagt, mit diesem oder jenem rede ich nicht. Er hat genau gewusst, was Journalisten brauchen, und hat das geliefert. Vieles, was er ihnen erzählt hat, war „off the record". Aber das wurde von seinen Gesprächspartnern durchaus honoriert.
Gegen Ende seines Lebens gab es gewaltige politische Umwälzungen: die Wende in Osteuropa, den Fall der Mauer, den Rückzug der Sowjettruppen aus Afghanistan usw. Es muss schmerzhaft für ihn gewesen sein, dass er diese historischen Entwicklungen nur als Ex-Politiker miterleben konnte. Er hätte gern noch mitgestaltet und hat beim Fall der Mauer gesagt, dass er jetzt gerne jünger wäre. „Altern ist eine Gemeinheit", hat er zu mir gesagt.

Waren Sie mit ihm auch auf Mallorca? Die „Kreisky-Villa" war ja sagenumwoben.
Er ist über einen Schulfreund nach Mallorca gekommen. Das Ehepaar Kreisky hatte eine Vereinbarung – im Winter fährt seine Frau Vera mit ihm in den Schnee, im Sommer er mit ihr ans Meer. Er hat sich dann in einer Urbanisation ein kleines Grundstück mit einem Haus drauf

gekauft. Da gab es dann eine wilde Geschichte. Er hatte einen Cousin, Kurt Kreisky, der in England lebte und eine Bäckereimaschine erfunden hatte und wohlhabend geworden war. Dieser Verwandte hat sich in Palma eine große Villa mit Garten gekauft, lange bevor Kreisky auf die Insel gekommen ist. Auf dieser Villa stand „Casa Kreisky", also: Haus Kreisky. Einige Journalisten sind nach Mallorca gefahren, haben die Villa gesehen und gedacht, ha, jetzt haben wir ihn erwischt! Er hat ein Sommerpalais und nicht nur ein kleines Häuserl, wie er in Wien erzählt hat! Dabei hatte der Kanzler bloß ein Reihenhaus in Costa d'en Blanes.

Da sind busweise österreichische Touristen angekommen und haben gemeint, dass sie zu Hause ein viel größeres Haus hätten. Er hat sich bereitwillig mit ihnen fotografieren lassen. Er hatte auch viele Mallorquiner Freunde, die ihn und seine Frau zu Bootsausflügen und auch nach Hause eingeladen haben. Er war auch oft beim spanischen König in dessen Sommerresidenz Marivent eingeladen. Eines Abends ist dann der König mit der Königin im Jeep bei Kreiskys Sommerhaus vorgefahren, ohne weitere Begleitung, in Freizeitkleidung. Ich war beim Abendessen dabei; es war völlig entspannt, mit einer normalen Konversation.

Wie haben Sie seine Entfremdung von der SPÖ erlebt?
Er war 1986 nach der Nationalratswahl enttäuscht, dass das Außenamt, das er in die Selbstständigkeit geführt hatte – es war ja ursprünglich eine Sektion des Bundeskanzleramts – an die ÖVP fällt. Fred Sinowatz hatte ihm zuvor versichert, dass das nicht so sein wird, aber dann war es doch so. Da hat er sich im Jänner 1987 enttäuscht abgewendet. Aber im März 1990 gab es bei einer Veranstaltung im Wiener Austria Center eine Aussöhnung mit Fred Sinowatz, Franz Vranitzky und der Partei.

Was war Ihrer Meinung nach seine größte Stärke?
Er hat gewusst oder hat verstanden, was die Menschen brauchen, und hat sich in ihre Lebensart hineinleben können. Die Reformen in den 1970er-Jahren gingen sehr stark auf die Bedürfnisse der Menschen ein. Zum Beispiel treffe ich heute oft Wissenschaftlerinnen, die mir sagen, dass sie Kinder der Kreisky-Zeit wären. Sie kämen aus einem Dorf in der Steiermark oder in Tirol, früher durften dort die Brüder lernen, die Mädeln sollten heiraten. Aber durch die Reformen der Kreisky-Regie-

rung – Schülerfreifahrten und Gratisschulbücher – durften wir lernen und studieren. Ohne diese Maßnahmen hätten sie es nicht geschafft. Das ist die Chancengleichheit, von der er immer gesprochen hat. „Lasst Kreisky und sein Team arbeiten" war der Slogan einer Wahlbewegung. Und das war auch der Erfolg dieser Jahre, eine Zusammenarbeit von Parteifreunden, die ein gemeinsames Ziel verfolgt haben.

In seiner langen Amtszeit gab es einige dramatische Ereignisse, z. B. Terroranschläge. Haben Sie ihn jemals ratlos oder verzweifelt erlebt?
Verzweifelt schon. Ratlos? Sicher hat er oft auch Zeit gebraucht, um die Dinge einzuordnen und zu klären. Verzweifelt war er immer, wenn Menschen in Gefahr waren. Seine Maxime war, eine Lösung zu finden, bei der nicht Menschen zu Schaden kommen: Er wollte lieber verhandeln und versuchen, eine Lösung zu finden, die unblutig ist, als Menschen zu opfern. Da war er ganz anders als etwa ein Helmut Schmidt.

Das wurde ihm auch zum Vorwurf gemacht, zum Beispiel nach der Geiselnahme in Marchegg im September 1973. Damals ging die Regierung Kreisky auf die Forderung eines palästinensischen Kommandos ein, die Sperre des Camps Schönau für jüdische Emigranten anzuordnen.
Ja, aber da muss man auch sagen, dass diese Vorwürfe sehr ungerecht waren. Der Transit sowjetischer Juden durch Österreich ging nämlich weiter, nur eben nicht mehr über Schönau. Drei Tage nach dem unblutigen Ende der Geiselnahme kam die israelische Ministerpräsidentin Golda Meir nach Wien, um die Aufhebung der Sperre zu erreichen.

Kreisky hat ihr „nicht einmal ein Glas Wasser angeboten", hat Meir nach dem Gespräch gesagt.
Diese Ereignisse bleiben mir immer in Erinnerung, weil sie zeigen, wie Politik auch sein kann. Golda Meir kam nach einer komplizierten Anreise aus Straßburg ins Kanzleramt, es gab nämlich keinen Direktflug, sie musste mit Bahn und Auto kommen. Kreisky hat mich beauftragt, mich um sie zu kümmern, ihr den Ruheraum neben seinem Büro anzubieten und Essen vorzubereiten. Wir haben uns wirklich damit beschäftigt. Sie ist angekommen, wir hatten natürlich auch Kaffee und Wasser vorbereitet, aber sie hat im Vorbeigehen in meinem Zimmer gesagt: „Negotiation." Sie wollte also gleich verhandeln. Etwas anderes kam für sie gar nicht infrage.

Vor der Presse am Flughafen hat sie dann gesagt: „Nicht einmal ein Glas Wasser hat er mir angeboten." Das war im übertragenen Sinn gemeint und sollte heißen, er ist mir überhaupt nicht entgegengekommen. Es ging nicht ums Glas Wasser – aber so ist es durch die Weltpresse gegangen. Ihre Botschaft war: Kreisky ist unhöflich. Und das war er wirklich nicht. Das hat ihn sehr irritiert. Das Problem dahinter war, dass nicht alle Juden aus der Sowjetunion nach Israel wollten, sondern in die USA oder sonst wohin, wo sie eben Verwandte hatten. Und er war der Meinung, sie sollten die Freiheit haben zu entscheiden, wo sie hingehen. Das war mit ein Grund, warum man ihn in Israel sehr kritisch gesehen hat.

Wie ist er mit Rückschlägen umgegangen, etwa beim Wiener Konferenzzentrum oder beim AKW Zwentendorf? In beiden Fällen war das Volk anderer Meinung als er.
Das hat ihn sehr beschäftigt. Aber er hatte die Fähigkeit zu sagen, gut, die Dinge sind jetzt nach einem Volksbegehren oder einer Volksabstimmung anders, schauen wir, was wir daraus machen. Er hat immer Wege gefunden und hat als Demokrat gehandelt.

Heute hat jeder Spitzenpolitiker einen oder mehrere Ratgeber, Spindoktoren usw. Hat er so etwas gehabt?
Er hat sich mit vielen Menschen unterhalten und ausgetauscht. Aber ich könnte nicht sagen, dass er jemanden hatte, der eine bestimmte Richtung oder ein bestimmtes Verhalten vorgab. Er hat seine Mitarbeiterinnen oder Mitarbeiter allerdings nach ihrer Meinung gefragt, mich zum Beispiel, als es um die Straflosigkeit des Schwangerschaftsabbruchs ging. Er wollte einfach wissen, was die Leute um ihn herum denken – oder auch andere. Diese Gespräche sind dann schon in seine Gedanken eingeflossen und haben ihn vielleicht in die eine oder andere Richtung gebracht. Aber Spindoktoren oder so etwas gab es nicht. Auch mit dem Gerede von seinen Tricks im Fernsehen kann ich nichts anfangen. Er konnte einfach mit dem Medium umgehen.

Wie sind seine Reden entstanden?
Er hat sie diktiert und oft mit Zitaten versehen. Kreisky hat mit Büchern gelebt, er war ein großer Lesender, auch in der Nacht, das hat er oft erzählt. Geschlafen hat er wenig. Das hat ihn auch gesundheitlich

beeinträchtigt. Er hat mehrere Bücher gleichzeitig gelesen, was jeder, der viel liest, kennt.

„Der Mann ohne Eigenschaften" war sein Lieblingsbuch. Für dieses Buch braucht man Geduld und Ausdauer ...
Den „Mann ohne Eigenschaften" habe ich oft weggelegt. Ich glaube, kaum jemand hat den wirklich ausgelesen. Kreisky hat dieses Buch im Gefängnis gelesen.

Er musste in seiner Position mit den verschiedensten Charakteren auskommen. Wie ist ihm das etwa bei Johanna Dohnal gelungen?
Er hat sie geschätzt und daher als Frauenstaatssekretärin geholt. Sie war ein bisschen ruppig, hatte ihren klaren Standpunkt. Das mochte er. Er hat Menschen, die nicht so streichelweich waren, eher geschätzt als die, die sich nur verbeugt haben.
Bei der Fristenlösung, die 1973 im Nationalrat beschlossen wurde, war er zuerst nicht der Meinung der SPÖ-Frauen. Man darf nicht vergessen, dass damals die katholische Kirche noch sehr einflussreich war und er natürlich auch diesen Dialog mit der Kirche gepflegt hat. Er wollte nicht, dass ein großer Bruch kommt. Aber er hat sich dann von Dohnal und den sozialistischen Frauen überzeugen lassen. Das Wichtigste war die Entkriminalisierung. Die Frauen sollten nicht mehr gezwungen sein, heimlich zu irgendwelchen „Engelmacherinnen" zu gehen. Die Vermögenden konnten doch immer nach London oder in die Schweiz gehen. Es war also sein Anliegen, die Lebensbedingungen zu verbessern. Das vermisse ich heute. Es geht ja in der Politik nicht nur um Selbstdarstellung und Rechthaberei, sondern man muss etwas wollen, Ziele haben. Die hatte er und die Menschen haben das gespürt. Auf unseren Reisen war das nicht immer leicht ...

Inwiefern nicht leicht?
Früher ist man als Politiker noch viel mit der Eisenbahn gefahren, nach St. Pölten oder Linz oder Salzburg. Wir hatten immer ein Abteil reserviert, dort haben wir gearbeitet. Und dann sind die Eisenbahner – damals gab es ja noch Zugbegleiter – aus allen Waggons zu „ihrem" Kreisky gekommen und haben ihm aus ihrem Leben erzählt. Wir sind kaum zum Arbeiten gekommen.

Wenn wir nach zwei oder drei Monaten wieder dieselbe Strecke gefahren sind, kamen die Eisenbahner wieder ins Abteil. Und er hat gesagt: „Na, wie geht's Ihrer Frau?" Ein Zugbegleiter hatte ihm erzählt, dass seine Frau krank war und eine Operation bevorstand. Keiner von uns hat mehr gewusst, dass das jener ist, dessen Frau krank war. Kreisky hatte grundsätzlich Interesse an Menschen und nicht bloß höflichkeitshalber. So etwas kann ein Politiker nicht lernen. Das muss er in sich haben.

Wir haben noch nicht über Ihren Arbeitsplatz gesprochen. Die Einrichtung des Kanzlerbüros stammt vom Architekten Oswald Haerdtl. Das wirkt aus heutiger Sicht sehr düster.
Heute würde man das nicht mehr so machen. Aber Kreisky ist mit den vorhandenen Mitteln gut umgegangen. Er hat nicht gesagt, wir reißen das alles raus und machen was anderes, sondern er hat sich Leihgaben moderner Kunst hingehängt – die Phantastischen Realisten, Hundertwasser, Lehmden, Fuchs. Dadurch hat sich dieses „Zigarrenkistl", wie er den Raum wegen der Holztäfelung nannte, ein bisschen verändert. Mein Büro war groß, die Möbel waren fast museumsreif. Es hatte einen eher repräsentativen Charakter, war aber als Arbeitsplatz unpraktisch. An der Wand gegenüber war eine Art Tresor mit den Wappen aller Bundesländer, den habe ich immer vor mir gehabt. Ich habe mir gesagt, das ist nicht mein Wohnzimmer, ich würde mich anders einrichten, aber ich nehme das, was ich habe, und aus.

Sein Bekleidungs- und Lebensstil hat oft für Aufsehen gesorgt: Der SPÖ-Chef mit der britischen Rover-Limousine, im Maßanzug, in Maßschuhen. Hat er auf großem Fuß gelebt?
Er hat Wert gelegt auf eine gepflegte Erscheinung, aber er war kein Dandy. Qualität hat er geschätzt, er war ja ein Großbürger. Die handgemachten Schuhe vom Béla Nagy hat er zwanzig Jahre lang getragen. Das war eine Lebensart, die er mitbekommen hat von zu Hause. Früher als Diplomat war er verpflichtet, im Stresemann zur Angelobung von Botschaftern beim Bundespräsidenten zu gehen oder im Smoking zu Abendessen. Aber er hat das nicht überbewertet. Zu Hause oder auf Mallorca ist er im Trainingsanzug herumgelaufen.

Was bleibt Ihrer Meinung nach von Bruno Kreisky?
Er wollte nicht als einer in Erinnerung bleiben, der nur verwaltet hat. Das Wichtigste war ihm, etwas für die Menschen erreicht zu haben, eine gewisse Stimmung, eine Öffnung der Gesellschaft geschaffen zu haben. Die 1960er-Jahre waren doch noch sehr geschlossen. Ich merke, dass es heute wieder ein bisschen enger wird. Diese Entsolidarisierung, die sich derzeit vollzieht, ist eine Katastrophe.

Mensch, Macht, Mythos

Nur fünf Personen haben in der Zweiten Republik das Amt des Bundeskanzlers unbedingt angestrebt: Josef Klaus, Bruno Kreisky, Hannes Androsch, Wolfgang Schüssel, Sebastian Kurz. Kreisky war der Älteste und hatte in seiner Partei den größten Widerstand zu überwinden. Er war auch der Regierungschef mit dem größten historischen Bewusstsein.

Seine Wurzeln lagen laut Oliver Rathkolb in der transnationalen Kulturtradition der Habsburger-Monarchie, in einem jüdischen bürgerlichen Aufsteigermilieu sowie in der idealistischen und international ausgerichteten sozialdemokratischen Jugend- und Arbeiterbewegung.

Als Bub hatte Kreisky noch die Kaiserzeit erlebt. Gern erzählte er von jenem Wintertag im Jahr 1916, an dem der damals Fünfjährige das Leichenbegängnis von Franz Joseph beobachtete: „Als der Trauerkondukt endlich herankam, schien es mir, als fülle sich die ganze Welt mit Schwarz. Es war eine einzige Demonstration der Schwärze und in den Gesichtern der Menschen waren Schmerz und Sorge zu lesen; was mochte jetzt werden?"

Die Herkunft aus der Kaiserzeit war auch ein Grund für die – viele Genossen überraschende – Wertschätzung, die Kreisky den „Adeligen" entgegenbrachte. Sie erfüllten seine Vorstellung von Tradition, Verlässlichkeit und tadellosem Benehmen („Die können wenigstens mit Messer und Gabel essen"). Der Sozialdemokrat „machte nie ein Hehl daraus, dass er die Anti-Adels-Gesetze immer für einen Unsinn gehalten hatte – obwohl sie 1919 auf Antrag des Genossen Albert Sever beschlossen worden waren" (so Barbara Tóth in ihrer Biografie von Karl von Schwarzenberg). Kreisky fühlte sich in der Umgebung von „Blaublütigen" wohl. Schon als Außenminister hatte er den zahlreichen Aristokraten in seinem Haus erlaubt, ihre alten Titel zu führen – laut Tóth „zur Steigerung des Ansehens der Republik". Am Ballhausplatz, im öffentlichen Dienst und auch in seiner Regierung tummelten sich Angehörige vormaliger freiherrlicher oder gräflicher Familien, „er konnte gut mit Aristokraten umgehen" (Josef Taus, ÖVP-Obmann 1975 bis 1979).

Über Kreiskys Beziehung zu Blaublütigen kursieren viele Anekdoten, zum Beispiel diese: Kreisky hatte Karl von Schwarzenberg, wenn es förmlich sein musste, immer als „Prinz Schwarzenberg" angesprochen. Eines Tages war Schwarzenberg am Ballhausplatz angemeldet. Ein Kanzlersekretär berichtete diensteifrig: „Karl Schwarzenberg ist seit gestern Chef der Familie und daher als Fürst anzusprechen." (Seit dem Tod von Fürst Joseph Schwarzenberg im Jahr 1979 lautete adelshistorisch sein vollständiger Name Karl Johannes Nepomuk Josef Norbert Antonius Wratislaw Mena, Fürst zu Schwarzenberg, Herzog zu Krumau, Graf zu Sulz, gefürsteter Landgraf im Kleggau.) Kreisky ließ den Protokollexperten referieren und antwortete dann knapp: „Na, na, wir sind eine Republik. Prinz bleibt Prinz." Schließlich stellte sich aber doch die Anrede „Fürst Schwarzenberg" als korrekt heraus; Schwarzenberg war nie österreichischer Staatsbürger, er besitzt die tschechische und die eidgenössische Staatsangehörigkeit.

Als Kreisky dem jungen Karl Habsburg live im TV begegnete, wurde vorher in den Zeitungen gerätselt: Wie wird er ihn ansprechen? Kaiserliche Hoheit geht nicht, Herr Habsburg auch nicht. Kreisky sagte gelassen: „Herr Fähnrich." – Habsburg war Reserveoffizier mit Dienstgrad Fähnrich.

Das Gespür für heikle Situationen und breitenwirksame Lösungen war eine der großen Stärken Kreiskys. Sein Leben war von Jugend an geprägt von Verwicklungen, Umbrüchen, Konflikten. Die Kenntnis seiner Biografie hilft, seine politischen Absichten und Entscheidungen zu verstehen. Kreisky hat gewiss mehr als andere aus seinen Erfahrungen „praktische Schlüsse für seine Karriere gezogen. Er verlor nie die historischen Zusammenhänge aus den Augen, blieb aber nicht nostalgisch daran hängen." (Wolfgang Petritsch)

Bruno Kreisky, geboren am 22. Jänner 1911 in Wien-Margareten, Schönbrunner Straße 122, stellte sich später als Spross des Großbürgertums dar. Tatsache ist, dass er „aus einem im Aufstieg begriffenen gutbürgerlichen Hintergrund stammte" (Oliver Rathkolb).

Sein Vater Max Kreisky war ein anerkannter Textilfachmann und ursprünglich der Angestellte eines Textilunternehmens, der sich zu einem der Direktoren der „AG für Textilindustrie" hocharbeitete, die wiederum von einer Großeinkaufsgenossenschaft kontrolliert wurde. Max Kreisky war zwar mit Irene Felix verheiratet, einer begüterten Frau aus der Industriellenfamilie Felix in Trebitsch in Mähren, dennoch war es keine großbürgerliche Familie, wie Lage und Art ihrer Mietwohnungen zeigen. Max Kreisky investierte einen großen Teil seines Gehalts in eine Fünfzimmer-Mietwohnung im 4. Wiener Gemeindebezirk. 1938 hatte er kein nennenswertes Vermögen, das die Nazis hätten plündern können – das ist durch die NS-Vermögensanmeldungen im Österreichischen Staatsarchiv dokumentiert. Beide Eltern waren jüdischer Herkunft. Vater Kreisky gehörte einer Freimaurerloge an.

Bruno Kreisky inszenierte sich als Großbürger, weil für ihn das jüdische Großbürgertum „eine interessantere Projektionsfläche war", so Rathkolb. Und weiter: „Er nutzte das gerne, um seinen jüdischen Hintergrund zwar nicht zu verleugnen, ihn aber gleichzeitig in eine andere Sphäre der erfolgreichen und assimilierten jüdischen Familie zu heben." Seine Mutter hatte „die heute unvorstellbare Zahl von zwei Hausgehilfinnen und einem Kindermädchen", betonte der Bundeskanzler 1981 bei einer Schallplattenaufnahme zu seinem 70. Geburtstag.

Bruno hatte einen zwei Jahre älteren Bruder, Paul, dessen geistige Entwicklung wegen einer Kinderlähmung etwas hinterherhinkte. Überdies war er bei einem Sportfest von einem Diskus am Kopf getroffen worden. Paul wanderte 1938 nach Palästina aus, wo er sein weiteres Leben verbrachte. Der Bruder unterstützte ihn finanziell. Trotzdem gab es viele Jahre später Versuche von politischen Gegnern (wahrscheinlich auch vom israelischen Geheimdienst), Bruno Kreisky wegen seiner angeblichen Rücksichtslosigkeit zu diskreditieren. Immer wieder erschienen Berichte in israelischen Zeitungen, wonach der österreichische Kanzler seinen „in bitterer Armut" in Israel lebenden Bruder im Stich lasse. Über solche Unterstellungen ärgerte sich Kreisky maßlos. Einmal schickte er Kopien von Überweisungsbelegen an Zeitungsredaktionen in Israel.

Bruno Kreiskys Vater hatte als junger Betriebsleiter einer Textilfabrik und Sympathisant der Sozialdemokratie an einer Demonstration für die volle Sonntagsruhe teilgenommen. Wegen seines engen Verhältnisses zu den Arbeitern wurde er 1918 von einem Betriebsrat gebeten, sich in den Arbeiterrat des Gesamtunternehmens wählen zu lassen. Später vermittelte er gelegentlich bei Auseinandersetzungen zwischen Arbeitern und Unternehmern.

Max Kreisky hatte vier Brüder. Oskar Kreisky war Professor für Deutsch und Französisch, Otto ein angesehener Rechtsanwalt in Wien.

Beide waren Mitglieder der schlagenden Verbindung „Budovisia". Rudolf Kreisky war für Bruno der bedeutendste Onkel, weil er ihm die Sozialdemokratie nahebrachte. Er war einer der leitenden Funktionäre der sudetendeutschen Konsumgenossenschaften. Während der Sommerferien wanderten die beiden im Böhmerwald und im Riesengebirge von Dorf zu Dorf. Dort besuchten sie die kleinen Konsumvereine.

Während Rudolf die Bücher der Vereine prüfte, ging Bruno im Dorf spazieren und sah Bergarbeiter, Glasbrenner, Weber. So lernte er die Armut in den Sudetengebieten kennen. Ludwig Kreisky, der älteste Bruder Max Kreiskys wurde Lehrer wie deren Vater Benedikt, Bruno Kreiskys Großvater. Sie waren sogenannte Deutsch-Freiheitliche und setzten sich für die Erhaltung des Deutschtums in Böhmen ein. Das bewahrte ihn nicht davor, von den Nazis „ins Gas" geschickt zu werden, wie Bruno Kreisky in seinen Erinnerungen berichtet.

Bruno Kreiskys Großonkel Joseph Neuwirth war von 1873 bis 1895 Mitglied des österreichischen Reichsrates. Er wurde auch für den Finanzminister vorgeschlagen, Kaiser Franz Joseph lehnte ihn jedoch aufgrund seiner Konfessionslosigkeit ab. Kreisky pflegte bei verschiedenen Anlässen aus Reden dieses Großonkels zu zitieren.

Die Mutter Irene Kreisky, geborene Felix, war die jüngste Tochter von 16 Kindern einer wohlhabenden Industriellenfamilie. Sie war sportlich, konnte gut reiten und war eine sehr gute Eistänzerin. Politik interessierte sie wenig; daher war sie irritiert, als Bruno Kreisky Politiker werden wollte.

Vielen Mitgliedern der Familie Felix schrieb Kreisky wegen ihres Unternehmergeists große Bedeutung zu. Der Großvater Kreiskys übernahm vom Urgroßvater eine Spiritusbrennerei, aus der er eine Likörfabrik machte. Außerdem errichtete er eine Konservenfabrik in Znaim (heute Tschechien). Später übernahm Friedrich Felix, der jüngste Bruder von Kreiskys Mutter, diesen Betrieb. Sein Sohn Herbert war zuständig für den Export nach Skandinavien. Er war mit einer Schwedin verheiratet und ließ sich in Schweden nieder. Dort gründete er eine der größten Konservenfabriken Europas. Später entstand im burgenländischen Mattersburg das Schwesterunternehmen „Felix Austria".

Die Falschmeldung, Bruno Kreisky sei Eigentümer von Felix, hielt sich jahrelang in österreichischen Blättern. Herbert Felix und Bruno

Kreisky standen sich sehr nahe, weshalb der Unternehmer Kreisky am Betrieb beteiligen wollte. Bruno Kreisky, der zu diesem Zeitpunkt bereits Staatssekretär war, lehnte zugunsten der Politik ab.

Ein Bruder von Kreiskys Mutter, Julius Felix, war Bezirksrichter in Schärding, später Hofrat und Vizepräsident des Handelsgerichts. Er war – wie die meisten Mitglieder der Familie Felix – von den Sozialdemokraten nicht sehr angetan. Kreisky hatte zu ihm ein freundlich-distanziertes Verhältnis. Er war aus Überzeugung Katholik geworden, daher blieb er von den Nazis lange Zeit unbeachtet. Als er eines Tages eine Vorladung der Gestapo erhielt, beging er Selbstmord.

Insgesamt wurden etwa 40 engere Verwandte Kreiskys von den Nationalsozialisten ermordet; sein Lieblingscousin Arthur Kreisky wurde 1943 in Berlin-Plötzensee als tschechischer Widerstandskämpfer hingerichtet.

Im September 1916 trat Kreisky in Wien-Mariahilf in die Volksschule ein. 1925 übersiedelte die Familie in den 4. Bezirk in die Rainergasse 29. Während seiner Schulzeit am Gymnasium Radetzkystraße kam Bruno – übrigens ein mäßiger Schüler, der öfter die Schule schwänzte und dem manchmal das Sitzenbleiben drohte – mit der organisierten Sozialdemokratie in Kontakt. Er trat dem Verband Sozialistischer Mittelschüler bei, das Vereinsleben sagte ihm aber nicht zu („das ist Diskussion um der Diskussion willen"). 1927 wurde er Mitglied des Verbands der Sozialistischen Arbeiterjugend (SAJ) Wien-Wien. Obwohl dem Bürgersohn einiger Widerstand entgegenschlug, brachte er es zum Vorsitzenden dieser Arbeiterjugendgruppe.

1929 maturierte er an der Bundesrealschule Wien-Landstraße. Seine Matura-Arbeit – so berichtet Hans Werner Scheidl in „Der wahre Kreisky" – hatte die Wirtschaftsverhältnisse in Österreich zum Thema. Dabei wich der junge Kreisky von der offiziellen Parteilinie ab: Unter gewissen Umständen sei das kleine Land durchaus lebensfähig, schrieb der Maturant. Sein Professor, ein ausgesprochen „Nationaler", bemerkte spitz: „Damit befinden Sie sich im Gegensatz zu Ihren Parteifreunden!" Denn Otto Bauer plädierte damals noch immer für eine Vereinigung Österreichs mit der Weimarer Republik.

Im Herbst 1929 schrieb Kreisky sich zum Jus-Studium an der Wiener Uni ein. Er folgte damit einem Rat von Otto Bauer, den Kreisky in diesem Jahr kennengelernt hatte. „Die Partei braucht gute Juristen", hatte Bauer gesagt. Ursprünglich wollte Kreisky Arzt werden.

1930 wurde er Vorsitzender der Regionalorganisation der Sozialistischen Jugend für die Wiener Umlandgemeinden Purkersdorf, Klosterneuburg, Tulln. Das geschah nicht ganz freiwillig. Die Wiener Genossen nervte er mit seinen Aktivitäten; mit der ihm zugewiesenen Aufgabe in Niederösterreich verbanden sie die Hoffnung, er möge sich dort „derstessen" (so Kreiskys spätere Formulierung).

1931 trat Kreisky aus der Israelitischen Kultusgemeinde aus; später bezeichnete er sich als Agnostiker, also als Mensch, der grundsätzlich nicht an die Existenz eines übergeordneten Wesens glaubt, eine solche aber auch nicht ausschließt.

Während der Februarkämpfe 1934 gegen den Austrofaschismus verteilte Kreisky gemeinsam mit einem Funktionär der Gewerkschaftsjugend, Franz Olah, den Aufruf des Parteikomitees zum Widerstand gegen das Regime. Nach der Niederschlagung der Sozialdemokratie nahm er am 18. Februar 1934 an einem Treffen ehemaliger SAJ-Funktionäre im Wienerwald teil, wo die Revolutionäre Sozialistische Jugend unter der Leitung von Roman Felleis und Kreisky gegründet wurde. Kreisky war auch mehrfach bei Veranstaltungen der nun illegalen Partei in der Tschechoslowakei dabei.

Wegen seiner illegalen Tätigkeit wurde Kreisky am frühen Morgen des 30. Jänner 1935 in der Wohnung seiner Eltern verhaftet und in einem politischen Schauprozess zu 15 Monaten Haft verurteilt. Ähnlich erging es Franz Jonas, Otto Probst und Anton Proksch. Kreiskys Verhaftung verlief kabarettreif. Zwei Polizisten nahmen den Studenten nach einer ergebnislosen Hausdurchsuchung in die Mitte und eskortierten ihn zur Straßenbahn. Als der Schaffner kam, sagte Kreisky keck: „Das müssen die Herren zahlen. Ich fahr' ja nicht freiwillig." Die Polizisten zahlten murrend.

Der Bürgerkrieg sollte Kreisky stärker prägen als der Einmarsch Hitlers 1938. Der „Klerikofaschismus" (Kreisky) traf ihn härter als der Nationalsozialismus. Am 12. Februar 1934, erinnerte er sich später, „brach meine Welt zusammen".

In der Untersuchungshaft lernte er vom sogenannten „Ständestaat" verfolgte junge Nationalsozialisten als „Leidensgefährten" kennen. In späteren Jahren erzählte der Bundeskanzler Besuchern stundenlang von seinem Strafprozess in der austrofaschistischen Zeit und von seinem Gefängnisaufenthalt. Der Zusammenhalt der Insassen war eng. Bei einer Zellenkontrolle schützte Kreisky (laut Georg Nowotny in „Wer war Bruno Kreisky?") einen Nazi vor einer schweren Zusatzstrafe, indem er dessen Kassiber zerbiss und hinunterschluckte. Diese Kameradschaft in der Zelle soll dazu geführt haben, dass Kreisky später ehemalige Austrofaschisten weitaus heftiger ablehnte als ehemalige Nationalsozialisten.

Aber er erzählte manchmal auch launig über seine Häftlingszeit: Sie sei sein „eigentliches Studium" gewesen. Er ackerte sich durch unzählige Bücher, wie seine überlieferten Bestellungen bei der Gefängnisverwaltung belegen. Auch Lenins Werke (z. B. „Materialismus und Empiriokritizismus" von 1909) verkürzten ihm die lähmenden Monate. Eine befreundete Schauspielerin schickte Kreisky Bücher ins Gefängnis. Eines hieß „Aufruhr des Herzens". Als der Aufseher den Titel las, fuhr er Kreisky an: „Aufruhr, das gibt's net! Des kennans Ihnen hamschicken lassen … Aufruhr gibt's da herinnen kan!"

Kreisky: „Der Wächter hat Erbsensackl geheißen, Backen hat er gehabt wie ein Hamster. Wenn sich jemand aufgeregt hat, hat er geantwortet: ‚Was wolln S' denn, ich bin auch eingesperrt!' Ich habe geantwortet: ‚Aufs Heimgehen kommts an.' Daraufhin hat er erwidert: ‚Glauben S' i hab a Hetz daham?'" Der Wärter versuchte auch, ihm das Kartenspiel beizubringen. Kreisky interessierte sich aber gar nicht dafür und machte absichtlich Fehler, bis der Wärter seine Bemühungen mit den Worten einstellte: „Du bist sogar für das z'blöd!" Ein Mitgefangener wollte heimlich in seinen Winterrock alle möglichen europäischen Banknoten einnähen, die er als erfolgreicher Schlafwagendieb eingesammelt hatte. Kreisky half ihm beim Nähen. Der Dieb bewunderte die Geschicklichkeit des Kollegen sehr: „Schad', dass du a politischer Häftling bist. Aus dir könnt' i noch was machen."

Am 16. März 1936 begann unter großer Anteilnahme der ausländischen Presse der sogenannte Sozialistenprozess. Kreiskys Verteidigungsrede erregte in der ausländischen Öffentlichkeit große Aufmerksamkeit, etwa wegen folgender Aussage: „Man gebe uns das, was die Arbeiterschaft Englands, Frankreichs und anderer Länder als selbstverständliches Recht hat – die Freiheit der Idee. Dann wird es keine illegale sozialistische Bewegung geben … Wir sind gegen jeden Terror, vor allem deshalb, weil wir nicht so töricht sind, uns mit unserem Gegner auf einem Felde zu messen, auf dem er uns ungeheuer überlegen ist."

Wegen des großen Aufsehens im Ausland fiel die Strafe am 24. März 1936 relativ mild aus. Kreisky wurde wegen Hochverrats zu einem Jahr Kerker verurteilt. Am 3. Juni 1936 wurde er, weil die Untersuchungshaft auf die Strafe anzurechnen war, enthaftet, aber für alle Hochschulen gesperrt.

Nachdem sein Antrag auf Aufhebung der „Relegierung" am 28. Dezember 1936 vom Unterrichtsministerium abgewiesen worden war, beschloss Kreisky, Wien auf unbestimmte Zeit zu verlassen. Als „Exil" diente Jadersdorf im Gitschtal in Oberkärnten, wo er auf Vermittlung seines Vaters für einige Monate als Hilfsarbeiter in einer Weberei arbeitete. Erst Anfang 1938 konnte Kreisky sein Studium wieder aufnehmen. In der Zwischenzeit setzte er seine illegale Tätigkeit für die Revolutionären Sozialisten fort.

Am 14. März 1938, nach dem „Anschluss" Österreichs an das Deutsche Reich, legte Kreisky das letzte Rigorosum ab. Der Prüfer forderte ihn unter anderem auf, den „Anschluss" juristisch zu begründen. Kreisky antwortete seinen eigenen Worten zufolge, er könne keine positive Antwort geben, da er die Rechtsgrundlage des „Anschlusses" bestreite. Der Prüfer ließ ihn trotz dieser offenherzigen Antwort durchkommen.

Am 15. März 1938 wurde Kreisky in „Schutzhaft" genommen und dort körperlich misshandelt. Im August wurde er unter der Bedingung, das Land unverzüglich zu verlassen, enthaftet. Dass er den Nazis entkam, verdankte er dem Nationalsozialisten Josef Weninger. Dieser war 1936 als „Illegaler" einer der Zellengenossen Kreiskys gewesen und hatte dann unter dem neuen Regime Karriere bei der Polizei gemacht.

Kreisky flog am 21. September 1938 nach Dänemark. Er war mit einem dicken Wintermantel seines Vaters ausgestattet. In die Manteltasche hatte der Vater das dickste Buch gesteckt, das er in der Eile auftreiben konnte. Sein Sohn hatte um viel Lektüre gebeten, werde er doch lange unterwegs sein. Dieser Roman war von Robert Musil: „Der Mann ohne Eigenschaften".

Ohne im Besitz eines Visums zu sein, reiste er nach Kopenhagen, wo er auf dem Flughafen Kastrup von der Polizei beinahe wieder nach Österreich zurückgeschickt worden wäre. Dank eines durch Freunde im letzten Moment organisierten Durchreisevisums durfte er dann doch einreisen und konnte von Kopenhagen aus seine weitere Flucht organisieren.

Kreisky stellte zunächst ein Auswanderungsansuchen für Bolivien, erhielt dann aber vom Vorsitzenden der schwedischen Jungsozialisten, Torsten Nilsson, eine Einladung nach Schweden. Kreisky emigrierte also nach Schweden, wo er sich in Stockholm niederließ. Zuerst wohnte er in einer kleinen Pension, dann in verschiedenen Untermietzimmern, schließlich in einer Wohnung in der Blekingegatan 57. (An dem Wohnhaus wurde am 9. Jänner 2020 auf Initiative der schwedischen Gesellschaft für Arbeiterkulturgeschichte eine Gedenktafel enthüllt.)

Er konnte sich rasch etablieren; dabei halfen ihm seine Kontakte zu den Sozialdemokraten wie später auch seine Verwandtschaft: Sein nach Schweden geflüchteter Cousin Herbert Felix war dort verheiratet und als Unternehmer tätig. (Jahrzehnte später musste sich Kreisky gegen Gerüchte wehren, er besitze Industriebeteiligungen im Ausland.) Anfang 1939 fand Kreisky mit Unterstützung seiner Freunde eine Stellung als ökonomischer Berater im Sekretariat der Stockholmer Konsumgenossenschaft. Daneben schrieb er Artikel für schwedische und ausländische Zeitungen. Im Juli 1939 nahm er in Lille am Kongress der Sozialistischen Jugendinternationale teil, wo er sich vehement gegen eine Fusionierung mit den kommunistischen Jugendverbänden aussprach. Im Februar 1940 trafen seine Eltern aus Wien in Schweden ein.

Die Zeit in Schweden von 1938 bis 1945 prägte Kreiskys politisches Denken nachhaltig. „Immer wieder habe ich das Bedürfnis, diesem Land zu danken für alles, was es mir gegeben hat – nicht zuletzt an politischer Klugheit", vermerkte er in seinem Memoirenband „Zwischen den Zeiten". Unter anderem beeindruckte ihn der positive Patriotismus der Skandinavier. „Ich nahm mir damals vor, eines Tages auch in Österreich einen solchen Patriotismus zu verwirklichen." Zu diesem Thema erzählte Kreisky viel später dem Schriftsteller Gerhard Roth, er habe als Bundeshymne den typisch österreichischen Militärmarsch „O du mein Österreich" durchsetzen wollen, „das wäre viel populärer gewesen als die gegenwärtige Bundeshymne – die ist zu hochgestochen". Er habe sich damit aber nicht durchsetzen können.

Im Sommer 1940 lernte Kreisky den im norwegischen Exil lebenden Willy Brandt kennen. Das war der Beginn einer lebenslangen

Freundschaft. Mit Brandt arbeitete Kreisky in der Internationalen Gruppe demokratischer Sozialisten, die auch „Kleine Internationale" genannt wurde, an Fragen der Nachkriegsordnung Europas.

1941 wurde Kreisky Obmann des Klubs österreichischer Sozialisten in Schweden. Er setzte sich früh für die österreichische Eigenstaatlichkeit ein, die von den Exilanten etwa in London und New York noch abgelehnt wurde. Ebenso verwahrte er sich gegen Vereinnahmungsversuche durch die Kommunisten.

Kreisky gelang es auch, dass die in Schweden internierten Wehrmachtssoldaten, die Österreicher waren, als Militärflüchtlinge und nicht als Deserteure anerkannt wurden, wodurch sie den zivilen Behörden unterstanden. Später, 1953, sollten ihm deutschnationale Kreise in Österreich dies zum Vorwurf machen.

1942 heiratete Kreisky Vera Fürth (1916–1988) aus einer schwedischen jüdischen Industriellenfamilie. Der Entschluss zu heiraten fiel nach eineinhalb Jahren Verlobungszeit. „An sich ist ja die Verlobung eine Sache, die das Heiraten überflüssig macht, aber man muss halt der Konvention Genüge tun", so Kreisky.

Sohn Peter kam 1944 in Schweden auf die Welt, 1948 wurde dort die Tochter Suzanne geboren. Kreisky über den neugeborenen Peter: „Als ich ins Krankenhaus kam, hab' ich ihn sofort erkannt. Er war mit Abstand das hässlichste Kind. Die Schwester, die gemerkt hat, dass sich meine Begeisterung in Grenzen hielt, sagte zu mir: ‚Sie werden sehen, der wird noch ganz lieb …'" (Peter Kreisky wurde später ein Exponent der österreichischen 1968er-Bewegung, er war mit seinem Vater selten einer Meinung. Er starb 2010 bei einer Wanderung auf Mallorca an einem Herzinfarkt. Neben seiner Frau Eva hinterließ er einen Sohn, Jan. Peter Kreiskys Urne wurde im Grab der Eltern am Wiener Zentralfriedhof bestattet.)

Nach der Befreiung Österreichs 1945 organisierte Bruno Kreisky schwedische Hilfslieferungen nach Österreich, ab Oktober 1945 als offizieller Beauftragter der schwedischen Regierung. So gelangten Medikamente, Trockenmilch und andere Lebensmittel, besonders für Kinder, nach Österreich. Parteifreunde ließen ihm regelmäßig Wunschlisten zukommen, die auch technische Geräte und anderen zu dieser Zeit in Österreich nicht erfüllbaren Bedarf umfassten.

Bruno Kreisky: Kein „ausgeklügelt Buch", sondern ein Mensch mit seinem Widerspruch.

TV-Duell Klaus–Kreisky: Der kamerascheue ÖVP-Kanzler war im Fernseh-
studio überfordert.

Bruno Kreisky, Friedrich Peter (FPÖ), Karl Schleinzer (ÖVP): Der FPÖ-Obmann mit Kriegsvergangenheit war ihm näher als Simon Wiesenthal.

Franz Jonas, Bruno Kreisky: Der rote Bundespräsident unterstützte alle Pläne des SPÖ-Vorsitzenden.

Hannes Androsch, Bruno Kreisky: Aus der Nähe der Anfangsjahre wurde Distanz, zuletzt Feindschaft.

Auf Wahlkampftournee: verehrt von den Massen, widerwillig respektiert vom politischen Gegner.

Der volkstümliche Bürgerkönig: gepflegte Eleganz und rhetorische Bedächtigkeit.

Palästinenserführer Jassir Arafat, Bruno Kreisky, Willy Brandt: Vermittlungs-
versuche der Sozialistischen Internationale.

Auf globaler Mission mit seinem Freund, dem schwedischen Ministerpräsi-
denten Olof Palme.

Vera Kreisky: Kein anderer Mensch stand ihm jemals so nahe wie seine Ehefrau.

Sohn Peter mit Ehefrau Eva: Manche Aktivitäten des Juniors machten der Regierung des Vaters wenig Freude.

Das Wohnzimmer der Kreisky-Villa: Familienbilder, Porzellanfiguren, Vasen, Nippes – und viele Bücher.

Seine jahrzehntelange Assistentin Margit Schmidt war eine unersetzliche, loyale Mitarbeiterin.

Bruno Kreisky hatte mit seiner Ehefrau Vera zwei Kinder, Peter und Suzanne. Peter war mit Eva, geb. Zgraja, verheiratet, ihr Sohn ist Jan Kreisky (r. unten) Suzanne war mit Gerhard Dorau verheiratet, ihr Sohn ist Oliver Dorau.

Wirtschaftsexperte im Kanzleramt: Alfred Reiter war der Kabinettschef in den Jahren des Aufbruchs.

Kreiskys Faktotum: Ernst Braun kam als Anstreicher ins Kanzleramt und verbrachte dort sein ganzes Berufsleben.

Die Schriftsteller Gerhard Roth (links) und Peter Turrini (rechts) gehörten zu Kreiskys bevorzugten Jung-Literaten.

Sensorium für den Zeitgeist: mit der Schauspielerin, Chansonsängerin und Autorin Hildegard Knef.

Kreisky liebte weit ausholende Referate, in denen er historische Theorie und politische Praxis vereinen wollte.

Ferdinand Lacina (Mitte) war ab 1980 Kabinettschef. Später wurde er einer der längst dienenden Finanzminister.

Kreisky mit Bruno Pittermann (links), seinem Vorgänger an der SPÖ-Spitze, und Wiens Bürgermeister Felix Slavik (rechts): Die Partei brauchte ihn mehr als er sie.

Das Besondere an Bruno Kreisky war, dass er Widersprüchliches vereinen konnte. Die Bandbreite seiner Politik war ihr eigentliches Geheimnis.

Im Mai 1946 fuhr Kreisky nach Wien – eine Reise mit Hindernissen, weil er nicht alle notwendigen Reiseunterlagen hatte. Er wollte wieder in die österreichische Politik einsteigen. Dies gelang ihm zunächst, wie vielen anderen, nicht: Remigranten waren damals nicht gern gesehen, auch fürchtete die SPÖ, wie in der Ersten Republik als „Judenpartei" verunglimpft zu werden. Auf Drängen von Karl Renner, Adolf Schärf und Leopold Figl ging Kreisky nach drei Monaten zurück nach Schweden, um dort die österreichische Gesandtschaft aufzubauen, was er mit finanzieller Unterstützung des schwedischen Außenministeriums auch vollendete.

Ab 1947 war Kreisky Legationssekretär erster Klasse unter dem neuen österreichischen Botschafter Paul Winterstein. Er setzte sich weiterhin für die Österreichhilfe ein. Ende 1950 wurde Kreisky nach Wien zurückberufen, womit zwölf Jahre Exil zu Ende gingen.

Am 2. Jänner 1951 trat der Diplomat seine neue Stelle als „Legationsrat dritter Klasse" in der wirtschaftspolitischen Abteilung der Sektion für auswärtige Angelegenheiten im Bundeskanzleramt in Wien an. Er war mit Hans Igler, dem späteren Präsidenten der Industriellenvereinigung, verantwortlich für die Erstellung von Wirtschaftsplänen und Devisenübersichten. Im April übersiedelte auch Kreiskys Familie nach Wien.

Am 27. Mai 1951 wurde der Wiener Bürgermeister Theodor Körner, damals bereits 78 Jahre alt, bei der ersten Volkswahl zum Bundespräsidenten gewählt. Im Juni 1951 wurde Kreisky zu dessen außenpolitischem Berater (später mit dem Titel eines Kabinettsvizedirektors) ernannt. SPÖ-Chef Vizekanzler Adolf Schärf wollte damit dem als eigensinnig, zwanglos und gelegentlich wenig diplomatisch bekannten Körner einen Assistenten zur Seite stellen.

Kreisky und Körner hatten einander in einem von Schärf gebildeten Diskussionskreis kennengelernt. Kreisky nahm an Körners Gesprächsrunden mit den sozialistischen Regierungsmitgliedern teil und kam so in engen Kontakt mit der Spitze der SPÖ. Für eine Rede Körners während der Feiern zum 30-Jahre-Jubiläum der Zugehörigkeit des Burgenlandes zu Österreich in Eisenstadt am 11. November 1951 konzipierte Kreisky jenen Teil der Rede, in dem Körner als erster Vertreter des offiziellen Österreich eine mögliche Neutralität des Landes zur Sprache brachte. Die Idee war schon 1944 von Julius Deutsch im amerikanischen Exil formuliert worden. Die Rede sorgte für einiges internationales Aufsehen, auch wenn die Idee zunächst bei den alliierten Besatzungsmächten auf Ablehnung stieß. Am 31. März 1953 bezeichnete Körner Kreisky in einem Brief an Schärf prophetisch als den „kommenden Mann in der Partei."

Bei der Nationalratswahl vom 22. Februar 1953 behielt zwar die ÖVP (41,3 Prozent der Stimmen) die Mandatsmehrheit, die SPÖ erreichte aber die Stimmenmehrheit (42,1 Prozent). Dadurch politisch gestärkt, erhoben die Sozialisten in den Regierungsverhandlungen Anspruch auf zusätzliche Staatssekretäre im Außen- und im Handelsministerium. Der bisherige Bundeskanzler Leopold Figl, von seiner Partei wegen zu großer Kompromissbereitschaft gegenüber der SPÖ kritisiert, trat zurück.

Im April 1953 wurde Kreisky Staatssekretär für auswärtige Angelegenheiten in der neuen Bundesregierung Raab mit Außenminister Karl Gruber (ÖVP), der im November des gleichen Jahres durch Figl ersetzt wurde. Der Sozialist nutzte seine Position, um sich national und international einen guten Namen zu machen.

Kreisky war mit Figl an den Verhandlungen zum Staatsvertrag beteiligt. Er bildete im April 1955 mit Julius Raab, Schärf und Figl die österreichische Delegation, die zu den abschließenden Verhandlungen nach Moskau flog. Dort gelang mit der von der Sowjetunion gewünschten Zusage der Neutralität (womit die Einbindung Österreichs in die NATO verhindert werden sollte) der Durchbruch zum Vertragsabschluss. Man einigte sich darauf, dass Österreich nach dem Inkrafttreten des Staatsvertrags und dem Abzug der Besatzungstruppen seine immerwährende Neutralität nach dem Muster der Schweiz beschließen werde (Moskauer Memorandum). Den Wunsch Moskaus, dies im Staatsvertrag zu verankern, lehnten Schärf und Kreisky ab. Kreisky hätte den Begriff „militärische Bündnisfreiheit" bevorzugt; Raab hatte für solche Feinheiten nichts übrig.

Den Tag der Unterzeichnung des Staatsvertrags, den 15. Mai 1955, nannte Kreisky „den größten Tag" seines politischen Lebens. Auf dem offiziellen Gemälde von der Unterzeichnung des Staatsvertrages sieht man Kreisky hinter den am Tisch sitzenden Signataren stehend.

Der beginnenden europäischen Integration stand die SPÖ positiv gegenüber; wegen der Neutralität und der Vorbehalte der Sowjetunion war der Beitritt zur neu gegründeten EWG jedoch nicht möglich. Kreisky und die Regierung unterstützten daher die britische Initiative einer Freihandelszone, die schließlich 1960 mit Österreich als Mitglied unter dem Namen EFTA (European Free Trade Association) gegründet wurde.

Im November 1955 wurde Kreisky beim SPÖ-Parteitag in den Parteivorstand gewählt, ohne auf der Kandidatenliste gestanden zu sein. Das Gleiche wiederholte sich 1956. Bei der Nationalratswahl 1956 wurde Staatssekretär Kreisky in seinem niederösterreichischen „Exil" im Wahlkreis St. Pölten in den Nationalrat gewählt, dem er bis zu seinem Ausscheiden aus der Politik 1983 neben seinen Regierungsämtern angehören sollte. Dass Kreisky nicht in seiner Heimatstadt Wien kandidieren konnte, war darauf zurückzuführen, dass ihm die von Felix Slavik dominierte SPÖ-Landesorganisation Wien lange Zeit andere Politiker vorzog.

Das galt auch, als er 1967 für den Parteivorsitz kandidierte – und gewann. An jenem 1. Februar begann die Ära Kreisky. Zuerst war er Bundesparteivorsitzender und natürlich auch Oppositionsführer, ab 1970 Bundeskanzler – der erste Kanzler, den die SPÖ stellte.

Dass er das schaffen könnte, hatte er selbst nicht geglaubt: „Ich bin Jude und Emigrant, habe infolgedessen eine schmale Basis und kann in Österreich nicht besonders viel erreichen", sagte er nach seiner Rückkehr aus dem Exil. Ähnlich wie Otto Bauer, die prägende Persönlichkeit der Sozialdemokratie nach dem Ersten Weltkrieg, konnte er sich nicht vorstellen, die Parteispitze zu erklimmen.

Aus Kreiskys Sicht hatten beide – er und Otto Bauer – den politischen Nachteil, jüdischer Herkunft zu sein. In den 1960er-Jahren soll er zu *Furche*-Chefredakteur Kurt Skalnik gesagt haben: „Zwei Positionen kann ich nicht erreichen. Ich kann nicht Parteivorsitzender der SPÖ und nicht Bundeskanzler werden." (Jahre später traf er Skalnik wieder und sagte zu ihm: „Es ist doch etwas anders gekommen.")

Die Selbsteinschätzung als „bester zweiter Mann" behielt er in der Öffentlichkeit bei; eine Mischung aus Realismus und Koketterie dürfte der Grund gewesen sein. Er habe sich „selber nie zugemutet, Parteivorsitzender zu werden", sagte er noch 1982 in der *Europäischen Rundschau*, die von Paul Lendvai herausgegeben wird. „Ich hab' auch eigentlich meine Aufgabe immer als zweiter Mann gesehen."

Rathkolb nennt Kreisky einen „Betriebsunfall" der politischen Kultur der Zweiten Republik. Worauf gründete seine Macht, die bis 1983 bestehen sollte? Und warum wurde er zum Mythos?

Kreisky war als Person immer stärker als die Partei. Seine Autorität bestand darin, dass er niemandem zu Dank verpflichtet war; er hatte sich in gewisser Weise selbst zum Chef der Partei gemacht und garantierte ihre Wahlsiege, nicht nur im Bund, sondern indirekt auch bei Landtags- und Gemeinderatswahlen. Damit sicherte er seinen Parteifreunden in Summe Hunderte Posten, vor allem Mandate im Nationalrat, im Bundesrat und in den Landtagen, aber auch Bürgermeisterposten, die sie sonst kaum erreicht hätten.

Er scheute sich auch nicht, seine Macht auszureizen, etwa im Konflikt mit seinem ehrgeizigen „Kronprinzen" Hannes Androsch, den er letztlich aus der Politik drängte.

Er war weitgehend eine One-Man-Show. Eine Seilschaft hatte er nie, wollte er auch nicht. Alle zentralen Wahlaussagen (z. B. „Lasst Kreisky und sein Team arbeiten" oder auch „Kreisky – wer sonst") kamen von ihm selbst, auch die Werbefilme und Plakate waren von ihm inspiriert. Die (damals wenigen) Werbeleute der SPÖ exekutierten nur seine Ideen. Großen Wert legte er auf Meinungsumfragen, die ihm Karl Blecha, 1963 bis 1975 Direktor des Instituts für empirische Sozialforschung IFES, überbrachte. Diese Umfragen liebte er auch, weil sie seine blendenden Persönlichkeitswerte betonten.

Die Mehrheit gewann und behielt er, weil er aus der ehemaligen Klassenpartei SPÖ eine Art Volkspartei, eine „catch-all-party" machte. Viele Menschen, die sonst nie sozialistisch gewählt hätten, überzeugte er, „ein Stück des Weges" gemeinsam zu gehen. Sein langjähriger Kabinettschef Alfred Reiter sagt: „Nicht wenige taten das sicher auch, damit er sie vor ‚den Roten' beschützen würde. Es war ganz einfach ‚in', Kreisky zu wählen. Sehr viele erzählten das auch ganz offen, besonders solche Leute, die vorher nie die SPÖ gewählt hatten."

Sobald Kreisky weg war, fiel die Partei zurück. Das war, wie sich später zeigte, unaufhaltsam.

Ein Eckpfeiler seiner Machtstellung war seine Beziehung zu den Medien. Der erfahrene Journalist Georg Nowotny (1963–1965 politischer Redakteur der *Presse*, 1965–1970 *Salzburger Nachrichten*, 1970–1973 *profil*, 1973–1986 *Krone*) beschrieb das in „Wer war Bruno Kreisky?"

so: „Wie man mit Journalisten umgeht, hatte der Mann mit der brummelnd tiefen Stimme im Blut." Sein Umgang mit Medienleuten sei schon Ende der 1960er-Jahre, als er sich auf die Übernahme der Macht in der SPÖ vorbereitete, ganz anders gewesen als die damals übliche „entweder steif-distanzierte oder allzu joviale Art, mit der andere Politiker Journalisten behandelten. Für die meisten Politiker waren Journalisten lästige, aber leider notwendige Schmeißfliegen, für Kreisky aber Partner, die er geschickt für seine Zwecke einspannte."

Kreisky war ein Mann, der „gleich einem Propheten" (Georg Nowotny) den Ausweg aus der dumpfen österreichischen Atmosphäre zeigte. Dieser Ausstrahlung konnten sich selbst zutiefst bürgerliche Journalisten wie Otto Schulmeister (*Die Presse*) oder Gerd Bacher (ORF) nicht entziehen.

In jeder Redaktion saß zumindest ein Kreisky-Sympathisant mit einem speziellen Zugang zum SPÖ-Chef. Es gab allerdings zwei Verhaltensweisen des „Journalistenkanzlers": Er konnte seine Gesprächspartner in den Redaktionen bauchpinseln – Nowotny schildert einen solchen Anruf des Kanzlers: „Herr Redakteur! Hier Kreisky. Ich möchte Sie um einen Rat bitten ..." Oder er bestrafte Missliebige durch Nichtbeachtung.

Der *Kurier*-Journalist Rudolf John, viele Jahre lang Filmkritiker des Blattes und Erfinder des Fernsehpreises „Romy", ist ein Beispiel für Kreiskys geschickten Umgang mit der schreibenden Zunft. John erinnert sich an die 1970er-Jahre, als den damals jungen Journalisten ein überraschender Anruf ereilte:

„Ich saß, wie damals so oft, noch gegen 22 Uhr an meinem Schreibtisch in der Redaktion und schrieb an einem Artikel, als das Telefon läutete. Die mir aus Funk und Fernsehen bekannte Stimme sagte ,Hier Kreisky ...' Prompt erwiderte ich: ,Pusch, bist du es?' Hans Pusch, der damalige Sekretär von Unterrichtsminister Sinowatz, war berüchtigt, Kollegen und Freunde zu narren, indem er die Stimme des Kanzlers täuschend echt imitierte.

,Nein, nein', brummte die Stimme am Telefon. ,Das bin ich schon selber.' – ,Herr Bundeskanzler?', stammelte ich. – ,Ja, könnten Sie zu mir auf den Ballhausplatz kommen?' – ,Äh ... jetzt sofort?' – ,Jetzt gleich, wenn's Ihnen nichts ausmacht. Ich sag dem Portier Bescheid.'

Ich war mehr als verblüfft über diese Einladung. Mit Ausnahme von Sinowatz hatte ich als Kulturjournalist so gut wie keinen Kontakt zu Politikern. Ich verfasste zu dieser Zeit eine Kolumne im *Kurier*, die den Titel „Die Nächsten sind wir" trug. Meine für damalige Zeiten frechen Texte stießen nicht auf ungeteilte Zustimmung bei den Lesern; die Kolumne wurde deshalb zur Jahresfrist eingestellt. (Ironie des Schicksals: Wenige Monate später erhielt ich dafür aus der Hand des Kulturministers einen Staatspreis für Journalismus.)

Natürlich habe ich mich nach Kreiskys Anruf umgehend in ein Taxi gesetzt und mich zum Kanzleramt bringen lassen. Die ganze Fahrt hindurch beschäftigte mich nur eine Frage: Was kann der von mir wollen?

Es wurde eine äußerst beeindruckende Erfahrung. Vor allem, weil Kreisky, der so oft Interviewte, nun ein Interview mit mir machte. Während des ganzen Gesprächs, das sicherlich weit über eine Stunde dauerte, waren wir allein.

Er fragte mich wohlwollend über alles aus, was meine Generation betraf. Was wir dachten, was wir wollten, wie wir lebten. Es ging ihm vor allem auch um kleine Details. Was wir lesen würden. Welche Lokale wir bevorzugten. Ob wir als Schüler uns auch immer in den Stiegenhäusern vor den Kellertüren herumgedrückt hätten, um heimlich zu rauchen oder Mädchen zu küssen. Solche Sachen. Auf das Thema Sex ging er mehrmals ein.

Einige weitere Male suchte der Kanzler noch das Gespräch mit mir, immer war vor allem er es, der Fragen stellte. Was mich besonders faszinierte, war die unbändige Neugier, die Kreisky vermittelte."

Mit dem Medium Fernsehen verstand Kreisky blendend umzugehen. Das ist in der TVthek des ORF dokumentiert. Unter „Historische Wahlberichte" kann man seine TV-Duelle gegen die ÖVP-Herausforderer Josef Klaus (1970), Karl Schleinzer (1971), Josef Taus (1975) und Alois Mock (1983) nachbetrachten.

1972 führte er das „Pressefoyer nach dem Ministerrat" ein, seine wöchentliche Bühne unter dem Stichwort „Ich bin der Meinung". Dort beantwortete er geduldig alle Fragen, auch wenn sie von nicht so namhaften Journalistinnen und Journalisten kamen. Sein Kabinettschef Reiter erinnert sich: „Dieses Pressefoyer war ein völlig neuartiges Format von Pressekonferenz. Es fand im Vorraum des Ministerratssaales statt. Die Journalisten – immer in großer Zahl vertreten – standen in enger Tuchfühlung mit Kreisky. Es war ein eigentlich sehr zwangsloses Gespräch. Durch diese Nähe entstand auch eine völlig andere Art von Kommunikation mit den Journalisten, als wenn diese in einem Saal in einiger Distanz zum Kanzler gesessen wären."

Später konnte er auch schroff sein. Vor allem gegen Ende seiner Amtszeit, als es ihm gesundheitlich nicht mehr gut ging, verlor er auch in der Öffentlichkeit manchmal die Contenance. Legendär ist seine Zurechtweisung für den ORF-Journalisten Ulrich Brunner. Dieser, ein loyaler Sozialdemokrat, erregte 1981 den Unwillen Kreiskys.

Die Vorgeschichte der Auseinandersetzung, die in den österreichischen Zitatenschatz eingegangen ist: Der parlamentarische Untersuchungsausschuss zum Bauskandal beim Wiener Allgemeinen Krankenhaus tagte schon monatelang ohne Ergebnis. Die VP wollte neue Zeugen laden, die SP lehnte ab. ÖVP-Obmann Alois Mock war so empört, dass er zu Bundespräsident Rudolf Kirchschläger marschierte, um sich über die „undemokratische Vorgangsweise" zu beschweren. Kreisky geriet darüber außer sich und polterte in den *Salzburger Nachrichten*: Der Bundespräsident sei kein Schiedsrichter über das Parlament, es drohe eine Verfassungskrise, vor allem sei der Bundespräsident kein „Justizkanzler".

Im darauffolgenden Pressefoyer am Dienstag, 24. Februar, eskalierte die Sache. Kreisky warnte vor der Wiederkehr der 1930er-Jahre. Dem Hinweis, dass man das niemandem in Österreich unterstellen könne, widersprach Kreisky erregt: „Angesichts des gestrigen Putschversuchs in Spanien fragen Sie mich das?" Brunner darauf: „Wir sind aber nicht in Spanien, sondern in Österreich!" Kreisky: „Ich habe die Justiztricks der 30er-Jahre erlebt, und ich kann nicht früh genug warnen vor einer Wiederholung." Brunner: „Wir leben doch heute in einer ganz anderen politischen Situation." Darauf explodierte Kreisky: „Lernen Sie Geschichte, Herr Redakteur!" Alle weiteren Einwände wischte Kreisky weg. Dreimal wurde Brunner von ihm aufgefordert, Geschichte zu lernen.

Das war ein Wendepunkt in der Stimmung. Bis dahin hatte Kreisky in den Telefonprotokollen des ORF-Kundendienstes (Anrufer können sich zu Sendungen äußern) fast immer die Sympathien auf seiner Seite. Am 24. Februar 1981 gab es mehr als hundert Anrufe, in denen Kreisky kritisiert wurde. Tenor: Der Kanzler habe die Grenzen der Fairness verletzt. „Es war der Untergriff eines in Argumentationsnotstand geratenen Politikers", sagte Brunner später zur *Presse*.

Neben dem ORF war Kreisky die *Krone* wichtig, damals wie heute die auflagenstärkste Tageszeitung des Landes. Mit *Krone*-Herausgeber Hans Dichand verband ihn ein zwiespältiges Verhältnis, wie Dichand in seinen Memoiren („Im Vorhof der Macht") festhält.

Zum einen zitiert er aus einer Rede Kreiskys vor „braven Parteisoldaten", bei der dieser vor Dichands „Übermut" gewarnt habe: „Der will jetzt auch die Politik bestimmen! Ich warne euch, wenn das so weitergeht, dann wird in dem Land ein Mann bestimmen, wer die stärkste Partei wird. Noch sind die meisten seiner Leser unsere Wähler. Die Frage ist – wie lange werden wir sie noch haben?" Zum anderen bezieht sich Dichand auf ein Interview Kreiskys mit Hans Janitschek, in dem er ihn einen großen Zeitungsmacher nennt, „vielleicht ist er der größte der Nachkriegszeit. Da er selbst aus bescheidenen Verhältnissen stammt, weiß er auch, was es heißt, mittellos zu sein. So mancher sozialistische Journalist, von großen Idealen getrieben, übersieht oft, was die Menschen draußen wirklich bewegt."

Laut Kreiskys Sohn Peter kam es Ende der 1970er-Jahre vor allem wegen der aggressiven „Staberl"-Kolumnen zu einem Bruch Kreiskys mit der *Krone*. Der Kanzler habe damals den Konflikt „mit der wirklichen Macht im Lande riskiert". In Dichands 1996 erschienen Erinnerungen steht von einem solchen Bruch nichts, allerdings werden häufige Meinungsverschiedenheiten in Wirtschaftsfragen geschildert. („Kreisky war überschätzt in wirtschaftlichen Belangen. Er wusste eben mehr von Robert Musil als von Budget, Bilanzen und Börsenkursen.") Im Grunde, so Dichand, mochte er Kreisky „wirklich gerne". Manchmal lud ihn der Kanzler zu einem Sonntagsspaziergang auf den Wiener Kahlenberg ein. Ausflügler kamen ihnen entgegen, freundlich grüßend. Kreisky hatte keinen Bewacher an seiner Seite, aber einmal sagte ein Spaziergänger zu seinen Begleitern: „Schaut's, der Kreisky und sein Kieberer." Da freute sich der Zeitungsmacher und „war auch ein wenig stolz, an seiner Seite zu gehen und sogar für seinen Beschützer gehalten zu werden".

Zum Mythos wurde Kreisky (der „Sonnenkönig"), weil er ein Sinnbild dessen war, was viele Österreicherinnen und Österreicher wiederzugewinnen wünschten. Er besaß Klugheit, Weltläufigkeit, Geschmack, war als Person und Institution ein Nachglanz versunkener Größe. Dabei war er das Gegenteil des österreichischen Bildungsideals: ein Mann mit Eigenschaften, unangepasst, verhaltensauffällig, unbequem, chronisch unpünktlich („aber ich hab' noch nie was versäumt"), manchmal grantig, neugierig, nie „pflegeleicht".

Kreisky war ein Konzentrat an Eigenarten: Das betraf seine Intelligenz und Belesenheit (den späteren Nobelpreisträger Peter Handke entdeckte er sehr früh), seine Schöpferkraft, seine Sprache, seine Umgangsformen, seinen Charme. Größten Wert legte er auf das elegante Auftreten. „Seine gepflegte Eleganz vom Scheitel bis zur Sohle ließ ihn bürgerlicher wirken als die Präsidenten von Wirtschaft und Industrie" (so der Soziologe Reinhard Knoll).

Seinen Kleidungsstil entwickelte er bereits als Mittelschüler. Ein älterer Cousin hatte es bis zum Direktor einer Automobilfabrik gebracht, als er plötzlich starb. Bruno, der eine ähnliche Statur hatte, erbte die Anzüge und Maßhemden. Zeit seines Lebens schätzte er ähnliche Anzugstoffe und Schnitte. Kreiskys Anzüge waren von jener vorzüglichen Unauffälligkeit, die nur sehr teuer hergestellt werden kann.

Sein erster Maßschneider war Franz Humal am Opernring – und nicht der berühmte Herrenausstatter Kniže am Graben, wo viele Politiker, aber auch Künstler wie Billy Wilder und Oskar Kokoschka arbeiten ließen. Der langjährige Kniže-Eigentümer Rudolf Niedersüß erzählte dazu 2017 dem *Standard*, Kreisky sei 1960 ins Geschäft gekommen. Niedersüß, damals ein unerfahrener, junger Zuschneider, habe völlig falsch Maß genommen. Ein erfahrener Kollege, der eigentlich hätte merken müssen, dass diese Maße nicht zu Kreisky passen können, fertigte trotzdem einen Anzug für die erste Probe, die entsprechend missriet. Kreisky ließ fortan bei Humal schneidern. Als dieser seinen Betrieb zusperrte, fragte ihn Herr Niedersüß, um welche seiner Kunden er sich denn bemühen sollte. Die Antwort war: „Bloß nicht um den Kreisky! Der will immer handeln."

Kreisky wechselte zum Maßschneider Hantak am Opernring. 2011 tauchte einer seiner handgefertigten Anzüge in einem Secondhandshop der Volkshilfe in der Wiedner Hauptstraße auf. Der in Wien lebende Schauspieler Howard Nightingall erwarb einen alten Dreiteiler um 9,90 Euro. Erst Wochen später bemerkte der gebürtige Londoner, dass der Anzug einen namhaften Vorbesitzer hatte: „Bundeskanzler

Dr. Kreisky" stand auf dem am 26. Mai 1975 vom Schneider Hantak eingenähten Etikett. Das historische Kleidungsstück dürfte, nachdem es Peter Kreisky geerbt und „entsorgt" hatte, über einen Altkleidercontainer in den Volkshilfe-Shop gelangt sein.

Berühmt – und von vielen Journalisten sündteuer imitiert – wurde Kreiskys Schuhmode. Er leistete sich schon in jungen Jahren rahmengenähte Schuhe. Mit seinem einen Paar „Budapester" sei er 1938 in die Emigration gegangen, erzählte er gerne. Als Außenminister, später als Kanzler ließ er in der renommierten Wiener Werkstätte von Béla Nagy fertigen. 1973 übernahm Schuhmachermeister Georg Materna dieses Unternehmen. Kreiskys Schuhwerk mit den charakteristischen klirrenden „Eiseln" (Eisen- oder Messingplättchen an Absatz und Spitze) kam seither aus dem Atelier in der Mahlerstraße, nahe der Staatsoper.

Zu seiner auffallenden Erscheinung trugen außerdem Hüte („Homburgs") in Schwarz, Dunkelblau oder Braun bei, die er vom ehemaligen Hoflieferanten P. & C. Habig „auf der Wieden" bezog. In der kalten Jahreszeit trug er einen schweren grauen Wintermantel mit Innenpelz.

Der Bundeskanzler dachte nicht im Traum daran, sich etwa für Fabriksbesuche als „Arbeiterführer" zu verkleiden. Sein Auftreten verlieh ihm – neben allem anderen – Autorität bei der Arbeiterschaft. Peter Turrini schrieb darüber 1981: „Er biedert sich seinem Gegenüber niemals an. Er verfällt vor Arbeitern nicht in Kumpanei, ahmt nicht ihren Tonfall nach, ist kein anderer vor einem jeweils anderen Publikum. Er ist immer er selbst, ein jüdischer Großbürger auf der Seite der arbeitenden Menschen, kein Ergebnis von Werbestrategen, kein Politikdarsteller. Er ist ein Mensch in der Politik, mit Fehlern und Schwächen, über dessen Aussagen man sich freuen oder ärgern kann, ein Fossil, ein Anachronismus, gemessen an der Glätte der heutigen Politiker, denen man das Bemühen, überall anzukommen, an den kaschierten und gequälten Gesichtern ansieht."

Zum sorgfältig gepflegten Mythos des großbürgerlichen Sozialisten gehörten auch seine Autos. Er fuhr Rover, dunkelgrün, Kennzeichen W 609. Dieses Modell (Achtzylinder, feines Holz, Ledersitze) kostete damals in Österreich 120.000 Schilling (der Gegenwert von drei VW-Käfern). Es galt als Mittelklasse-Rolls-Royce und war laut dem Autojournalisten Herbert Völker „die dramatischste Form, um Bescheidenheit zu üben – ein Riesen-Understatement".

Einige der angeblich sieben Rover, die Kreisky im Lauf der Jahrzehnte besaß, sind seither auf dem Liebhabermarkt aufgetaucht. Einer wurde 2019 von einem Autolackierer in Rudolfsheim-Fünfhaus liebevoll restauriert, einer bei einem Mazda-Händler in Zell am See entdeckt. Der aktuelle Besitzer lebt in Salzburg; sein Vater gehörte zum Umkreis Kreiskys, sollte dessen Landwirtschaftsminister werden (was aber nicht zustande kam) und erkannte den ehemaligen Kanzler-Wagen in der Garage wieder. Außerdem fuhr Kreisky auf Mallorca ein sonnengelbes Käfer-Cabrio mit 50 PS. Es steht heute als Dauerleihgabe im Technischen Museum in Wien.

Sein Wiener Wohnsitz war in der Armbrustergasse 15 in Grinzing in einer einstöckigen Villa. Das repräsentative Haus gehörte ursprünglich der Familie von Josef Redlich, Sohn einer assimilierten jüdischen Familie, die in Mähren Zuckerfabriken hatte. Redlich war ein prominenter Rechtsgelehrter, Justizpolitiker und 1918 zwei Wochen lang k. u. k. Finanzminister. 1931 bekleidete er dieses Amt noch einmal für fünf Monate in einer christlichsozialen Regierung. Seine Villa in Wien wurde 1959 von den Erben an die Wiener Städtische Versicherung verkauft und von dieser 1961 an Kreisky vermietet; Eigentümer der Liegenschaft war er nie.

Das Anwesen, in dem heute das Bruno Kreisky Forum für internationalen Dialog untergebracht ist, hat nichts Luxuriöses. Mit Ausnahme des Wohnzimmers (zwei Sitzgarnituren, Fauteuils, Bücherregale, Fotos berühmter Besucher) ist es eher spartanisch eingerichtet. Das „Meublement", wie Kreisky es nannte, musste zweckmäßig und haltbar sein – schon wegen seiner Boxerhunde „Goliath" und „Bianca", die im ganzen Haus unterwegs waren und vom Hausherrn extrem verwöhnt wurden.

An einer Wand hängt ein Dankesbrief von Oskar Kokoschka. Der 1886 in Pöchlarn geborene Maler, Grafiker und Schriftsteller war von den Nazis vertrieben worden. Ab 1947 besaß er die britische Staatsbürgerschaft und veranstaltete seine ersten großen Ausstellungen nach dem Zweiten Weltkrieg in der Schweiz. Kokoschka war zu stolz, um um die Wiedererlangung der österreichischen Staatsbürgerschaft anzusuchen. Kreisky wollte den weltberühmten Künstler für Österreich zurückhaben, doch Kokoschka hatte keinen Wohnsitz im Inland. Also meldete ihn Kreisky ohne Wissen des Betroffenen einfach in der Armbrustergasse als Untermieter an. So konnte Kokoschka 1974 die Staatsbürgerschaftsurkunde übermittelt werden. Der damals 88-Jährige antwortete tief gerührt, er werde „noch lebendig der Republik Österreich einverleibt".

Bemerkenswert ist der weitläufige Garten der Kreisky-Villa. Dort stehen jahrhundertealte Bäume, wie die legendäre Libanonzeder, die zur Zeit des Wiener Kongresses 1815 gepflanzt wurde.

In diesem Ambiente empfing Bruno Kreisky seine Gäste: Staatsmänner, Diplomaten, Industrielle, Künstler, Journalistinnen und Journalisten. Der Schriftsteller Gerhard Roth schildert in einem Text über Kreisky (1981) seinen Frühstücksbesuch im Hause Kreisky.

Die Eingangstür steht zu seiner Überraschung offen, ein Hausmädchen begrüßt ihn, Kreisky empfängt ihn im blauen Trainingsanzug. Er fahre jeden Tag drei bis fünf Kilometer mit dem Hometrainer, „manchmal auch bergauf", erläuterte der Kanzler. Neben dem Hometrainer türmen sich auf einem Teetisch Bücher zu einem „Büchermittelgebirge."

Noch bevor Kreisky sich zum Frühstück hinsetzt (Grapefruit, Semmeln, Joghurt, Kaffee, Wurst, Schinken, Eier, Weichselmarmelade, Radieschen, eine Glasschale mit rohem Sauerkraut), hält er schon den Telefonhörer in der Hand. „In der Folge verwandelt er zwei Tätigkeiten, nämlich Essen und Telefonieren, in eine." Kreisky beginnt die Grapefruit auszuschälen, den Hörer zwischen Kopf und hochgezogener Schulter, „was wie eine Yoga-Übung aussieht". Der Anruf – einer von vielen an diesem Morgen, Kreisky steht im Telefonbuch – kommt von einer Frau, die ein Kind bekommen hat, der Mann ist beim Bundesheer und leistet eine Übung ab. Nun benötigt aber die Frau den seelischen Beistand ihres Mannes, sie hatte eine Frühgeburt, der Vorgesetzte weigert sich jedoch, den Soldaten zu beurlauben. Kreisky verspricht der Frau, sich einzusetzen, ruft seinen Sekretär im Kanzleramt an und lässt die Angelegenheit regeln.

Vera Kreisky erscheint im geblümten Morgenmantel mit goldfarbenen Hausschuhen. Der Leibkriminalist des Bundeskanzlers, Herr Ehrenreich, gesellt sich nach seiner Morgenzigarette dazu. Kreisky isst rasch und zügig, der Schweiß von der Fahrradtour steht ihm noch auf der Stirn, er telefoniert, reicht Teller und den Brotkorb herum – nichts entgeht ihm. Roth: „Man könnte sagen, es funktioniert alles in einer Art Kurzschriftsprache, jeder ahnt schon nach dem ersten Wort, worum es geht, sodass kein langes Gerede entsteht, was ja auch wegen des Telefons nicht möglich wäre."

Der Schriftsteller ist beeindruckt von diesem Hineinhören in das Volk, das der Regierungschef Tag für Tag macht: ein Mann mit einer Mission, der immer er selbst und doch immer offen für andere ist.

Kreiskys Wirkung auf Menschen war sicher außergewöhnlich – speziell auf Frauen. Mit seiner Frau Vera, dem „Verali" seiner jungen Jahre, hatte Kreisky eine enge, liebevolle Beziehung. Laut Biograf Wolfgang Petritsch stand ihm kein anderer Mensch so nahe. Als (bereits im schwedischen Exil) ihre schwere Depression begann, „sorgte sich ihr Ehemann fortan nur umso mehr um sie". Wenn es ihr psychisch besonders schlecht ging, rief sie ihn unzählige Male im Büro am Ballhausplatz an; jedes Mal nahm er sich Zeit für das Gespräch mit ihr. Geduldig hörte er ihr zu und redete dann – stets auf Schwedisch – beruhigend auf sie ein.

Fallweise verließ ihn freilich die Beherrschung. Nowotny schildert eine Szene mit dem Kanzlerehepaar beim „privaten" Frühstück. Es ging um eine *Krone*-Serie und ein Buch mit dem Titel „100 Stunden Kreisky". Vor dem peinlich berührten Reporter und dessen Fotografen schnauzte der Politiker seine Ehefrau an, warum denn das Frühstücksei so hart sei.

„Neben – aber niemals statt – seiner durch ihre Krankheit gezeichneten Frau pflegte Bruno Kreisky langjährige, bisweilen intime Beziehungen zu anderen Frauen", berichtet Petritsch. Immer wenn er in New York war, kam er mit Kitty Carlisle Hart zusammen, einem Broadway-Star der 1960er-Jahre. Sie war die Tochter deutschstämmiger Juden und lebte als Witwe des Schriftstellers Moss Hart in einem Apartment an der Madison Avenue. Dort trafen sich alljährlich während der UNO-Generalversammlung Politiker, Banker, Schriftsteller, Schauspieler. „Mit der attraktiven Witwe entwickelte sich eine spannungsreiche, intellektuelle und intime Beziehung." (Wolfgang Petritsch)

Der Diplomat und Kreisky-Sekretär von 1977 bis 1983 nennt zwei weitere Freundinnen, die Kreisky „bis an sein Lebensende sehr geliebt haben und die er – wenn auch nie in der gleichen Intensität und Tiefe wie seine Ehefrau Vera – ebenfalls außerordentlich verehrte: die um 15 Jahre jüngere Schauspielerin Senta Wengraf und die geschiedene

Frau seines Freundes Friedrich Torberg, Marietta." Frau Torberg war auch eine gelegentliche Begleiterin auf Reisen, sie korrigierte seine zum Druck vorbreiteten Schriften und stand ihm bei der Redaktion seiner Memoiren zur Seite.

Die enge Beziehung zu Senta Wengraf wurde erst 1999 öffentlich bekannt. Laut der Gesellschaftsjournalistin Senta Ziegler „war die zauberhaft feminine Josefstadt-Schauspielerin so etwas wie seine Muse". Nur einige Bühnenkollegen waren eingeweiht, nach außen hin wurde das Geheimnis bewahrt. Kennengelernt hatten sich die beiden bei einer Party der schwedischen Schauspielerin Ulla Jacobsson am Stephansplatz in Wien; Wengraf spielte mit der Gastgeberin in den Kammerspielen, Kreisky kannte die schwedische Actrice seit seiner Zeit im Exil.

Wengraf sagte in einem Interview mit Ziegler, es sei sehr schmeichelhaft gewesen, „von so einem wunderbaren Menschen verehrt zu werden ... Es war keine Affäre, bei der man sich kurz trifft und bald wieder auseinandergeht". Die Liaison währte 18 Jahre, bis zu Kreiskys Tod.

Kreiskys Sohn Peter sagte zu den außerehelichen Beziehungen des Vaters, seine Eltern seien „alles andere als kleinbürgerliche Denker" gewesen, „sie waren vom liberalen Klima Schwedens geprägt und haben sich über die Möglichkeiten einer offenen Ehegestaltung sicher Gedanken gemacht" (*News* 44/2010).

Bruno Kreisky war privat wie politisch eine Institution und in seiner Regierungszeit der unbestrittene Mittelpunkt des öffentlichen Lebens. „Er trat wie ein Romanheld auf, der alles konnte und vermochte." (Reinhard Knoll) Er war distanziert, wurde aber als volkstümlich wahrgenommen. Er strahlte Souveränität aus, obwohl er viel improvisierte. Er gab sich als Realist und produzierte oft Illusionen. Seinetwegen begann man an ein größeres Österreich zu glauben, als er 1970 am Ballhausplatz einzog.

Gespräch mit Alfred Reiter

„Politik war für ihn eine künstlerische Tätigkeit"

Alfred Reiter war von 1. Jänner 1972 bis 31. Dezember 1975 Leiter des Kabinetts des Bundeskanzlers. Der Bankkaufmann arbeitete zuvor in der Creditanstalt-Bankverein und der Österreichischen Länderbank AG, dann im SPÖ-Klub als wirtschaftspolitischer Referent. Nach der Zeit bei Kreisky war Reiter bis Ende 2001 Mitglied des Vorstands der Investkredit Bank AG, in den letzten sieben Jahren dessen Vorsitzender.

Herr Reiter, wie sind Sie zu Kreisky gekommen?
Ich war ab 1. September 1966 im Parlamentsklub der SPÖ beschäftigt. Nach dem Gewinn der absoluten Mehrheit durch die ÖVP und dem Ende der Großen Koalitionen, die seit 1945 bestanden hatten, begann eine völlig neue politische Epoche. 1967 wurde Kreisky zum Parteivorsitzenden und danach auch zum Klubobmann gewählt. Ich habe dort wirtschaftspolitische Aufgaben in Verbindung mit der parlamentarischen Arbeit des Clubs wahrgenommen.

1971 bin ich mit dem Eisenhower Exchange Fellowship für ein halbes Jahr in den USA gewesen. Im Juli 1971 kam ich zurück. Kreisky wusste natürlich von meinem Amerika-Aufenthalt. Er hat nach Peter Jankowitsch als Leiter des Kabinetts jemanden gesucht, der schon in der Wirtschaft tätig war. Seine personelle Umgebung bestand ja beinahe ausschließlich aus Diplomaten. So habe ich am Montag 3. Jänner 1972 um 7 Uhr 45 meinen Dienst als Leiter des Kabinetts im Bundeskanzleramt am Ballhausplatz 2 angetreten.

In den nächsten vier Jahren habe ich als Leiter des Kasbinetts von Bundeskanzler Kreisky meine Aufgabe vor allem darin gesehen, alle zu treffenden Entscheidungen des Kanzlers, aber auch der Regierung professionell vorzubereiten. Stets darauf zu achten, dass wir keine Fehler machten. Alle Wünsche Kreiskys präzise und rasch zu erfüllen. In den wesentlichen Themen haben wir Checklisten der Für und Wider erstellt und so zu gediegenen Entscheidungsgrundlagen beigetragen. Vor allem kümmerte ich mich um alle Fragen, die mit Wirtschaft zu tun hatten.

Wie gut kannten Sie Kreisky zu diesem Zeitpunkt?
Ich kannte ihn als Abgeordneten und natürlich dann als Bundesparteivorsitzenden und als Klubobmann, da war er mein Chef gewesen. Aber
die interne Arbeit am Ballhausplatz, die Organisation kannte ich nicht.
Ich war von der Vorstellung geprägt, dass der Bundeskanzler der Republik eine Funktion ist, die mit der eines Vorsitzenden des Vorstands
der Firma Republik Österreich vergleichbar wäre. Meine Erwartung
war, dass es um Strategien gehen würde, um ihre operative Umsetzung
im Tagesgeschäft und Controlling-Maßnahmen, um zu sehen – was
bewirken unsere Entscheidungen? Nachdem ich einen einzigen Tag bei
Kreisky war, ist mir sofort gedämmert, dass er das völlig anders sieht.
Für Kreisky war das Amt des Bundeskanzlers überhaupt keine Manage-
mentaufgabe. Für ihn war es eine Art künstlerische Tätigkeit, mit allen
Attributen einer solchen. Es ging um eine riesige Inszenierung.

Was hat das für Ihre Arbeit konkret bedeutet?
Das Kanzleramt hatte im operativen Bereich nicht allzu viele Kompe-
tenzen. Die waren zum Großteil bei den Ministerien, ausgenommen
die Verstaatliche Industrie, die zum Bundeskanzler ressortierte. Doch
die Direktiven für die große Politik sind letztlich alle durch den Kanzler festgelegt worden.

*Galt das auch für die Partei? War die Löwelstraße ein zweites Machtzen-
trum?*
Kreisky hatte in der Partei ein eigenes Zimmer, aber anwesend war er
dort fast nur an Wahlabenden. Er hatte mit Fritz Marsch einen un-
auffälligen Zentralsekretär, der ihm total ergeben war. Von Marsch ist
nie wirklich ein politischer Impuls ausgegangen. Seine Aufgabe war es,
Kreisky die Parteisachen in Ordnung zu halten.

*Was hat das für die Funktionäre bedeutet? Und wie hat es das Publikum
wahrgenommen?*
Nach Landtagswahlen oder großen Gemeinderatswahlen wurde natürlich in der „Zeit im Bild" immer ausführlich berichtet. Wenn da Fritz
Marsch im Bild aufgetaucht ist, hätte man den Ton ruhig abdrehen
können: Alle haben dann sofort gewusst, das war eine für die SPÖ ver-
lorene Wahl. Sonst wäre Kreisky dort gestanden. Aber er hat in solchen

Fällen gesagt: „Fritz, fahr du auf den Küniglberg". Auf Bundesebene hat Kreisky aber nie eine Wahl verloren.

Er hat die Verantwortung für Niederlagen gescheut?
Dazu gibt es eine wunderbare Anekdote. Als wieder einmal eine Landtagswahl verloren gegangen war, sagte Kreisky im Fernsehen, er übernehme selbstverständlich die volle Verantwortung für die Wahlniederlage. Kurz danach traf ich meine Mutter. Sie war eine überzeugte Sozialdemokratin und hat zu mir gesagt: „Das imponiert mir, dass der Kreisky die Verantwortung übernimmt – aber was wäre eigentlich, wenn er sie nicht übernehmen würde?" Da hab' ich zu ihr gesagt: „Liebe Mama, das ist eine sehr gute Frage. Es wär' dasselbe."

Wie hat sich ein Tag im Bundeskanzleramt abgespielt?
Ich war immer um acht Uhr dort, Kreisky kam ungefähr um neun. Da hatte er bereits zu Hause gearbeitet, telefoniert und die Zeitungen gelesen. Es gab dann schon interne Besprechungen, aber im Grunde waren ihm die bürokratischen Abläufe egal. Es musste nur alles klappen. Er war hochintelligent, aber absolut chaotisch. Politik hat er als dauernde Kommunikation empfunden.

Das dürfte für den Leiter des Kanzlerbüros eine große Herausforderung gewesen sein.
Ich habe mir das einmal angeschaut und dann musste ich zwangsläufig Entscheidungen treffen, eigentlich ohne mit Kreisky viel zu reden. Ihn hat ohnehin nicht interessiert, wie die administrative Ebene funktioniert. Er lebte mit Kaskaden von Terminen unterschiedlichster Art. Tag für Tag. Das waren zum Teil Staatsbesuche, teilweise wichtige Einzelpersonen aus dem Ausland, oft Repräsentanten von politischen Parteien und natürlich Journalisten, Journalisten, Journalisten. Und dazwischen immer jede Menge Telefonate.

Wie war sein Umgang mit Journalisten?
Kreisky hat sich sehr oft mit Spitzenjournalisten und Chefredakteuren getroffen, aber speziell beachtet hat er die tatsächlich die Artikel schreibenden Journalisten auch in regionalen und lokalen Zeitungen.

Ich erinnere mich an folgende Situation, die in ähnlicher Weise immer wieder stattgefunden hat: Seine Sekretärin sagt am Telefon zu Kreisky, „Herr Bundeskanzler, ich habe da einen Herrn Müller am Apparat, der gibt an, er ist Redakteur beim *Waidhofener Boten* oder so ähnlich.“ „Verbinden Sie mich mit ihm“, hat Kreisky gesagt. Es war egal, dass bei ihm im Zimmer schon eine Menge Leute waren und weitere im Vorzimmer gewartet haben – einige seit einer Stunde.

„Herr Müller“, hat Kreisky gesagt, „wie lange arbeiten Sie denn schon beim *Waidhofener Boten*? Und wie alt sind Sie? Ah, 22.“ Und der Redakteur hat gesagt: „Herr Bundeskanzler, das ist ja großartig, dass ich mit Ihnen reden darf. Ich möchte morgen meinen dritten Leitartikel schreiben, da geht es um Folgendes ...“ Darauf hat der Kreisky gesagt: „Na, was wollen S' denn genau schreiben?“ Dieses und jenes, hat der Müller gesagt. Darauf Kreisky: „Na, lesen S' mir einmal vor, was Sie bis jetzt geschrieben haben.“ Daraufhin war es im Zimmer eine Zeit lang still, der Müller hat seinen Text vorgelesen. – „Also, den zweiten Absatz, den tät' ich anders schreiben“, hat Kreisky gesagt. Und dann hat der Bundeskanzler angefangen, für einen 22-jährigen Journalisten vom *Waidhofener Boten* den Leitartikel-Entwurf umzudiktieren.

Solche Gespräche haben 20 oder 30 Minuten gedauert. Und nachher hat Kreisky zu uns gesagt: „War der eigentlich von Waidhofen an der Ybbs oder von Waidhofen an der Thaya?“

Dieses Büroleben muss gewöhnungsbedürftig gewesen sein.
Sogar bei den bedeutsamsten Besuchen hatte seine persönliche Sekretärin Margit Schmidt den Auftrag, jeden durchzustellen, der auch nur halbwegs wichtig erschien. Damit gab er den Leuten das Gefühl: Ich bin immer für euch da. Kreisky war in Wahrheit damals auch der Ombudsmann des Landes – eine Einrichtung, die es in Österreich bis dahin nie gab und die er aus Schweden kannte.

Mit welchen Anliegen sind die Anrufer zu ihm gekommen?
Die Leute haben alles vorgebracht, was man sich nur vorstellen kann. Damals war der Glaube an den Staat ja noch viel stärker als heute. Wenn einer eine Taxikonzession wollte oder mit seinem Nachbarn im Streit lag oder eine Exportlizenz oder eine Wohnung für die Enkelin brauchte – alles haben die Leute an den Kanzler herangetragen.

Viele Briefe waren auch Meinungsäußerungen. Teilweise haben sie ihn auch beschimpft. Aber das waren nur ganz, ganz wenige. Dazu kam jeden Tag die Lawine von Briefen, die er teilweise durch Telefonate angebahnt hatte. Die Leute, die sich aus irgendwelchen persönlichen Überlegungen heraus an den Kreisky wandten, kamen aus allen Schichten der Bevölkerung: Angestellte, Arbeiter, Beamte, Unternehmer, Bauern, Künstler, Wissenschaftler, Junge und Alte, Arme und Reiche von Lustenau bis Andau. An meinen zweiten Arbeitstag habe ich mir gedacht, so geht das überhaupt nicht! Diese Abläufe brauchen eine geordnete Struktur.

Der Regierungschef als Ombudsmann – wie kommt man damit als sein Büroleiter zurecht?
In den Jahren 1972 bis 1975 erhielt Kreisky pro Tag so um die 300 Briefe. Manchmal waren es auch nur 150, dann aber wieder – weil ein Thema in der Luft lag – 600. Davon waren fünf oder sechs Schreiben von ausländischen Staatskanzleien und ein paar von wichtigen Unternehmen oder staatlichen Instanzen, Landeshauptleuten, Bürgermeistern, Funktionären aller Art. Aber der größte Teil dieser 300 Briefe waren von unbekannten Staatsbürgern, die irgendetwas wollten oder zu irgendetwas ihre Ansicht äußerten.

Ich hab zu meinen Mitarbeitern gesagt: „Was macht ihr eigentlich mit all diesen Briefen?" Die werden nach Möglichkeit einzeln beantwortet, hieß es, oder wir schicken sie an die Ministerien weiter. Es gab überhaupt kein System, damals existierte natürlich auch keine Computer. Wir reden über eine Zeit ohne Internet und ohne Schreibprogramme. Heute kann sich niemand mehr vorstellen, dass man einen Brief neu schreiben musste, weil in der 16. Zeile ein Tippfehler war.

Ich führte dann ein paar grundsätzliche Dinge ein: Jeder, der dem Kanzler schreibt, muss spätestens nach 48 Stunden eine formelle Reaktion in Händen haben. Die konnte natürlich in 99 Prozent der Fälle nur lauten: Der Bundeskanzler hat Ihren Brief bekommen, wir kümmern uns darum. Das war die Ersterledigung. In der Folge haben wir ein System aufgebaut, in dem jeder Brief inhaltlich bewertet und in Kopie der zuständigen Stelle mit dem Ersuchen um Stellungnahme oder direkte Erledigung geschickt wurde. Wir haben ein lückenloses Wiedervorlage-System dieser Briefe eingeführt.

Es hat eine Weile gebraucht, bis alle von uns mit diesen Briefen befassten Dienststellen des Bundes, der Länder, der Gemeinden, der Sozialversicherungsträger sich daran gewöhnt hatten, Erledigungen zu jedem dieser Briefe an den Bundeskanzler zu übermitteln. Es hat bei den Bürgern zu unglaublicher Verblüffung geführt, dass jeder ihrer Briefe am Ende eine formelle Antwort des Bundeskanzlers bekam. Ein Nebeneffekt dieser Antworten war, dass oft gleich wieder neue Schreiben ausgelöst wurden, etwa von Freunden und Bekannten der Schreiber.

Aber es war doch unmöglich, den Briefschreibern bei ihrem Anliegen immer zu helfen?
Mindestens 80 Prozent der Fälle waren Anliegen, bei denen die Leute keinen rechtlichen Anspruch auf die Erfüllung hatten. Das haben wir ihnen genau so mitgeteilt: Ihrem Wunsch kann nicht Rechnung getragen werden, weil der Paragraf X eines bestimmten Gesetzes dem entgegensteht. Damit waren die Leute im Prinzip zufrieden. Es ging ihnen vor allem einmal darum wahrgenommen zu werden.

Kreisky betrachtete das Regieren als „eine Art künstlerische Tätigkeit", haben Sie formuliert. Wie hat er Politik gemacht?
Politik war für ihn zunächst Kommunikation, ein nie endender Dialog. Da er ein begnadeter Kommunikator war, hat er diese Kommunikation in jeder Weise und in jedem Augenblick beherrscht. Er ganz allein hatte in seinen frühen Jahren als Regierungschef die Themenführerschaft über alles, worüber in diesem Land gesprochen wurde und worüber die Medien berichteten. Oft ließ er aber nur Luftballons steigen und löste damit Diskussionen aus. Er wusste genau, das ist ein Luftballon, aber viele haben das ernst genommen, es sind hundert Leitartikel erschienen, die anderen Parteien haben es aufgegriffen und kritisiert. Er kannte die täglichen Bedürfnisse der Medien nur zu genau, ihren Hunger nach Themen. So hat er die Dinge, die ihm wichtig waren, alle selber vom Zaun gebrochen. Er hat regiert, indem er unentwegt agiert hat. Alle anderen konnten nur reagieren.

Wie verlief damals seine Zusammenarbeit mit Hannes Androsch? In den späteren Jahren wurde das ja problematisch – bis zum Bruch.
In diesen frühen Jahren seiner Regierungszeit drehte sich alles um

die Achse Kreisky–Androsch. Kreisky setzte mit seinem untrüglichen Instinkt die Themen, war im Dauergespräch mit dem ganzen Land und gewann die Wahlen. Androsch wieder setzte diese Politik operativ um. Nicht nur in seinem eigenen zentralen Ministerium, sondern im Spektrum der gesamten Politik. Die gegenseitige Ergänzung dieser beiden – des Alten und des Jungen – war in diesen Jahren perfekt. Gemeinsam waren sie damals echt unschlagbar.

Heute kommt kein Spitzenpolitiker ohne mehrere Berater oder Spindoktoren aus. Hatte Kreisky welche?
Er hatte überhaupt keine. Es war unvorstellbar, dass Kreisky jemandem bezahlen würde, der ihm sagt, wie man im Fernsehen auftritt, wie man spricht, welche Frisur man hat, welches Hemd man nicht verwenden soll oder welche Krawatte man trägt. Es wäre undenkbar gewesen, dass Kreisky „Politikberater" konsultiert hätte und die ihm gesagt hätten, wie man Politik machen soll. Das hat ja niemand besser gewusst als Kreisky. Er war durchdrungen von der Haltung, dass jeder Politiker der sein sollte, der er als Mensch tatsächlich war. Ein Politiker ohne Authentizität war in seinen Augen nicht wert, ein solcher zu sein.

Manchmal hat er zu seinen Ministern gesagt, er missbillige es, wenn sie sich durch ihr Äußeres Arbeitern oder Angestellten anbiedern. „Ihr seid keine Arbeiter", hat er zu ihnen gesagt. Er selber hat – gerade wenn er zu Arbeiterversammlungen gegangen ist – seinen schönsten Mantel mit einem Pelz-Innenfutter angezogen. So war er.

War er für Anregungen oder Kritik zugänglich?
Er war in einer Weise sakrosankt, wie man sich das heute nicht mehr vorstellen kann. Es gab ja einen Witz: Es versammelt sich der Parteivorstand und jeder Einzelne sitzt plötzlich auf einem Reißnagel, der nach oben gekehrt ist. Einer murmelt zum Sitznachbarn: „Sag, sitzt du auch auf einem Reißnagel?" Er kriegt als Antwort: „Der Kreisky wird schon wissen, warum er die Reißnägel hergelegt hat." Insbesondere in seiner Partei gab es Kreisky gegenüber keinerlei Kritik. Das hätte sich niemand getraut. Ich hab mir manchmal gedacht, dass es auch Kreisky, gerade weil er in der Politik so erfolgreich war, gutgetan hätte, sich einer Kritik stellen zu müssen. Aber die gab es in diesen Jahren nicht. – Es gab übrigens schon Berater, aber nicht die, von denen es heute wimmelt.

Welche waren das dann?

Die sieben Millionen Österreicher waren seine potenziellen Berater. Wirklich jeder einzelne Mensch konnte zum Berater Kreiskys werden, ohne dass er selber wusste, dass er ein solcher war. Kreisky hat sich ununterbrochen von Leuten beraten lassen, die ihn überhaupt nicht beraten wollten, die irgendwas gesagt haben. Häufig war das in der Früh, am Telefon. Jeden dritten Tag kam es vor, dass Kreisky ins Büro kam und zum Beispiel zu uns sagte: „Mich hat eine Bäuerin, die Frau Mairhuber oder Mostgruber" – er hat ihren Namen nicht gewusst – „aus dem Zillertal, nein, aus dem Ötztal angerufen. Sie müssen diese Frau zurückrufen, mit der muss ich unbedingt Kontakt halten!" Er hat nicht mehr gewusst, von wo die Frau ist, er hat nicht gewusst, wie sie heißt, aber solche Gespräche waren ihm extrem wichtig. In der nächsten Vorbesprechung zum Ministerrat hat er dann gesagt: „Mich hat kürzlich eine Bäuerin angerufen, die hat mir gesagt, ihr Hof liegt auf 1870 Metern und auf einer kurvenreichen Straße fährt sie sieben Kilometer runter bis ins Tal. ‚Aber wie sollen meine Kinder ins Tal in die Schule kommen?‘, hat sie gesagt. ‚Und wie den Berg herauf, wieder nach Hause? Die anderen gehen über die Straße und sind in der Schule.‘" Und dann hat Kreisky gesagt: „Die hat ja recht, so geht das wirklich nicht. Wir brauchen ein Schulbussystem." Bald darauf stand in den Zeitungen: Kreisky schlägt System von Schulbussen vor.

Und wie ging es weiter?

Dann sind die Unternehmer gekommen. Zwei Tage später war schon einer im Kanzleramt und hat gesagt: „Ich habe ein Busunternehmen, reden wir miteinander, ich kann Ihnen das organisieren, was zahlen Sie dafür?" – So haben sich die Dinge zu entwickeln begonnen. Genauso war es mit den Gratisschulbüchern.

Kreisky äußerte sich oft zur Wirtschaft. Hat er von wirtschaftlichen Angelegenheiten viel verstanden?

Er hat meines Erachtens von der Wirtschaft erstaunlich wenig verstanden für jemanden, der von sich mit Stolz gesagt hat, er stamme aus einem Unternehmerhaushalt. Aber er hat eine andere Eigenschaft gehabt, und die hat ihn nie verlassen. Er hat als wesentlichen Teil seiner Kommunikation den Kontakt zu bedeutsamen und auch zu weniger bedeutsamen Unternehmern gesucht. Oft musste er gar nicht suchen, denn dort, wo er sich bewegte, waren die auch, zum Beispiel im Philharmonischen Konzert oder im Burgtheater oder bei den Salzburger Festspielen. Oder beim Skiurlaub am Arlberg. Auch am Tennisplatz. Er hat solche großbürgerlichen Anlässe gern gehabt, weil er sich selbst als Großbürger empfand. Es ist fast kein Tag vergangen, an dem er nicht irgendeinen Kontakt zur Wirtschaft hatte.

Zum Beispiel sagte ihm ein Unternehmer, er könnte verstärkt nach Asien exportieren, es gebe aber jede Menge Schwierigkeiten. Da hat Kreisky nicht gesagt: „Gehen Sie zum Handelsdelegierten." Er hat gesagt: „Kommen Sie zur mir ins Kanzleramt!" Durch diese unentwegt stattfindenden Gespräche hat er die Schwierigkeiten und Möglichkeiten von Unternehmen intensiv kennengelernt, alle ihre Sorgen und Hoffnungen.

Und er hatte ein untrügliches Gespür dafür, wo die sozialistische Politik oder die Politik, die sich die Gewerkschaften vorstellen, aufpassen muss. Er wusste eben, was den Unternehmern zumutbar war und was nicht. Die Eindrücke von seinen vielen Betriebsbesuchen haben dieses Bild vervollständigt. Und er wusste natürlich genauso gut durch Informationen und persönliche Impressionen, wie es um die Arbeitnehmer bestellt ist, wo ihre Sorgen liegen, aber auch ihre beruflichen Möglichkeiten.

Wie viel Einfluss hatten Sie als Leiter des Kabinetts auf den Bundeskanzler?
Unser Ehrgeiz im Kabinett war, die Entscheidungsgrundlagen sorgfältig und faktenorientiert zu liefern. Nie war es meine Absicht, Entscheidungen politisch zu beeinflussen. Meine eigenen Ansichten äußerte ich dann, wenn Kreisky mich nach meiner Meinung gefragt hat. Ich solchen Fällen sagte ich, was ich dachte – und nicht, was Kreisky möglicherweise hören wollte. Ich war als Kabinettschef ein politischer Mensch, aber kein Politiker. Es war in erster Linie eine Management-Aufgabe.

Wenn Sie es zusammenfassen: Wie charakterisieren Sie den Menschen und Politiker Kreisky?
Zunächst einmal war Kreisky ein völlig anderer Typ Mensch als die gängigen Klischees von Politikern in Österreich. Er war ein sehr

gescheiter, intelligenter, belesener und an vielen Dingen engagiert interessierter Mensch. Kreisky fühlte tatsächlich in sich die Mission, neue Elemente in die Politik, in die Demokratie und auch in seine Partei zu bringen. Und das, obwohl oder gerade weil er ja nicht mehr der Jüngste war.

Was hat ihn geprägt?

Er war vor allem geprägt durch seine Jugend in der Zwischenkriegszeit, in der in Österreich die Demokratie abgeschafft wurde, und durch die erzwungene Emigration nach Schweden mit seiner auch damals völlig anderen politischen Kultur, als sie bei uns existierte. Als er sich in der bisher einzigen „Kampfabstimmung" zur Wahl des Parteivorsitzenden durchsetzte, war dies der alten Parteiführung schon deshalb nicht sehr angenehm, weil er ein – insbesondere von der Partei – unabhängiger Mensch war.

Sein oberstes Ziel war es wohl, das Land im Inneren wie auch gegenüber der Welt in jeder nur erdenklichen Weise zu öffnen. Der Europagedanke hatte für ihn eine große Bedeutung. In der damals zweigeteilten Welt war er im Westen genauso anerkannt wie im Osten. Der Titel, den er selbst seinem Wirtschaftsprogramm noch in der Opposition gegeben hatte, charakterisiert sein Denken sehr gut: „Leistung, Aufstieg, Sicherheit". In dieser Reihenfolge. Natürlich war auch ihm Sozialpolitik ein großes Anliegen, aber er wusste eben, dass solche Errungenschaften nur durch Leistung – die Leistung vieler, insbesondere in der Welt der Unternehmungen – möglich wurden.

Es ging ihm auch sehr um Aufstiegsmöglichkeiten des einzelnen Menschen. Er war der Meinung, gerade wenn Kinder in triste soziale Verhältnisse hineingeboren wurden, sollten sie durch persönliche Leistungen Aufstiegsmöglichkeiten für sich selbst schaffen können. Und er war, was man einen Bewegungsdenker nennen könnte.

Was ist ein Bewegungsdenker?

Er versuchte stets, zu erwartende Reaktionen auf eigene Entscheidungen in diese Entscheidungen bereits vorher einzubauen. Sein intensiver Wunsch nach Öffnung galt auch gegenüber seiner Partei. Er machte aus der Klassenpartei SPÖ eine SPÖ für breite Schichten der Bevölkerung. Er zeigte, dass die SPÖ auch eine Partei für ganz andere Schichten sein kann als die Schicht der Arbeitnehmer. Aber auch Öffnung des damals ja wirklich verstaubten Landes gegenüber den Strömungen der Zeit war für ihn ein zentrales Element.

Bruno Kreisky war also eine ganz eigenständige Art von Politiker. Die Bürger haben das honoriert. Kein zweiter Politiker Österreichs gewann fünf Wahlen hintereinander, die drei mittleren mit absoluter Mehrheit. Es ist nicht vorstellbar, wie sich das Land entwickelt hätte, wenn es nicht seine Überzeugung gegeben hätte, in der Politik die führende Rolle zu spielen. Und wenn es nicht gelungen wäre, das zu verwirklichen.

Die Minderheitsregierung 1970/71

Am Abend des 1. März 1970 war die Überraschung groß. Zunächst hatte nichts darauf hingedeutet, dass dieser Tag „einen Wendepunkt in der Geschichte der Zweiten Republik markieren sollte" (Heinz Fischer). Die SPÖ war politisch vereint und fachlich gut vorbereitet, doch sie erwartete im Grunde nicht viel mehr, als die Scharte von 1966 auszuwetzen und in eine Koalitionsregierung zurückzukehren. Eine wirkliche Wende hatte Kreisky erst für 1974 in Aussicht gestellt.

Fischer schreibt in seinen Erinnerungen, schon ab dem frühen Nachmittag sei durch Einzelergebnisse klar geworden, dass es keine absolute Mehrheit geben würde, doch die SPÖ zur stimmen- und mandatsstärksten Partei werden könnte. Das Endergebnis (bei einer Wahlbeteiligung von 91,8 Prozent) lautete dann: SPÖ 48,42 Prozent und 81 Mandate, ÖVP 44,69 Prozent und 78 Mandate, FPÖ 5,52 Prozent und sechs Mandate.

Während Josef Klaus – zum Ärger vieler Spitzenfunktionäre der ÖVP – noch am Wahlabend eine Koalition mit der FPÖ ausschloss, war die Stimmung in der SPÖ euphorisch. Am späten Abend versammelten sich glückliche Genossen vor der Parteizentrale in der Wiener Löwelstraße und riefen in Sprechchören nach dem Wahlsieger: „Mit Österreich wird's aufwärts geh'n / wir wollen Doktor Kreisky seh'n!" Indessen rauchten im Zimmer des Parteichefs die Köpfe. Wie sollte man mit dem Wahlergebnis umgehen?

Kreiskys Büroleiter Peter Jankowitsch sagt im Rückblick: „Kreisky war bis zum Schluss der Überzeugung, es kommt wieder eine Große Koalition. Die Minderheitsregierung war entgegen mancher Behauptungen nicht seine Taktik. Er hat gewusst – das war seine Erfahrung aus den Jahren bis 1966 –, man kann sehr schwer regieren ohne die ÖVP, ohne Wirtschaftskammer und Bauern. Man braucht die ÖVP in der Regierung, das war seine Meinung." Immerhin umfassten die beiden Großparteien damals rund 90 Prozent der Wählerschaft.

Für eine Minderheitsregierung sprach, dass der „rote" Bundespräsident Franz Jonas ein solches Arrangement zulassen wollte. Das hatte Kreisky am 20. April bei einem Gespräch in der Präsidentenvilla in Döbling diskret erkundet. Immerhin hatte die SPÖ eine tragfähige

relative Mehrheit errungen, die sich bei der nächsten Wahl ausbauen
ließe. Die ÖVP hatte kein glaubhaftes Gegenangebot – das erleichterte
Jonas sein Ja zur Minderheitsregierung. Die FPÖ sah die Chance, trotz
ihrer Kleinheit eine größere, „duldende" Rolle zu spielen, die sie aus
ideologischen Gründen zuvor nicht bekommen hatte. Friedrich Peter
sagte später, entscheidend sei nicht nur die Gunst des Augenblicks gewesen, „sondern auch die Gunst des Bundespräsidenten, die zum Vorteil der Sozialistischen Partei in die Waagschale geworfen wurde".

Am 3. März wurde Kreisky von Jonas mit der Regierungsbildung
beauftragt. Der Wahlverlierer Klaus war bereits von allen Partei- und
Regierungsfunktionen zurückgetreten; der bisherige Generalsekretär
Hermann Withalm wurde Parteiobmann. Klaus war kein Spieler, eine
Minderheitsregierung schien ihm absurd. Seine Funktionäre tröste-
ten sich mit dem Gedanken, in ein paar Monaten wäre ohnehin alles
wieder beim Alten. Als Kreisky das hinterbracht wurde, kommentierte
er trocken: „Das erinnert mich an die Habsburger. Da hat man auch
g'sagt, na, des wird net lang dauern – und schon nach 640 Jahren war's
vorbei."

Peter hatte sich im Wahlkampf festgelegt: „Die FPÖ garantiert –
kein roter Bundeskanzler, kein schwarzes Österreich." Aus dieser delikaten Situation konnte Peter nur herauskommen, wenn er den Wort-
bruch gegen ein ordentliches Verhandlungsergebnis eintauschte.

Kreisky hatte seine Beziehung zu Peter in den Monaten vor der Wahl
diskret verbessert, hatte doch der SPÖ-Chef „stets das Ziel der Spal-
tung des bürgerlichen politischen Spektrums im Visier" (so Wolfgang
Petritsch in seiner Kreisky-Biografie). Das Machtkalkül war deutlich
stärker als mögliche Bedenken gegen Peter – obwohl der FPÖ-Obmann eine dunkle Vorgeschichte hatte, die interessierten Personen zumindest in Umrissen bekannt sein konnte. (Die grauenhaften Details
der Peter-Kompanie, die mit nichts als Massenmorden hinter der Front
befasst war, entdeckte Simon Wiesenthal erst 1975.) Immerhin war
Peter seit Langem FPÖ-Bundesparteiobmann und Nationalratsabge-
ordneter.

Der Sohn eines sozialistischen Lokomotivführers aus Attnang-Puch-
heim war im November 1938 der NSDAP beigetreten und hatte sich
mit 17 Jahren freiwillig zur Waffen-SS gemeldet. Im Zweiten Weltkrieg
war er an der West- und Ostfront im Einsatz, zuletzt als SS-Obersturm-

führer beim Infanterie-Regiment 10 der 1. SS-Infanteriebrigade. Teile dieser Einheit waren im Sommer 1941 der Einsatzgruppe C zugeteilt. Sie wurde zur Massenvernichtung von jüdischen Zivilisten eingesetzt.

Peter bestritt nach Kriegsende eine Beteiligung an diesen monströsen Verbrechen – er habe nicht gewusst, dass seine Einheit Zigtausende Juden und Partisanen, Kinder, Frauen und Greise verfolgt, gequält und ermordet hatte. Zeithistoriker halten dieses Nichtwissen für unwahrscheinlich. Eine direkte Beteiligung Peters konnte freilich auch „Nazijäger" Simon Wiesenthal nicht nachweisen.

Peter wurde nach Kriegsende ein Jahr lang im amerikanischen Anhaltelager Glasenbach inhaftiert. Später wurde er Lehrer und Landesschulinspektor in Oberösterreich. Ab 1955 war er politisch tätig, zuerst für den Verband der unabhängigen (VdU), der sich als Vertretung ehemaliger NSDAP-Mitglieder, Heimkehrer und Heimatvertriebener sah. Später machte er in der FPÖ Karriere und wurde 1958 deren Bundesparteiobmann. Sein Vorgänger als Parteichef war der einstige SS-Brigadeführer Anton Reinthaller, Träger des Goldenen Parteiabzeichens der NSDAP. Mit dem ehemaligen glühenden Nationalsozialisten Reinthaller verband Peter ein politisches Vater-Sohn-Verhältnis.

Seine persönlichen Motive nach Kriegsende waren durchaus ehrenwert: Er hatte es sich „zur Aufgabe gesetzt, NS-Zeit und Krieg nicht nur persönlich zu überwinden, sondern auch seine Partei, die immer noch relativ starke Affinitäten an die NS-Zeit zeigte, aus dem rechten Eck herauszuführen. Peter wollte sie als normale und vor allem auch koalitionsfähige Partei präsentieren" (so Manfried Rauchensteiner in „Unter Beobachtung").

Dass aber die FPÖ des Jahres 1970 eine völlig andere, viel liberalere gewesen wäre als jene des Jahres 2000 (Schwarz-Blau unter Wolfgang Schüssel) oder des Jahres 2017 (Türkis-Blau unter Sebastian Kurz), ist bestenfalls halb wahr. In führender Position waren damals nicht nur liberal gesinnte Funktionäre wie Peter, der redegewaltige Salzburger Rechtsanwalt Gustav Zeillinger oder der spätere Rechnungshofpräsident Tassilo Broesigke, sondern z. B. auch Vizeparteiobmann Otto Scrinzi, dessen Bild gemeinsam mit Peter auf den Wahlplakaten gezeigt wurde.

Der Mediziner Scrinzi war NSDAP-Mitglied gewesen, SA-Sturmführer und Assistent am „Rassenbiologischen Institut" der Innsbrucker

Uni. Seine politische Position umriss er einmal so: „Ich war schon immer rechts, auch innerhalb der NSDAP." Nach dem Krieg bezeichnete er sich als „nationalkonservativ", Historiker wie Oliver Rathkolb nennen ihn einen Rechtsextremisten.

Salzburger FPÖ-Landesparteiobmann war 1970 Walter Leitner, vormals Führer der Hitlerjugend, Kämpfer bei der Waffen-SS, 1951 amnestiert, später Landesrat in Salzburg.

Tiroler Landesparteiobmann war Klaus Mahnert, vormals NSDAP-Mitglied, Träger des „Blutordens" für die „Alten Kämpfer", SS-Obersturmbannführer; 1948 wurde er zu elf Jahren Haft verurteilt, im Jahr darauf begnadigt. Ende der 1960er-Jahre war der radikale Rechte Vorsitzender des Programmausschusses der FPÖ.

In Kärnten zog der „Huber-Clan" die Fäden, benannt nach dem prominenten Ex-Nationalsozialisten Reinhold Huber. Er war bei der SA und bis Kriegsende „Landesbauernführer". Huber war Vater von zwölf Kindern, seine Tochter Kriemhild Trattnig und sein Sohn Alois Huber stiegen ebenfalls in der FPÖ auf.

Bundesobmann des Rings Freiheitlicher Studenten war 1970 ein gewisser Jörg Haider, der dem nationalsozialistisch-kleinbürgerlichen Milieu des Salzkammerguts entstammte. Alle radikal Rechten, die später Haider bei seinem Aufstieg stützten, waren seinerzeit schon in der Partei. (Kreisky, dessen Menschenkenntnis immer zweifelhaft war, hielt Haider damals für einen „echten Liberalen"; später nannte er den Beutekärntner aus Bad Goisern „den miesesten Opportunisten, den es in diesem Lande gibt".)

Die FPÖ des Jahres 1970 war also keineswegs lupenrein liberal, sondern eine deutschnationale Gesinnungsgemeinschaft mit liberalen Einzelkämpfern. Für die Großparteien war sie das preiswerte Mittel zum Zweck, den jeweils anderen zu bekämpfen.

Kreisky sicherte sich die freiheitliche Option in der Nacht zum 2. März gegen ein Uhr früh in einem persönlichen Gespräch mit Friedrich Peter. Der Sozialist empfing den Freiheitlichen in Filzpatschen. Die Herren froren, denn die Heizung war schon abgedreht. Kreisky anerkannte den Wunsch des Freiheitlichen nach einem neuen Wahlrecht, das die Benachteiligung der Kleinpartei beenden würde: Die FPÖ benötigte nach dem damals geltenden Wahlrecht pro Mandat um rund 50 Prozent mehr Wählerstimmen als die beiden Großparteien.

Förmliche Vereinbarung gab es in dieser Nacht keine, aber Kreisky wie Peter wussten, dass sie sich aufeinander verlassen konnten. „Peter verließ gestärkt die Löwelstraße. Er würde nicht, wie er vorhatte, am Vormittag seinen Rücktritt anbieten." (Hans Werner Scheidl in: „Der wahre Kreisky")

Vorerst aber versuchte Kreisky (ob aus Gewohnheit oder Neigung, ist unklar), die traditionelle Große Koalition wiederzubeleben. „Die Verhandlungen mit der ÖVP waren sehr ernst gemeint", berichtet jedenfalls Jankowitsch. Auf ÖVP-Seite war Hermann Withalm als Nachfolger von Josef Klaus designiert worden. Kreisky verstand sich mit Withalm persönlich gut. Beide Parteien erstellten Arbeitspapiere. Eine Einigung scheiterte trotz fertiger Koalitionsvereinbarung an der Ressortverteilung. Hier wollte Kreisky ebenso wenig Zugeständnisse machen wie vier Jahre vorher Josef Klaus.

Am 20. April teilte Kreisky also Bundespräsident Franz Jonas das Scheitern der Koalitionsgespräche mit und informierte ihn offiziell über seine Absicht, eine Minderheitsregierung zu bilden. Zeitzeuge Jankowitsch: „Ein wirkliches Gespräch mit Friedrich Peter gab es erst am 20. April abends. Wir saßen in der Löwelstraße, Kreisky hat zu mir gesagt, ‚bitte ruf' den Peter an'. Ich rief daraufhin den FPÖ-Obmann an. ‚Jetzt melden Sie sich erst!', hat Peter gesagt. Er war grantig, dass er von der SPÖ noch nichts gehört hatte. Dann kam er für ein Gespräch in die Löwelstraße. Ich habe ihn hinein- und hinausgelassen. Die zwei sind gesessen bis nach zwei Uhr früh und haben Entscheidungen getroffen. Dass hier nichts langfristig vorbereitet worden war, sieht man ja auch daran, dass Kreisky für viele Regierungsposten vorerst keine Besetzung parat hatte."

Laut Peters Aussage in Hugo Portischs TV-Dokumentation „Österreich II" hatte Kreisky das Gespräch mit den Worten eingeleitet: „Ihnen ist von Pittermann Unrecht geschehen. Ihnen ist etwas zugesagt worden, was Pittermann nicht gehalten hat. Sie bekommen die Wahlrechtsreform ohne Gegenleistung." Kreisky bezog sich auf die Unterstützung der FPÖ für die SPÖ während der Habsburg-Krise 1963. Zugesagt wurden nun neben der Wahlrechtsreform auch ein Botschafterposten in Bonn und der Präsident des Rechnungshofes. Peter seinerseits sicherte die parlamentarische Unterstützung beim Budget zu.

Am 21. April 1970, drei Monate nach seinem 59. Geburtstag, präsentierte Kreisky dem Bundespräsidenten die Regierungsliste seines Minderheitskabinetts. Sie enthielt folgende Namen:

Bundeskanzler Bruno Kreisky
Vizekanzler und Sozialminister Rudolf Häuser
Innenminister Otto Rösch
Justizminister Christian Broda
Unterrichtsminister Leopold Gratz
Finanzminister Hannes Androsch
Landwirtschaftsminister Johann Öllinger
Handelsminister Josef Staribacher
Verkehrsminister Erwin Frühbauer
Verteidigungsminister Johann Freihsler
Außenminister Rudolf Kirchschläger
Bautenminister Josef Moser
Wissenschaftsministerin Hertha Firnberg
Staatssekretäre: Ernst Eugen Veselsky, Gertrude Wondrack

Bei der Zusammenstellung hatte Kreisky die parteiinternen Machtstrukturen der SPÖ zu berücksichtigen. Auf ÖGB-Wunsch wurde der biedere Gewerkschafter Häuser Vizekanzler und Sozialminister. (Der Sohn einer Arbeiterfamilie blieb nur bis 1976 in der Politik und zog sich dann völlig zurück; im März 2000 beging er Selbstmord, nachdem er von seiner Krebserkrankung erfahren hatte.) Noch zwei Ressorts wurden mit hohen Gewerkschaftsfunktionären besetzt: Das Verkehrsministerium übernahm der Eisenbahner Frühbauer, das Handelsministerium der Lebensmittelarbeitergewerkschafter Staribacher.

Für das Verteidigungsministerium war eigentlich Otto Rösch vorgesehen, eine vielschichtige Persönlichkeit mit NS-Vergangenheit: Er war 1938 der NSDAP beigetreten (Mitgliedsnummer 8.595.796), war während des Krieges Lehrer in einer NSDAP-Eliteschule zur Heranbildung des nationalsozialistischen Führernachwuchses (Napola) und nach 1945 in Neonazi-Aktivitäten verstrickt. Am 8. Dezember 1947 wurde Rösch unter dem Verdacht verhaftet, Ex-Nazis bei der Flucht zu helfen. In seinem Besitz fand sich ein Koffer mit gefälschten Ausweisformularen. Rösch konnte jedoch glaubhaft machen, vom Inhalt nichts gewusst zu haben; 1949 wurde er aus Mangel an Beweisen freigesprochen.

Seine politische Karriere begann er in den sozialistischen Jugend-organisationen. 1951 schickte ihn die SPÖ in den Bundesrat – sein Aufstieg begann.

Rösch zog es 1970 vor, das Innenministerium zu übernehmen. Kreisky fand rasch einen hochrangigen Militär, der bereit war, die Ver-kürzung des Wehrdienstes von neun auf sechs Monate umzusetzen: den Brigadier Freihsler (der sich binnen weniger Monate als überfor-dert herausstellen sollte).

Die Besetzung des Landwirtschaftsministeriums erwies sich als noch schwieriger. Das Haus war eine Bastion der Opposition, fest in der Hand des ÖVP-Bauernbundes. Kreisky wollte Staribacher in dieses tiefschwarze Ressort schicken, scheiterte aber am Einspruch der Ge-werkschaft. Darauf wurde im Parteipräsidium vom Kärntner Lan-deshauptmann Hans Sima der Kreisky völlig unbekannte Kärntner Oberregierungsrat Johann Öllinger vorgeschlagen. Unmittelbar nach dessen Ernennung enthüllte die Grazer *Kleine Zeitung* die NS-Vergan-genheit des Ministers. Er war seit 1933 SA-Mitglied gewesen, ab 1937 SS-Untersturmführer, ab 1938 Mitglied der NSDAP. Dessen ungeach-tet machte er nach 1945 im roten Kärnten Karriere. Seine Mitglied-schaft im Bund Sozialistischer Akademiker (ab 1960) half dabei.

Als die Kritik am neuen Landwirtschaftsminister lauter wurde, er-klärte Kreisky in einer Pressekonferenz: „Ich stehe nicht nur voll und ganz hinter Minister Öllinger, ich stehe auch schützend vor ihm in die-ser Kampagne." Öllinger erlitt in diesen hektischen Tagen eine Herzat-tacke und erklärte am 20. Mai vom Krankenbett aus telefonisch seinen Rücktritt aus gesundheitlichen Gründen. Er wurde durch den bishe-rigen Landwirtschaftssprecher der SPÖ, den Steirer Oskar Weihs, er-setzt. Auch dieser hatte braune Flecken: Er war bereits im August 1932 in die NSDAP eingetreten. Mitglieder der Hitlerpartei waren auch die Minister Frühbauer und Moser gewesen. Diese Information lieferte Si-mon Wiesenthal im Frühjahr 1970 per Presseaussendung.

Der KZ-Überlebende Wiesenthal, der der ÖVP nahestand und in Wien das „Dokumentationszentrum des Bundes jüdischer Verfolgter des Naziregimes" leitete, wurde damit zum Feindbild der SPÖ. Auf dem Parteitag 1970 sagte Zentralsekretär Leopold Gratz über Wiesen-thals Aktivitäten, „dass hier eine private Spitzel- und Staatspolizei auf-gebaut wurde, die sich nicht scheute, sich gesetzwidriger Methoden zu bedienen. (…) Es wird in allem Ernst Zeit, dass sich die demokratisch legitimierten Organe der Republik Österreich fragen, ob dieser Staat die private Femeorganisation des Herrn Ing. Wiesenthal noch braucht."

Unter den Delegierten waren mehrere NS-Verfolgte, allen voran Rosa Jochmann. Alle schwiegen aus Parteiräson. Kreisky ging in seiner Rede nur kurz auf das Thema ein: Wer Verbrechen begangen habe, „muss daraus die Konsequenzen ziehen. Bei den anderen aber soll man nicht zu katalogisieren beginnen."

Warum wiegelte Kreisky in dieser hoch brisanten Angelegenheit derart ab? Der Historiker Oliver Rathkolb verwies später im Gespräch mit Helene Maimann auf das politische Klima jener Zeit: „Er hat alle in Schutz genommen ... Kreisky hatte nur zwei Optionen – mitzuschwimmen oder unterzugehen."

So schwierig die Bildung dieser Regierung auch war, ihr erster öffentlicher Auftritt wurde zu einem außergewöhnlichen Ereignis. Als die Regierungsmitglieder festlich gekleidet über den Ballhausplatz zur Angelobung schritten, spendeten Zaungäste Beifall.

Für die ÖVP war der Formalakt eine tiefe Erniedrigung. Sogar ihr Parteistatut musste geändert werden. Dort stand seit 1945, dass der jeweilige Bundeskanzler automatisch Mitglied des Parteivorstands sei. Nachdem Kreisky das boshaft erwähnt hatte – „Ich werd' fragen, ob ich zur nächsten Sitzung kommen kann" –, wurde der Passus gestrichen. „Die Volkspartei", analysierte der konservative *Krone*-Kolumnist Viktor Reimann, „hatte in Österreich seit 25 Jahren regiert und auch ihre Vorgängerin, die Christlich-Soziale Partei, war zwanzig Jahre an der Macht gewesen. Die Bevölkerung war daran gewöhnt, in der ÖVP die Regierungspartei zu sehen; eine Regierung ohne sie schien – auch ihr selbst – undenkbar."

Die ÖVP-Führung konzentrierte alle ihre Kräfte auf das Regieren im Bund und in „ihren" Ländern und vernachlässigte die Organisation und den Parteinachwuchs. Deshalb traf der Sturz aus der Regierung in die Opposition die Partei an ihrem Lebensnerv. Nichts anderes hatte Kreisky durch die Minderheitsregierung erreichen wollen.

In den folgenden eineinhalb Jahren ließ Bruno Kreisky „tausend Blumen blühen" (Elisabeth Horvath).

Seine Regierungserklärung am 27. April 1970 hatte die Wirtschaftspolitik als Schwerpunkt. Der neue Kanzler hatte es zeitweise schwer,
sich Gehör im Plenum des Nationalrats zu verschaffen: „Meine ersten
Regierungsdeklarationen wurden nicht schweigend angehört, sondern
waren unterbrochen von stürmischen Zwischenrufen, um mich daran
zu hindern, sie zu Ende zu sprechen. So sehr ich mit den Menschen in
der anderen Partei, der ÖVP, persönlich gut ausgekommen bin, so sehr
haben sie mich auf diese Weise unter Druck setzen wollen." (Kreisky in
seinen Erinnerungen über das „Riesengeschrei" im Hohen Haus)

Die Modernisierung der heimischen Wirtschaft solle unter Berück-
sichtigung marktwirtschaftlicher Grundsätze, aber im Rahmen eines
langfristigen Konzepts erfolgen, führte Kreisky aus. Als Grundlage
nannte er die Planung der öffentlichen Investitionen, die koordinier-
te Weiterentwicklung der Verstaatlichten und des Energiesektors, eine
Strukturverbesserung in der Landwirtschaft und regionalpolitische
Maßnahmen im Rahmen eines Bundesraumplanes. Er kündigte auch
eine Steuerreform an und erklärte die Wissenschaftspolitik zu einem
zentralen Anliegen.

Am 24. Juli 1970 wurde ein eigenes Wissenschaftsministerium er-
richtet, das Hertha Firnberg, die einzige Ministerin, leitete. Von dort
(und vom Justizministerium) gingen in den folgenden Jahren die großen gesellschaftspolitischen Veränderungen aus, die heute noch nach-
wirken. Die ungeheure Bedeutung der zentralen Reformen im Bereich
Bildung, Familienrecht, Strafrecht ist heute nur mehr schwer verständlich zu machen, weil die damalige Wirklichkeit des Landes wenig bekannt ist und die Fortschritte unter Kreisky von späteren Generationen
als längst gegeben angenommen werden. Die aus heutiger Sicht gro-
tesken Rechtszustände vor 1970 hatten die ÖVP-Führung und deren
Juniorpartner SPÖ offenkundig nie gestört. Ihre Funktionäre waren
Kleinbürger mit traditioneller Denk- und Lebensweise. Erst die „Kreis-
ky-SPÖ" begann, sich mit diesen Fragen zu beschäftigen.

Vor der Familienrechtsreform z. B. galt in Österreich ein Familienrecht, das auf das Allgemeine Bürgerliche Gesetzbuch (ABGB) des Jahres 1811 zurückgeht. § 91 ABGB lautete: „Der Mann ist das Haupt
der Familie. In dieser Eigenschaft steht ihm vorzüglich das Recht zu,
das Hauswesen zu leiten; es liegt ihm aber auch die Verbindlichkeit
ob, der Ehegattin nach seinem Vermögen den anständigen Unterhalt

zu verschaffen, und sie in allen Vorfällen zu vertreten." In § 92 war festgelegt: „Die Gattin erhält den Namen des Mannes, und genießt die Rechte seines Standes. Sie ist verbunden, dem Manne in seinen Wohnsitz zu folgen, in der Haushaltung und Erwerbung nach Kräften beyzustehen, und so weit es die häusliche Ordnung erfordert, die von ihm getroffenen Maßregeln sowohl selbst zu befolgen, als befolgen zu machen."

Frau und Kinder waren also dem Führungsanspruch des Mannes unterstellt, er allein bestimmte den Wohnsitz der Familienmitglieder, sie mussten ihm folgen. Erst seit Kreiskys Reform konnte der Mann seiner Frau nicht mehr verbieten, berufstätig zu sein. Mutter und Vater wurden gleiche Rechte und Pflichten gegenüber den Kindern eingeräumt. Der Mann konnte nun auch den Familiennamen der Frau annehmen. In der Ehe wurde die Frau aus der vermögensrechtlichen Vormundschaft des Mannes befreit.

Die gesetzlichen Bestimmungen über die Strafbarkeit der Abtreibung stammten zum Teil aus dem 19. Jahrhundert, im Strafgesetzbuch (§ 144ff.) stand: „Eine Frauensperson, welche absichtlich was immer für eine Handlung unternimmt, wodurch die Abtreibung ihrer Leibesfrucht verursacht, oder ihre Entbindung auf solche Art, dass das Kind tot zur Welt kommt, bewirkt wird, macht sich eines Verbrechens schuldig. Ist die Abtreibung versucht, aber nicht erfolgt, so soll die Strafe auf Kerker zwischen sechs Monaten und einem Jahre ausgemessen; die zustande gebrachte Abtreibung mit schwerem Kerker zwischen einem und fünf Jahren bestraft werden. Mitschuldiger dieses Verbrechens ist, wer die Schwangere zur Abtreibung ihrer Leibesfrucht verleitet oder ihr dazu Hilfe leistet, mag es auch nur beim Versuche der Mitwirkung geblieben sein. Der Mitschuldige ist mit schwerem Kerker zwischen einem und fünf Jahren, wenn er aber gewerbsmäßig zur Abtreibung mitwirkt, zwischen fünf und zehn Jahren zu bestrafen."

Die Reform des Familienrechts begann am 30. Oktober 1970. Am 27. November wurde die Wahlrechtsreform beschlossen, mit der die Mandatszahl von 165 auf 183 erhöht und die Benachteiligung kleinerer Parteien beseitigt wurde.

Zur Verwirklichung des Wahlversprechens „Sechs Monate sind genug" wurde eine Heeresreformkommission eingerichtet, die Minister Freihsler leitete. Er gab aber am 4. Februar 1971 aus Gesundheitsgründen seine Funktion zurück. Vorausgegangen waren bizarre Szenen im Nationalrat. Freihsler fühlte sich seit Langem überfordert („Die Bundesheerreform schien wie ein riesiger, unüberwindlicher Felsbrocken auf seinem Weg zu liegen", so Heinz Fischer). Der Minister verlor im SPÖ-Klub bei der Vorbereitung einer Fragestunde die Nerven, geriet in Panik, als er vor den Abgeordneten reden sollte, und musste auf der Regierungsbank von Staribacher gestützt werden. „Alles machte ihm Angst, alles schien ihm katastrophal und bedrohend." (Heinz Fischer) Am nächsten Tag reichte Freihsler seinen Rücktritt ein, wollte das unterfertigte Gesuch wenig später aber zurückziehen – aus übersteigertem Pflichtgefühl.

Kreisky entschied sich trotz dieser schlechten Erfahrung neuerlich für einen General: Karl Lütgendorf, Sohn des damaligen k. u. k. Militärkommandanten von Brünn, Generalmajor Michael Moritz Freiherr von Lütgendorf.

Der Heeresoffizier hatte sich als Gründer des Jagdkommandos und Theoretiker des „Kleinkrieges" einen Namen gemacht. Das Vertrauen in seine sonstigen Fähigkeiten war bei Kennern der Person gering. Überliefert ist der Ausruf seines Vaters, nachdem ihm sein Junior die Berufung zum Bundesminister gemeldet hatte: „Gott schütze Österreich!" (Karl Lütgendorf endete tragisch; er wurde am 9. Oktober 1981 tot auf einem abgelegenen Güterweg bei Schwarzau im Gebirge aufgefunden. Offizielle Todesursache: Suizid. Dies wird seit Jahrzehnten bezweifelt, weil Lütgendorf „nebenbei" im Waffengeschäft tätig und in Affären verwickelt war. Beweise für einen Mord fehlen aber.)

Trotz massiver Bedenken vieler Offizierskollegen realisierte der parteilose Verteidigungsminister den politischen Auftrag: Die Wehrdienstverkürzung wurde am 15. Juli 1971 verwirklicht.

Zu Jahresbeginn 1971 gab es die versprochene Steuersenkung, die Übernahme von 100 Prozent der Personalkosten der katholischen Privatschulen („ein Beschluss, den eine ÖVP-Alleinregierung nie gewagt hätte", so der Historiker Robert Kriechbaumer), am 17. März das Gesetz über die Schülerfreifahrten und am 8. Juni jenes über die Schulreform, mit der die Aufnahmeprüfungen in den Allgemeinbildenden Höheren Schulen abgeschafft wurden.

Am 8. Juli beseitigte die sogenannte Kleine Strafrechtsreform die Strafbestimmungen bei Homosexualität, Ehebruch und Ehestörung.

Kriechbaumer: „Im Summe entsprachen die Reformen dem Zeitgeist, der von links unter den Schlagworten Enthierarchisierung, Demokratisierung, Chancengleichheit und Liberalisierung wehte."

Neben dem Bundeskanzler war der 32-jährige Floridsdorfer Steuerberater Hannes Androsch der Star des Kabinetts. Er war seit 1967 der damals mit Abstand jüngste Abgeordnete zum Nationalrat und wurde von Kreisky als bis dahin jüngster Finanzminister in die Regierung geholt. Zuvor hatte der Regierungschef versucht, den steirischen Landesparteivorsitzenden und Landeshauptmann-Stellvertreter Alfred Schachner-Blazizek (NSDAP-Mitgliedsnummer 1.610.437) für das Finanzministerium zu gewinnen. Dieser lehnte jedoch ab, da er zu diesem Zeitpunkt bereits unheilbar an Krebs erkrankt war.

Die Medien liebten Androsch wegen seiner lockeren Art. Auf die Frage nach der Haltbarkeit der Minderheitsregierung antwortete er: „Auch wenn es nur kurz sein sollte, es muss uns Spaß gemacht haben."

Die Achse Regierungschef–Finanzminister funktionierte in dieser Zeit hervorragend. Sie ist in jeder Regierung wichtig, hier war sie aber der Angelpunkt der gesamten Arbeit. Kreisky entschied nichts ohne die Zustimmung von Androsch, der in jedem Ressort ein informelles Mitspracherecht hatte. „Wir waren alle hungrig danach, endlich umsetzen zu können, was wir jahrelang eingefordert hatten." (Hannes Androsch)

Kreisky und Androsch waren im Regierungsalltag, aber auch in der Armbrustergasse oder im Urlaub in Lech ständig zusammen. „Wir haben etwa die Regierungsklausuren vorbereitet", erinnert sich Androsch. „Das begann damit, dass er gefragt hat, ‚was werden wir dort präsentieren?' und ich schon Ideen entwickelt hatte. Wir haben die einzelnen Programmpunkte besprochen, deren Ergebnisse ich dann ausarbeiten ließ und in der Folge Benya präsentierte. Hat er diese gutgeheißen, war's gelaufen. Kreisky hat dann bei der Klausur über die große Welt berichtet und auf den Finanzminister verwiesen, der kurz berichtete. Dann ist der Benya aufgestanden und hat gesagt, das findet er gut, damit war das beschlossene Sache." Der Vollzug im Parlament war nur mehr eine Formsache.

Androsch über diesen Führungsstil: „Die Menschen wussten, wo die Pflöcke eingeschlagen wurden. Es gab intern nicht das kakophonische

Gezeter wie unter Kanzler Klaus, welches das Bild der Regierung so beschädigt hatte."

Nicht alles war SPÖ-Eigenproduktion. Der Finanzminister profitierte vom Aufschwung 1969–1974. Dieser begann mit einer kräftigen Exportbelebung, dann folgten die Investitionen und schließlich der private Konsum. Die Steuereinnahmen sprudelten, die notorischen Budgetprobleme, mit denen viele Regierungen zu kämpfen hatten, blieben der Regierung Kreisky vorerst erspart. Laut Wirtschaftsforscher Hans Seidel wuchs das reale BIP zwischen 1970 und 1974 um mehr als 20 Prozent.

In diesem positiven Umfeld keimte in der SPÖ – auch durch die Wiederwahl ihres Kandidaten Jonas zum Bundespräsidenten 1971 – die Hoffnung, bei vorzeitigen Neuwahlen eine absolute Mehrheit zu erzielen.

Einen Anstoß zum Absprung gaben die Eindrücke von einer Parlamentarier-Reise, die Anton Pelinka in seinem Buch „Die Kleine Koalition" schildert. Unterrichtsminister Gratz war mit Mitgliedern des Unterrichtsausschusses, darunter Friedrich Peter, nach Schweden geflogen. Bei einem persönlichen Gedankenaustausch Gratz–Peter war unter anderem davon die Rede, dass die Unterstützung der sozialistischen Minderheitsregierung für die Dauer der gesamten Legislaturperiode die Kräfte der Freiheitlichen überstrapazieren würde. Peter meinte, das ÖVP-Getrommel vom „roten Steigbügelhalter" dürfe man nicht unterschätzen. Pelinka: „Die vorverlegte Nationalratswahl 1971 hat in diesem Gedankenaustausch eine ihrer wesentlichen Ursachen."

Laut Fischer war die Entwicklung komplizierter: Kreisky argwöhnte, der neue ÖVP-Obmann Karl Schleinzer (der Nachfolger Hermann Withalms war seit 4. Juni 1971 im Amt) könnte Neuwahlen versuchen. Eines Tages sagte Schleinzer tatsächlich zu Kreisky: „Wenn ich eine Mehrheit für einen Misstrauensantrag zustande bringe, werde ich Ihre Regierung lieber heute als morgen stürzen."

Das weitere Vorgehen entwarf Kreisky im Juni bei einem Erholungsurlaub im niederösterreichischen Ort Gösing. Die Chance, noch ein volles Jahr oder länger zu regieren, sah er nicht mehr, „weiterwurschteln" wollte er keinesfalls.

Von diesem Zeitpunkt an ging es nicht mehr um das „Ob", sondern nur mehr um das „Wann" und „Wie". Am 7. Juli 1971 brachte die

SPÖ einen Initiativantrag zur vorzeitigen Beendigung der Gesetzgebungsperiode im Nationalrat ein; er wurde am 14. Juli mit den Stimmen von SPÖ und FPÖ beschlossen. Als Wahltermin wurde der 10. Oktober 1971 festgelegt. Erstaunlicherweise stimmte die ÖVP nicht mit – entgegen allen vollmundigen Ankündigungen Schleinzers.

Der Wiener Korrespondent der *Financial Times*, Paul Lendvai, nannte in seiner Bilanz der Jahre 1970/71 „das Experiment der Minderheitsregierung einen geschickten Schritt. Es hat gezeigt, dass ein sozialistischer Bundeskanzler weder Vorspiel zu einem ‚roten Österreich‘ noch zu rücksichtslosen wirtschaftlichen Experimenten ist." Kreisky und Androsch hätten nichts getan, was die ausländischen oder einheimischen Investoren hätte erschüttern können. Das reale Wirtschaftswachstum sei 1970 das höchste unter allen OECD-Ländern mit Ausnahme Japans gewesen, „die Aufwertung des Schillings um 5,05 Prozent im Mai war die logische Folge einer starken außenwirtschaftlichen Zahlungsposition".

Anerkennung im Ausland, gute Stimmung im Inland – die SPÖ konnte frohen Mutes in die Wahlauseinandersetzung gehen. Ihren – wieder von Kreisky selbst erdachten – Wahlslogan hatte sie schon parat: „Lasst Kreisky und sein Team arbeiten".

Er sollte sich als höchst erfolgreich erweisen.

Gespräch mit Ernst Braun

„Darf ich Ihnen die Gans schenken?"

Ernst Braun wurde 1940 geboren, wuchs in armen Verhältnissen auf, kam als Anstreicher ins Kanzleramt und blieb dort sein ganzes Berufsleben. Als Mitarbeiter der Amtswirtschaftsstelle arbeitete er zwischen 1964 und 2000 für sechs Bundeskanzler. Mit 60 trat er in den Ruhestand, konvertierte zum Buddhismus und gründete eine Schule für Straßenkinder in Myanmar. Seit seiner Jugend bei den Roten Falken ist er Sozialdemokrat. Sein lebenslanger Einsatz für die Bewegung wurde mit der Viktor-Adler-Plakette, der höchsten Auszeichnung der SPÖ, gewürdigt.

Herr Braun, wie sind Sie ins Bundeskanzleramt gekommen?
Ich war eines von fünf Kindern, der Vater ist im Krieg gestorben. Wir waren eine der ärmsten Familien im zweiten Bezirk. Mit zwölf Jahren war ich schon Brotschani im Lusthaus im Prater, damit ich zu etwas Geld komme. 1954, da war ich 14 Jahre alt, ist meine Mutter mit mir zur Berufsberatung gegangen. Sie hat gesagt: „Pass gut auf, was der Beamte sagt – das wirst du!" So wurde ich Maler und Anstreicher.

Ich habe kaum einen Kübel Wasser tragen können, war total unterernährt. Jedenfalls wurde ich Hausmaler im Bundeskanzleramt. Dort gibt es 200 lasierte Türen, um die habe ich mich gekümmert. So ging das zehn Jahre lang. Dann ist der Hausverwalter weggegangen. Da hat es plötzlich geheißen: „Ernstl, komm ins BKA, du bist beliebt und kennst dich aus". Darauf habe ich bei meinem Chef gekündigt. Er war traurig, er wollte mir den Betrieb mit zehn Leuten übergeben. Ich habe gesagt, nein, ich gehe ins Bundeskanzleramt.

Dort sind Sie dann für lange Zeit geblieben.
Ich habe praktisch mein ganzes Berufsleben im Kanzleramt verbracht. Eigentlich war mein Beruf gleichzeitig mein Hobby. 1963 habe ich als Facharbeiter angefangen und bin durch die Beamtenfachprüfungen aufgestiegen. Ich war bei den Kollegen sehr beliebt. „Wannst was brauchst, geh' zum Braun", hat es geheißen. Das Kanzleramt hab' ich

als Hausarbeiter in- und auswendig gekannt, sämtliche Keller und Gänge und Salons.

Wo stehen Sie politisch?
Meine Mutter hat mich nach dem Krieg überzeugt, dass die SPÖ hinter den Armen unseres Landes steht. Seither bin ich Sozialdemokrat aus Überzeugung, ich könnte mir nichts anderes vorstellen. Ich war später auch SPÖ-Personalvertreter im Kanzleramt und bin heute noch in der Sektion engagiert.

Wie kamen Sie zu Kreisky?
Ich hatte schon unter Josef Klaus mit Protokollangelegenheiten und Empfängen zu tun. Den Leuten im Kanzleramt ist aufgefallen, dass ich gut organisieren und improvisieren kann. Im Notfall konnte ich auch einen Anzug aufbügeln. Dann kam Kreisky. Ich habe ihn dreizehn Jahre lang aus der Nähe erlebt. Jede Woche gab es entweder einen Staatsbesuch bei uns oder der Kanzler ist selber irgendwohin ins Ausland geflogen.

Bei den offiziellen Besuchen war ich immer der Erste am Flughafen in Schwechat. Ich habe die Koffer aus dem Flugzeug geholt und so schnell wie möglich ins Hotel Imperial gebracht. Mit Kreisky bin ich auch zu vielen Veranstaltungen in ganz Österreich gefahren. Einmal, es war in Salzburg, habe ich zu Kreisky gesagt: „Herr Bundeskanzler, ich habe so viel Arbeit im BKA, ich muss aber immer mit Ihnen mitfahren." Darauf hat er gesagt: „Ich will Sie dabeihaben, das genügt." – So war Kreisky. Da konnte man bitten und betteln, ein Nein war ein Nein. Für ihn hab' ich alles gemacht.

Was war Ihre Aufgabe?
Ich war Mädchen für alles, habe mich aber eher im Hintergrund gehalten. Die Beamten, die in der ersten Reihe stehen, die werden ausgewechselt, hat Kreisky zu mir gesagt; interessant sind die in der zweiten Reihe, weil die bleiben. – Beim Besuch des Königs und der Königin von Belgien im September 1971 hatte ich den speziellen Auftrag, in Linz in der VÖEST den König beim Treppensteigen zu stützen, weil er damals zum ersten Mal Kontaktlinsen statt seiner gewohnten Brille trug.

Manchmal, wenn es im Kanzlerzimmer geheime Gespräche über den Nahen Osten gab, musste ich beim Essen servieren. Da habe ich zu Kreisky gesagt: „Ich bin kein gelernter Kellner, holen wir doch einen vom Demel.“ „Sie sind mir aber der liebste“, hat Kreisky gesagt. „Denn wenn ich mir einen Kellner von außen hole, steht morgen alles in der Zeitung.“

Sind Sie viel herumgekommen?
In der VÖEST war ich sicher fünfzehn Mal mit Staatsbesuchen. Der Kanzler hat mich auch zum Opernball mitgenommen. Ich bekam einen Plan, wer in welcher Loge sitzt. Dann hat Kreisky beispielsweise gesagt: „Holen Sie mir den Muliar.“

Ich habe alle möglichen Aufgaben gehabt. Einmal hat er mich zum Staatsbesuch von Anwar el-Sadat nach Salzburg mitgenommen. Ich kümmerte mich um die Koffer und um die Regenschirme und um das Essen, um alle Einzelheiten des Protokolls. Da war er beruhigt. Genauigkeit beim Essen war wichtig, denn wenn unser Gast am Abend ein Hendl kriegt und am nächsten Tag zu Mittag auch eines, stehen wir in der Zeitung.

Wie war er als Chef?
Der Beste von allen. Von einem Staatsbesuch in Ägypten hat er mir sogar eine Postkarte an meine Wohnadresse geschickt, mit dem Ägyptischen Museum drauf und herzlichen Grüßen. Einmal hab' ich gesehen, dass er ins Kanzleramt reinfährt, und wollte ihm den Aufzug holen. Ich habe zu den Kollegen gesagt: „Wartet ein bisschen, der Bundeskanzler will rauffahren.“ Das hat ihn gestört. Er hat gesagt: „Wir fahren alle miteinander oder gar keiner fährt.“

Ein anderes Mal ist zu Martini eine Musikkapelle aus Klosterneuburg gekommen. In einem Korb hatten sie als Geschenk für Kreisky eine lebendige Martinigans dabei, mit zusammengebundenen Füßen. Die Musikanten wurden ordentlich bewirtet. Nachher kommt der Kreisky mit dem Korb mit der Martinigans zu mir und sagt: „Darf ich Ihnen die Gans schenken?“ Es war schon zehn Uhr in der Nacht. Ich bin mit der lebenden Gans durch Wien zu einem Freund gegangen und hab' sie ihm weitergeschenkt. Nach einem Jahr fragt mich Kreisky: „Hat die Gans geschmeckt?“ Sage ich: „Ja, aber die ist an Altersschwäche gestorben." Sagt er: „Gott sei Dank, ich habe mir gedacht, Sie haben sie gleich g'habert (gegessen, Anm.)".

Gab es schwierige Situationen auch?
Seine Frau Vera war jahrelang krank, aber bei Staatsbesuchen dabei. Einmal ist ihr bei einem Staatsbesuch die Handtasche runtergeflogen, die Tasche ging auf und alle Arzneimittel landeten auf dem Boden. Später wollte ich die Blumen, die vom Empfang übrig waren, in Kreiskys Zimmer stellen. Da hat er gerade fürchterlich mit ihr geschrien. Er war manchmal sehr böse zu ihr.

Wie ist er mit Bedrohungen, etwa durch Terroristen, umgegangen?
Er hatte zwei Sicherheitsbeamte, die hießen Straka und Ehrenreich, und als Fahrer Herrn Blauensteiner und Herrn Rubey, einen Feuerwehrmann. Rubey ist kurz nach Kreisky verstorben. – Einmal habe ich zum Bundeskanzler gesagt: „Haben Sie eigentlich, wenn Sie ins Ausland fahren, Angst vor einem Anschlag?" Seine Antwort war: „Mir geht es wie dem Maurer auf seinem Gerüst; wenn es regnet, hat der Maurer mehr Angst als bei Sonnenschein." Gefürchtet hat er sich wirklich nicht.
Ich erinnere mich an eine Demonstration vor dem Bundeskanzleramt, es war eine sehr aggressive Stimmung. Kreisky hat angeordnet, dass man die Rädelsführer hereinholt, in den Kleinen Ministerratssaal. Dort hat er ganz ruhig den Anführern der Demonstration die Hand gegeben und lange mit ihnen geredet. Die gingen weg wie die Lämmer. Hab ich zum ihm gesagt: „Herr Bundeskanzler, wie haben Sie das geschafft?" Seine Antwort war: „Wenn man einem die Hand gibt, nimmt man ihm gleich fünfzig Prozent der Aggression."

Er war nach Ihren Schilderungen ein großer Psychologe.
Dazu kann ich eine andere Geschichte erzählen. Eines Tages kommt ein Anruf ins Kanzleramt. Ein Mann hat gesagt, er springt aus dem Fenster, wenn er nicht sofort mit dem Bundeskanzler reden kann. Ich hatte Kreisky gerade mit dem Jaguar wegfahren sehen und hab' zu dem Mann gesagt: „Den Kanzler erreichen Sie wahrscheinlich in seiner Wohnung, die Telefonnummer finden Sie im Telefonbuch." Er hat wirklich in der Armbrustergasse angerufen. Kreisky hat abgehoben und den Mann so beruhigt, dass er seinen Plan aufgegeben hat.

Wie war Kreiskys Umgang mit Parteifreunden?

Er hatte, wenn er wollte, einen richtigen Praterschmäh, einen trockenen. Einmal haben wir sozialistische Pensionisten ins Kanzleramt eingeladen. Plötzlich geht der Kanzler mit dem Wein und dem Bier los und serviert den Pensionisten die Getränke. Ich hab' drei Mal hinschauen müssen. Dann bin ich hingegangen und habe ihm die Tabletts weggenommen, Servieren war ja meine Aufgabe. Dann sagt der Kreisky zu einem Genossen: „Was machst du denn den ganzen Tag?" „Naja", sagt der, „ich habe eine Wünschelrute, mit der geh' ich aufs Land." Darauf Kreisky: „Und Öl findest keines?" – Die Leute waren hingerissen.

Ein anderes Mal waren wir mit einem Gast aus Polen in einer Jagdhütte ganz hinten im Zillertal. In der Früh kommt Kreisky zu mir und fragt: „Wie schaut es aus mit den Zeitungen?" Sag' ich: „Das ist kein Problem." Ich bin also 30 Kilometer mit dem Dienstauto hinuntergefahren, um Zeitungen zu besorgen. Im Tal sitzt ein Einheimischer mit Bart und Pfeife, der verkaufte die Zeitungen. „Packen S' gleich alle für mich ein", hab' ich zu ihm gesagt. Aber ich habe eine Rechnung gebraucht. Da schreibt er mir auf einen Zettel den Preis auf – und darunter: „In Gottes Namen erhalten." Dann bin ich die 30 Kilometer zur Hütte zurückgefahren. Für Kreisky hab' ich alles gemacht.

Wie verlief der Abschied nach so langer Zeit?

Im Juni 1983, bei seinem Abschied aus dem Amt, hat er mir einen persönlichen Brief geschrieben mit der Anrede „Sehr geehrter Herr Oberkontrollor!". Er hat sich für die Zeit bedankt, in der wir zusammenwirken konnten. Diese Wertschätzung werde ich in meinem Leben nicht vergessen.

1971 bis 1983: Von A(ndrosch) bis Z(wentendorf)

Bei der Nationalratswahl am 10. Oktober 1971 wurde die SPÖ mit 2,280.168 bzw. 50,04 Prozent der abgegebenen gültigen Stimmen zur stimmen- und mandatsstärksten Partei. Gegenüber 1970 gewann sie 1,62 Punkte dazu, während die ÖVP (43,12 Prozent) 1,57 Punkte verlor. Die Freiheitlichen kamen nach einem leichten Verlust von 0,4 Punkten auf 5,45 Prozent. Es war das erste Mal, dass die Sozialisten bei Wahlen eine absolute Mehrheit erreichen konnten – und nach 1945 das zweite Mal, dass eine Partei (nach der ÖVP 1966) die absolute Mehrheit der Mandate bekam.

Diese Wahl war die erste nach der von SPÖ und FPÖ beschlossenen Wahlrechtsreform. Die Zahl der Abgeordneten wurde von 165 auf 183 erhöht, kleine Parteien wurden nicht mehr benachteiligt. Die FPÖ konnte vier Mandate mehr als 1970 verbuchen, obwohl ihr Stimmenanteil gesunken war. Die neue Sitzverteilung: SPÖ 93, ÖVP 80, FPÖ 10.

Vorangegangen waren eine schwere Krise der ÖVP und ein matter Wahlkampf. Nach dem Rücktritt von Josef Klaus war Hermann Withalm neuer Bundesparteiobmann der Schwarzen geworden, Karl Schleinzer wurde Generalsekretär. Im Spätsommer 1970 kündigte Withalm seinen Abschied als Klubobmann an, Ex-Finanzminister Stephan Koren rückte nach. Am 4. Juni 1971 stellte sich Withalm, „der eiserne Hermann", wie man ihn wegen seiner harten Haltung in vielen Fragen nannte, nicht mehr der Wahl zum Parteiobmann, Karl Schleinzer übernahm die Partei. Dessen oberstes Ziel war die Wiedergewinnung der relativen Mehrheit; dafür öffnete er die ÖVP nach rechts in Richtung FPÖ.

Doch „aufgrund der permanenten Führungsdiskussion litt die ÖVP unter Einbußen der Sympathiewerte", schreibt Tina Plasil in ihrer Untersuchung der Nationalratswahlen 1970 und 1971. In sachlichen Belangen war Schleinzer Kreisky ebenbürtig, „doch verfügte er nicht über dessen Charisma und Faszinationskraft". Dass der Lavanttaler auf seinen Plakaten „für ein glückliches Österreich" warb, wirkte hinterwäldlerisch. Hundertausende Jungwähler, die von einer bunten, wilden

Zeit, Gegenkultur und Gesellschaftsveränderung träumten, konnte er so nicht erreichen.

Das Ziel der SPÖ war es, alleinige Regierungspartei zu bleiben. Kreisky verlangte gleich zu Beginn des Wahlkampfs am 1. September 1971 „klare Verhältnisse, also ein so hohes Maß an Vertrauen der Österreicherinnen und Österreicher zur SPÖ, damit sie daraus den Auftrag, allein zu regieren, ableiten kann". Kreisky erfand persönlich den zentralen Wahlslogan seiner Partei für die Wahl 1971: „Lasst Kreisky und sein Team arbeiten", also die Minderheitsregierung weiterarbeiten. Dahinter stand natürlich der Wunsch an die Wähler, der SPÖ eine absolute Mehrheit zu geben.

Die SPÖ „versprach wenig, aber dafür konkret" (Tina Plasil). Ihr Wahlschlager war: „Wer heiratet, erhält 15.000 Schilling als Hochzeitsgeschenk." Außerdem sollten die Geburten- und Kinderbeihilfe erhöht werden, weiters wurden Schülerfreifahrten und Gratisschulbücher zugesichert. Mit diesen Maßnahmen schlug die SPÖ die ÖVP, die „nur" 10.000 Schilling Startgeld für Jungvermählte und einen einmaligen Zuschuss von 400 Schilling für Schulbücher und Fahrtkosten pro Kind ankündigte.

Kreisky trat immer freundlich, würdevoll und siegessicher auf. In diesem Wahlkampf wurde er zum Kult-Kanzler. Mit seinem gepflegten Outfit und seiner sonoren Stimme beeindruckte er Jung wie Alt, was sein Werbechef Heinz Brantl so zusammenfasste: „Durch die Worte Kreiskys rinnt quasi immer die Bundeshymne."

Damals entstand das Etikett vom „Sonnenkönig." Für ihn warben viele Künstler, darunter Publikumslieblinge wie Senta Berger, Dietmar Schönherr und Fritz Muliar, aber auch Bestsellerautor Johannes Mario Simmel.

Die ÖVP-Wahlkampflinie war unscharf. Zuerst war sie bemüht aggressiv, Kreisky wurden „Scheinlösungen" vorgeworfen. Dann legte die Partei „107 Vorschläge für Österreich" vor, darunter Wohnbauinitiativen, mehr Kindergartenplätze, eine Schul- und Hochschulreform und Forschungsinvestitionen. Drei Tage vor der Wahl rechnete Kreisky vor, dass die Durchführung des ÖVP-Programms 31 Milliarden Schilling pro Jahr kosten würde, plus einer einmaligen Belastung von 65 Milliarden Schilling. Damit waren Schleinzers Sachargumente abgehakt.

Im Wettstreit der Personen war die ÖVP ebenfalls unterlegen, weil sie das Publikum verwirrte. Sie präsentierte eine Reihe von Experten, die lange und langweilig die 107 Vorschläge abarbeiteten. Auf ihren Plakaten waren gleich fünf „verlässliche Leute" abgebildet, nämlich Karl Schleinzer, Alois Mock, Marga Hubinek, Herbert Kohlmaier und Stephan Koren. Dem gegenüber beschränkte sich die SPÖ allein auf Kreisky.

Die drei parteiunabhängigen Kandidaten der ÖVP, Felix Ermacora, Ernst Strachwitz und Rudolf Heinz Fischer hatten ebenfalls wenig Wirkung. Die strammen Rechten Fischer und Strachwitz sollten FPÖ-Stimmen bringen, verstrickten sich aber in Streitigkeiten, die vor dem Wahlkampfschiedsgericht endeten. Die groß angekündigte Initiative endete mit Kreiskys Frage, wie viel Spielraum die ÖVP „faschistoiden Ansichten" gebe.

Der FPÖ-Wahlkampf war uninspiriert. Peter warb für eine „Wachstumspolitik", trat gegen Verstaatlichungen auf und präsentierte Pläne für eine Verwaltungsreform.

Das war alles blass und bieder, verglichen mit der feurigen Auseinandersetzung 1970. Der Chefredakteur der *Kleinen Zeitung*, Fritz Csoklich, wertete die Wahlwerbung der drei Parlamentsparteien als Zeichen von Gesinnungslosigkeit, „von grundsätzlichen Positionen ist kaum mehr die Rede, möglichst verwaschene Allgemeinheiten herrschen vor, und es scheint so, als ob es schon fast als unfein gelten würde, eine pointierte Meinung zu äußern".

Die Fernsehdiskussion der Spitzenkandidaten Kreisky und Schleinzer war ein „Duell des Lächelns" (*Oberösterreichische Nachrichten*), eine „Debatte ohne Schach" (*Salzburger Nachrichten*). In der *Presse* hieß es: „Schleinzer: Griesgram lernt lächeln. Kreisky: Defensive mit Schweiß." – Kreisky hatte sich seelenruhig mit einem großen Taschentuch Schweißperlen aus dem Gesicht gewischt und damit sein Gegenüber abgelenkt.

FPÖ-Obmann Friedrich Peter bewertete das friedfertige TV-Gespräch als Belangsendung von SPÖ und ÖVP. Freda Meissner-Blau, damals Mitarbeiterin bei der UNESCO, viele Jahre später Klubobfrau der Grünen, sprach von einer Austauschbarkeit der Ziele und Ideen der Großparteien, „die ÖVP war noch nie so sozialistisch und die SPÖ noch nie so christlichsozial wie vor diesen Wahlen".

In der Wahlnacht gab Karl Schleinzer zu, dass seine Partei ihr Wahlziel verfehlt hatte. „Es hat sich gezeigt, dass die sozialistische Rechnung aufgegangen ist. Dass die Überrumpelungswahlen sie an die absolute Mehrheit herangeführt haben, ist eine Tatsache." Seine Begründung: Kreiskys Regierung sei „noch keinem größeren Abnützungsprozess unterlegen"; die Hochkonjunktur sei der SPÖ ebenfalls gutgeschrieben worden.

Der Wahlsieger gab sich in der Stunde seines Triumphs – erstmals in der Zweiten Republik verfügte die SPÖ über eine absolute Mandatsmehrheit – gelassen. Auf die Frage, ob es nun eine dauerhafte Machtausübung geben werde, antwortete Kreisky in seiner unnachahmlichen Art: „Ich möchte einmal in aller Deutlichkeit sagen, dass ich den Ausdruck ‚Macht' im Zusammenhang mit einer demokratischen Staatsform für unangebracht halte, sondern eine Partei wird zur Verantwortung berufen und in dieser Verantwortung ist sie an den Grenzen, die die Verfassung setzt, und unterliegt der Kontrolle des Parlaments. Und ich bin zutiefst davon überzeugt, dass die Arbeit, die wir nun leisten werden, diesen Erfolg nicht nur rechtfertigen wird, sondern dass das der Anfang neuer Erfolge sein wird."

Kreisky brauchte nicht einmal 14 Tage für die Regierungsbildung. Sein Team aus der Zeit der Minderheitsregierung blieb weitgehend gleich. Die Änderungen betrafen das Unterrichtsministerium, wo statt Lepold Gratz (er wurde Klubobmann) der burgenländische Kulturlandesrat Alfred Sinowatz einzog. Ministerin für Gesundheit und Umweltschutz – das war ein neu geschaffenes, dem Zeitgeist geschuldetes Ressort – wurde über Vorschlag von Herta Firnberg die Primaria des Sophienspitals in Wien, Ingrid Leodolter, die Tochter des langjährigen Wiener Stadtschulratspräsidenten Leopold Zechner.

Sinowatz, der später Kreiskys Nachfolger als Bundesparteivorsitzender der SPÖ und Bundeskanzler werden sollte, ist „die wahrscheinlich am gründlichsten unterschätzte politische Führungspersönlichkeit der Zweiten Republik" (Manfred Matzka). Er stammte aus Neufeld an der Leitha, einem Industrieort im Nordburgenland. Der Vater war Maschinenschlosser im nahen Kohlebergwerk, die Mutter Fabrikarbeiterin. Mit seinem Heimatort war er zeitlebens eng verbunden, auch als Unterrichtsminister und Regierungschef fuhr er täglich spätabends zurück nach Neufeld.

Die bildungsbewussten Eltern schickten ihr einziges Kind nach Wiener Neustadt aufs Gymnasium, da es im Burgenland damals keine öffentliche Mittelschule gab. Weil er dort als „Proletenkind" gemobbt wurde, veranlasste der Vater einen Schulwechsel nach Baden, wo er mit Auszeichnung maturierte. Unmittelbar danach trat er der SPÖ bei und machte Karriere im Parteiapparat der burgenländischen Roten. So lernte er Kreisky kennen, dem gegenüber er zu jeder Zeit unbeirrbar loyal blieb.

Kultur und Bildung waren für Sinowatz nie die Sache einer elitären Minderheit. Sein Leben lang kämpfte er gegen „Schwellenangst und Wissensbarrieren". Jedem begabten Kind müsse der Zugang zu höherer Bildung offenstehen – das war sein Credo, das er zuerst im Burgenland, dann bundesweit vertrat. Durch den Bau weiterführender Schulen in den Bezirkshauptstädten der Bundesländer wurde das alte Bildungsgefälle zwischen Stadt und Land abgebaut; ein ausgeklügeltes System von Schul- und Heimbeihilfen rundete diese Reformen ab.

Die zentrale Persönlichkeit neben Kreisky blieb freilich Hannes Androsch – im Guten wie im Schlechten –, von Zeiten größter Gemeinsamkeit (bis ca. 1975) über die schwelenden Konflikte bis zu Hass und Hader und dem Ende der Beziehung 1980/81.

„Und was sagt der Hannes?" war in den guten Jahren ein Stehsatz Kreiskys seinem Kabinettschef Alfred Reiter gegenüber, wenn neue Themen diskutiert wurden. War Androsch dafür, war die Sache in Ordnung. War er dagegen, war auch Kreisky dagegen. „Zwischen den beiden gab es ein absolutes Vertrauen", sagt Reiter, der von Jänner 1972 bis Ende 1975 Leiter des Kabinetts von Kreisky war.

Die erste Phase der Reformpolitik der Ära Kreisky erfolgte in der Zeit der Hochkonjunktur bis 1974. Den budgetpolitischen Spielraum hatte auch die Regierung Klaus mit Finanzminister Stephan Koren geschaffen. Das räumt Androsch, der zu Koren – wie damals auch Kreisky – ein gutes persönliches Verhältnis hatte, bereitwillig ein: „Ich habe nie in Abrede gestellt, dass die Steuergesetze von Koren seinem Nachfolger zugutekamen. Ich hatte das Glück, meine Funktion in einer Boom-Phase, im Ausklingen des Goldenen Zeitalters zu übernehmen. Allerdings musste ich Korens Konzept gegen die ÖVP verteidigen, denn noch im Wahlkampf hatte sie gesagt, das wird alles zurückgenommen."

Als 1971 das System der fixen Wechselkurse von Bretton Woods zusammenbrach (US-Präsident Richard Nixon hatte am 15. August die Aufhebung der Dollar-Konvertierbarkeit in Gold verkündet), entschloss sich Androsch im folgenden Jahr zur Einführung der Mehrwertsteuer und zu einer Hartwährungspolitik, indem er den Schilling an die Deutsche Mark band. Das war eine eindeutige Abkehr von den 1960er-Jahren, in denen der Schilling immer wieder gezielt abgewertet worden war.

Androsch: „Hartwährungspolitik heißt, es abzulehnen, steigende Kosten und ungenügende Produktivität durch Abwertung der Währung auszugleichen. Es zeigte sich immer wieder, dass der wirtschaftspolitische Druck auf die Industrie, die Produktivität zu steigern und die Kosten zu senken, geradezu revolutionäre Verbesserungen nach sich zog – trotz aller furiosen Widerstände von Interessenvertretungen."

Gegen diesen Kurs waren damals und auch in späteren Jahren die ÖVP, die Industriellenvereinigung unter Hans Igler – und Kreisky. Der Bundeskanzler stand unter dem Eindruck vieler Gespräche, die er mit seinem Döblinger Nachbarn Igler führte. Der Industriemann wartete oft am Sonntagvormittag oder am Abend vor der Kreisky-Villa, dann spazierten die beiden mit ihren Hunden durch die stillen Gassen zu den Weingärten – und politisierten.

Androsch konnte sich nur durchsetzen, weil er von ÖGB-Präsident Anton Benya („der hat das aus dem Bauch heraus verstanden"), Vize-Parteichef Karl Waldbrunner und dem Nationalbanker und früheren wirtschaftspolitischen Referenten des ÖGB, Heinz Kienzl, unterstützt wurde.

An der Hartwährungspolitik hielt Androsch auch fest, als die Aufschwungphase durch den ersten Ölschock im Herbst 1973 zu Ende ging. Plötzlich gab es Schlangen vor den Tankstellen, autolose Sonntage und „Pickerltage": Jeder Autofahrer musste auf einer Plakette an der Windschutzscheibe einen Wochentag markieren, an dem er das Auto nicht benutzen durfte.

Der Finanzminister reagierte darauf mit dem sogenannten Austrokeynesianismus, ein Begriff, den der Wirtschaftsforscher Hans Seidel erfand. Androsch spricht lieber von einem „policy mix", einer pragmatischen Wirtschaftspolitik. Sie bestand einerseits aus neuen Schulden, höflicher formuliert: aus einer expansiven Budgetpolitik zur Nachfrage- und damit Beschäftigungssicherung, insbesondere durch öffentliche Investitionen und steuerliche Förderung privater Investitionen. Dazu kam andererseits die Hartwährungspolitik zur Preisstabilisierung und zu einem permanenten Zwang zu Produktivitätssteigerungen und schließlich eine sozialpartnerschaftlich ausgehandelte Einkommenspolitik zur Inflationsbekämpfung und Stabilisierung der Leistungsbilanz.

Oberstes Ziel war die Vollbeschäftigung, was Kreisky im Mai 1979 bei einem Wahlkampfauftritt in Rudolfsheim-Fünfhaus in einem legendären Spruch zusammenfasste: „Und wenn mich einer frage, wie denn das mit Schulden ist, dann sag ich ihm das, was ich immer wieder sage, und zwar, dass mir ein paar Milliarden (Schilling) Schulden weniger schlaflose Nächte bereiten als ein paar Hunderttausend Arbeitslose mir bereiten würden."

Kreisky hatte in seiner Jugend die Wirtschaftskrise von 1929/30 und das ungeheure Elend der Massenarbeitslosigkeit erlebt, das prägte ihn für sein Leben. Franz Schuh: „Er hatte eine dramatische Angst-Erinnerung aus seinen Jugendtagen." Kreiskys Wirtschaftspolitik war eigentlich Sozialpolitik.

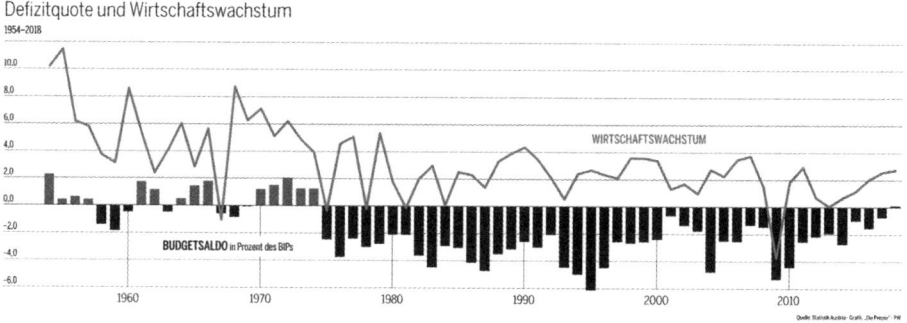

Defizitquote und Wirtschaftswachstum
1954–2018

WIRTSCHAFTSWACHSTUM

BUDGETSALDO in Prozent des BIPs

1960   1970   1980   1990   2000   2010

Quelle: Statistik Austria · Grafik „Die Presse" · PW

Durch „deficit spending" und andere Maßnahmen (z. B. Ansiedelung von Betrieben) konnte die Krise, die sich weltweit ausbreitete, im Inland vorerst in Grenzen gehalten werden. Flankierende Maßnahmen waren eine ausgeweitete staatliche Exportförderung und die Investitionsförderung durch Bundeshaftungen für kleinere und mittlere Unternehmungen, die gute Projekte, aber kaum taugliche Banksicherheiten für Kredite vorweisen konnten.

Ein große Rolle spielte die Verstaatlichte Industrie, damals ein entscheidender Wirtschaftsbereich mit Großunternehmungen insbesondere der Grundstoffindustrie. Zwischen dem Eigentümer Republik Österreich und den Unternehmungen war die ÖIAG – die Österreichische Industrieverwaltungs AG – als Holdinggesellschaft für die Verstaatliche zwischengeschaltet. Ihre größten Tochterfirmen waren die VÖEST (Vereinigte österreichische Eisen- und Stahlwerke) und die Alpine Montangesellschaft als Massenstahlerzeuger sowie Böhler und Schoeller-Bleckmann als Edelstahlerzeuger.

Diese Unternehmungen wurden unter Kreisky zur VOEST-Alpine und zu den Vereinigten Edelstahlwerken VEW verschmolzen. Von strategischer Bedeutung waren auch die Österreichische Mineralölverwaltung (später OMV) und die Österreichischen Stickstoffwerke (später Chemie Linz), ebenso die Aluminiumwerke Ranshofen, der mit Abstand größte Stromverbraucher des Landes. Bedeutsam auf dem Maschinen- und Anlagenbausektor waren die Simmering-Graz-Pauker-Werke.

Die besonders personalintensiven Großunternehmungen der Österreichischen Bundesbahnen ÖBB und der Österreichischen Post- und Telegraphenverwaltung waren als Budgetkapitel dem Bundeshaushalt sogar direkt eingegliedert. Deren oberste Chefs agierten im Rang von Sektionschefs.

Auch die wichtigsten Großbanken standen im Staatseigentum: die Creditanstalt-Bankverein, die Österreichische Länderbank AG und das Österreichische Creditinstitut. Alle diese Banken verfügten über Beteiligungen an Großunternehmungen des Industriesektors, wodurch diese Firmen de facto auch verstaatlicht waren. Das galt für die Steyr-Daimler-Puch AG und die Semperit AG als Creditanstalt-Töchter, die Perlmooser Zementwerke und die Waagner-Biro AG als Länderbank Konzernbetriebe.

Besonders die Stahlindustrie kam während Kreiskys Regierungszeit europaweit in Turbulenzen. Das beschäftigte ihn außerordentlich, da er als Bundeskanzler gleichzeitig für die Verstaatlichte Industrie zuständig war. Die nach der Fusion mit der Alpine riesig gewordene VOEST-Alpine war schon wegen ihrer schieren Größe und der Anzahl ihrer Beschäftigten von enormer Bedeutung für Wirtschaft und Beschäftigung, speziell in Oberösterreich, in der Steiermark und in Niederösterreich. Viele Jahre hindurch schrieben einzelne Betriebe Verluste, die aus Steuergeld abgedeckt werden mussten.

Die VOEST-Alpine AG (sie hatte Ende 1974 an 25 Standorten 85.000 Beschäftigte) entwickelte sich aus Kreiskys Sicht zunehmend zu einem Gebilde, das er als „Staat im Staate" empfand. Sein Verhältnis zu solchen für österreichische Verhältnisse riesigen Unternehmen – die auch die jeweilige Landespolitik auf ihrer Seite wussten – war in späteren Jahren von Misstrauen geprägt. Konsequenzen zog er daraus nicht. Das betraf auch die jeweiligen Betriebsratsvorsitzenden. Jeder von ihnen war ein regionaler Herrscher und so gut wie immer zusätzlich mit einem hohen politischen Amt ausgestattet. Die meisten von ihnen saßen als Abgeordnete im Nationalrat. Von ihnen hieß es, sie seien die wahren Vorstandsvorsitzenden ihrer Unternehmungen. Durch Vergünstigungen, die sie beim Eigentümer durchsetzen, sicherten sich die Betriebsratschefs die Loyalität der Belegschaft (in der VÖEST wuchs der „freiwillige Sozialaufwand" zwischen 1974 und 1983 von umgerechnet 63 Millionen Euro auf 129 Millionen).

Das Verhältnis zwischen dem Regierungschef und den obersten Belegschaftsvertretern war ein Geben und Nehmen. Die SPÖ profitierte von der straffen Organisation der sozialistischen Gewerkschafter, Kreisky sorgte bei Bedarf für Ruhe im Betrieb. Das lief sehr informell ab.

Der Kanzler beschrieb es nach seiner Amtszeit am Beispiel des VÖEST-Betriebsratsvorsitzenden Franz Ruhaltinger so: „Mit dem war ich ganz gut, dem habe ich sehr viel geholfen als Vermittler, aber unlegitimiert, durch das Gesetz nicht legitimiert. Ich habe ihm geholfen, zwischen der Belegschaft und ihm gewisse Kompromisse zu erzielen, was auch immer gelungen ist, weil die Arbeiterbetriebsräte eigentlich immer auf meiner Seite standen. Die haben gesagt: ‚Der Kreisky ist unser Mann. 50 Jahre in der Arbeiterbewegung, der weiß mehr von uns!'"

In der Verstaatlichtenpolitik gab es grundlegende Unterschiede zwischen Kreisky und Androsch. Der Kanzler war in dieser Frage konservativ und unbeweglich, der Technokrat Androsch drängte auf strukturelle Reformen. Jahre später befand Androsch: Hundert Milliarden Schilling Kosten habe die Verstaatlichte verursacht, 50.000 Arbeitsplätze seien trotzdem verloren gegangen. Diese Sichtweise wird durch das berühmte Zitat des ÖIAG-Managers Hugo Michael Sekyra bestätigt, der ab 1986 Verantwortung für die Verstaatlichte trug und bei einem Auftritt vor Hunderten aufgebrachten Stahlarbeitern in Kapfenberg ausrief: „Wir sind pleite! Verstehen Sie doch: Wir sind pleite!"

Androsch sagt dazu, man hätte „viel früher Strukturpolitik und nicht Strukturerhaltungspolitik machen sollen. Da gab es einen fundamentalen Unterschied zwischen Kreisky und mir. Es war allerdings nicht immer leicht, gegen die illusionäre, punktuelle und gesundheitliche Befindlichkeit des Regierungschefs Kurs zu halten." Zusammenfassend sagt Androsch heute: „Man kann in der Tat wirtschaftspolitisch gestalten, wenn man sich der Wirklichkeit pragmatisch und nicht dogmatisch nähert. Sie ist doch viel zu kompliziert, als dass sie sich in irgendwelche halbreligiösen ideologischen Vorstellungen pressen ließe." Und noch deutlicher: „Ideologie ist eine falsche Vorstellung. Wenn man falsche Vorstellungen beseitigt, ist das ein Fortschritt. Das ist meine Conclusio." (Hannes Androsch im Gespräch mit dem Autor am 6. August 2019.)

Kreisky dagegen betonte gern den ideologischen Unterbau seiner Politik, von einer „Entpolitisierung" oder „Entideologisierung" der SPÖ während seiner Amtszeit wollte er nichts hören. Hier liegt möglicherweise ein zu wenig beachteter Grund für die Differenzen mit Androsch.

Nie habe sich die SPÖ mehr mit prinzipiellen Fragen beschäftigt als in seiner Zeit, unterstrich Kreisky im Mai 1986 in einem Interview mit dem Publizisten Franz Schuh. „Wir haben mit einer Fülle von Programmen für Österreich begonnen, Wirtschaft, Umwelt – damals schon! –, Wohnbau. Lauter neue politische Zielsetzungen, die auch alle der Reihe nach verwirklicht und mehr als erfüllt wurden ... Es war mein Bestreben, dass diese Programme im prinzipiellen Einklang mit unseren grundsätzlichen Überzeugungen stehen müssen ... Ich lade Sie ein, sich meine Parteitagsreden anzuschauen. Ich habe mich immer bemüht, den Zusammenhang zwischen Theorie und Praxis herzustellen." Bei Programmdiskussionen habe er „zu meiner Überraschung festgestellt, dass ich manchmal sogar der am weitesten links Stehende war".

Die Debatten um den wirschaftspolitischen Kurs lösten 1974, als sich die Anzeichen einer Rezession verstärkten, eine erste Entfremdung zwischen den beiden aus. „Damals begann meine innere Distanzierung zu Kreisky", sagt Androsch. Als der Kanzler von Journalisten gefragt wurde, ob er noch hinter seinem Finanzminister stehe, antwortete er, er stehe neben ihm. Androsch hielt ihm daraufhin vor, er lasse seinen Minister im Regen stehen. Kreisky: „Jeder muss seine Sache selbst vertreten." Androsch: „Seine schon – aber unsere?"

Androsch versuchte daraufhin, in die Nationalbank überzuwechseln. Im Rückblick nennt er das „einen schweren Fehler. Das muss ich Kreisky zugutehalten. Ich habe mir gedacht, mit fünf Jahren Amtszeit bin ich schon der zweitlängst dienende Finanzminister der Zweiten Republik, Kreisky hat gedacht, der seilt sich ab. Damals wollte er mich noch als Nachfolger aufbauen."

Auf diese erste Unstimmigkeit folgte eine jahrelange Fehde, die die Republik in Atem hielt. ÖGB-Chef Benya, der Wiener Bürgermeister Gratz, Justizminister Christian Broda und Androsch sahen in Kreisky einen möglichen Nachfolger für den verstorbenen Bundespräsidenten Jonas – Kreisky betrachtete das als Versuch, ihn aus dem Parteivorsitz und aus Kanzleramt zu drängen.

In der Partei begann ein mit allen Mitteln ausgetragener Streit. „Dahinter verbarg sich ein tiefenpsychologisches Problem", meint der Publizist Franz Schuh, der mit Kreisky in den 1980er-Jahren in dessen Villa lange Gespräche führte. „Die beiden (Kreisky und Androsch, Anm.) hatten politische Gegensätze, die mit emotionalen Wellen daherkamen." Beide Seiten hatten Mitstreiter, die in der Wahl ihrer Mittel nicht zimperlich waren. In Kreiskys Büro langten anonyme Briefe mit Beschuldigungen ein, darunter die Schilderung von Heurigengesprächen des „Androsch-Clans". Auch Teilnehmer an solchen Runden suchten unverzüglich Kreisky auf, um ihm von den mitgehörten Gesprächen vertraulich zu berichten.

Solange Alfred Reiter Kabinettschef war, wurde jede Zuschrift, die Regierungsmitglieder betraf, dem Genannten zur Gegenstellungnahme vorgelegt. Kreisky bekam daher die Darstellung beider Seiten zu lesen; damit war eine gewisse Fairness gewährleistet. In den späteren Jahren gelangten viele solcher Bezichtigungen zu Kreisky, ohne dass der Beschuldigte die Gelegenheit zur Entgegnung gehabt hätte. Kreisky konnte sich maßlos über diese Behauptungen („Zuträgereien") aufregen, was seinem Gesundheitszustand nicht guttat.

Der Kanzler war ohnehin nicht bei bester Kondition, weil er sich nie schonte. Schon im Frühjahr 1971 hatte er bei einer Autofahrt einen kleinen Schlaganfall mit Sprechstörungen erlitten; sein Chauffeur brachte ihn unter strikter Geheimhaltung ins Krankenhaus, am nächsten Tag wurde von einer „Verkühlung" berichtet. 1974 erfolgte eine Prostata-Operation, bei der schon eine Niereninsuffizienz festgestellt wurde, später eine Gallensteinoperation, eine Augenoperation und schließlich die Dialyse mitten im Wahlkampf 1983.

Intern gab Kreisky Androsch die Schuld an manchem gesundheitlichem Übel. Er stellte sogar die falsche Behauptung auf, er habe sich nach der Eröffnung des Arlbergtunnels im Dezember 1979 derart über seinen Finanzminister aufgeregt – dieser war angeblich betrunken zu einem Empfang erschienen –, dass er an diesem Abend an einem Auge erblindet sei. Die Wahrheit fand der *profil*-Journalist Herbert Lackner 2011 nach Durchsicht alter Krankenakten heraus: Kreisky hatte an jenem Abend einen Gefäßverschluss im Auge erlitten, der wohl die Folge seiner Grundkrankheiten war. Der damals 68-jährige Kanzler litt seit Langem an Bluthochdruck und Diabetes, beides auch Risikofaktoren für Gefäßverschlüsse im Auge.

Doch nicht nur Kreisky fachte den Konflikt ständig an. Von Androschs Getreuen – deren Zahl zum Entsetzen des „Alten" zunahm – wurde ab der zweiten Hälfte der 1970er-Jahre ausgestreut, Kreisky sei von Neid und Eitelkeit getrieben, seine Bescheidenheit sei nur gespielt, er bewohne in Wien eine „große Herrschaftsvilla mit einem Riesenpark und Riesen-Outdoor- und Indoor-Swimmingpool" und habe auf Mallorca „eine dreistöckige Sommerresidenz, deren Finanzierung nachträglich devisenrechtlich saniert werden musste, vorher war's rechtswidrig".

Zudem lasse er sich von Industriellen „in die Luxushotels von Venedig und Bad Wörishofen einladen". Da nützte es auch nichts, dass der spätere Wiener Bürgermeister Helmut Zilk das Anwesen in Mallorca als „besseres Schrebergartenhäusl" titulierte.

Letztlich war es ein Vater-Sohn-Konflikt mit vielen Facetten. Kreisky hätte wohl gern einen Sohn wie den um 27 Jahre jüngeren Hannes Androsch gehabt. Bei der Entfremdung war der menschliche Faktor für Kreisky wahrscheinlich wichtiger, als es die sachlichen Differenzen waren.

Kreisky war alt und kränklich, er verlor mit den Jahren Kraft und Substanz. Androsch war jung und belastbar. Er wusste, unter normalen Umständen war der Wechsel nur eine Frage der Zeit und er könnte der jüngste Bundeskanzler aller Zeiten werden.

Kreisky war behäbig-elegant, Androsch sportlich-fesch. Beim sorgfältig inszenierten Winterurlaub in Lech am Arlberg ließ der Finanzminister Fotografen am Pistenrand postieren, die ihn „zufällig" beim Wedeln ablichteten.

Kreisky hatte auch gegen Ende seines Lebens nie ein wirkliches Vermögen, Androsch war schon in jungen Jahren durch die Einkünfte aus seiner Steuerberatungskanzlei wohlhabend, später reich.

Androsch war im Alltag schnell von Entschluss, Kreisky so zögerlich, dass er die Geduld seiner Umgebung extrem strapazierte. Mit Entscheidungen jeglicher Art tat sich Kreisky während seiner gesamten politischen Tätigkeit immer schwer. Oft hatte der Kanzler Verständnis sowohl für die Pro- als auch für die Kontra-Argumente. Kaum war eine Entscheidung oft nach langem Hin und Her tatsächlich getroffen, stand sie vom nächsten Tag an, ausgelöst von Betroffenen der Entscheidung, schon wieder auf der Tagesordnung. Darunter hatte auch Androsch zu leiden. Wenn etwa bei einer Besprechung vor dem Urlaub im Kanzleramt noch ein, zwei Punkte offenblieben, weil Kreisky sich nicht festlegen wollte, musste ihm Androsch an den Urlaubsort nachreisen, nur um die Sache endlich zu klären.

Hier taten sich Spannungen spezieller Art auf: Androsch war einer der beiden mächtigsten Menschen des Landes, aber in vielen kleinen Dingen Kreisky gegenüber ziemlich unfrei. Er musste sich immer wieder an die Wünsche des Kanzlers anpassen. Androsch delegierte gern Dinge. Kreisky gegenüber konnte er das nicht, er musste alles selbst erledigen.

Trotz der schwelenden Differenzen machte Kreisky Androsch 1976 zu seinem Vizekanzler. (Androsch sagt heute, es sei ein Fehler gewesen, diese Position anzunehmen, „Hertha Firnberg wäre in jeder Hinsicht prädestinierter gewesen".) 1978, als es um die Neubesetzung des Nationalbankpräsidenten ging, verhinderte Kreisky den Wechsel Androschs, indem er die Ernennung des ÖVP-Experten Stephan Koren durchsetzte. Mit dieser Entscheidung konnte er mehrere Fliegen mit einer Klappe schlagen: Koren wurde Präsident der Notenbank und schied daher als führender Wirtschaftspolitiker der ÖVP aus; und Hannes Androsch blieb Finanzminister.

Als die Diskussion um Androschs Beteiligung an der Steuerberatungskanzlei Consultatio (eine heute unvorstellbare Unvereinbarkeit) losbrach, wurde Androschs Position unhaltbar. Ende Dezember 1980 kündigte er dem Parteipräsidium seinen Rücktritt an und wechselte – gegen den Willen Kreiskys – in den Vorstand der Creditanstalt. Die Folgen waren noch jahrelang spürbar. Sämtliche Versuche, die beiden zu versöhnen, schlugen fehl.

Als Franz Vranitzky schon Bundeskanzler war, versuchte der Komponist und Dirigent Leonard Bernstein, der mit Kreisky und Androsch befreundet war, das Zerwürfnis zu schlichten. Er lud die beiden am Jom-Kippur-Tag (Versöhnungstag, der höchste jüdische Feiertag) ins Wiener Hotel Bristol ein und schlug vor, den Zank zu beenden. Kreisky fühlte sich bei diesem Anlass überrumpelt und lehnte ab – worauf Bernstein (laut Androsch) nie mehr ein Wort mit dem Altkanzler redete.

Noch eine weitere persönliche Fehde überschattete die zweite Hälfte der 1970er-Jahre: Kreiskys Zwist mit Simon Wiesenthal – dem Leiter des Dokumentationszentrums des Bundes Jüdischer Verfolger des Naziregimes – war eine Abfolge von Anklagen, ohne Maß und Stil. „Ungeheuer emotionalisiert" sei Kreisky in dieser Sache gewesen, schreibt Heinz Fischer. An Wiesenthal habe er „dessen Konservativismus gehasst", meint Franz Schuh.

Rathkolb verweist darauf, dass Wiesenthal den geschichtspolitischen Kompromiss der Großen Koalition von ÖVP und SPÖ lange mitgetragen hatte. Er hatte bis zur Kanzlerschaft Kreiskys bei keinem einzigen Minister, sei es aus den Reihen der ÖVP oder der SPÖ, auf dessen NSDAP-Vergangenheit aufmerksam gemacht, auch nicht auf jene des ÖVP-Finanzministers Reinhard Kamitz.

Die Vorgeschichte: Nach dem Protest Wiesenthals gegen vier NS-belastete Minister der Minderheitsregierung 1970 sagte Kreisky: „Ich warte nur darauf, dass Herr Wiesenthal nachweist, dass auch ich bei der

SS war." Wiesenthal befürchtete die Schließung seines Dokumentationszentrums und holte sich Unterstützung von US-Senatoren. Kreisky erkannte, dass ihm hier ein starker Widersacher erwachsen war. 1975 erreichte die Auseinandersetzung einen ersten Höhepunkt.

Kreisky fürchtete vor der Nationalratswahl am 5. Oktober 1975, dass seine absolute Mehrheit nicht halten könnte. Daher bereitete er alternativ eine rot-blaue Koalition mit Friedrich Peter als Vizekanzler vor. Dieser hatte auf dem Innsbrucker Parteitag 1974 eine Kleine Koalition mit der SPÖ zu seinem Wahlziel erklärt. Zur selben Zeit entdeckte Wiesenthal bei Routinearbeiten in seinem Archiv eine Liste von SS-Unterführern der 1. SS-Infanteriebrigade. Deren Kriegsverbrechen waren aus ihrem 1965 veröffentlichten Kriegstagebuch bekannt. Auf der Liste fand Wiesenthal auch Friedrich Peter; dessen SS-Mitgliedschaft war allgemein bekannt gewesen, nicht jedoch seine Zugehörigkeit zu einer Mordbrigade.

Wiesenthal, der der ÖVP nahestand, wollte seinen Fund nicht vor der Wahl veröffentlichen, weil ihm das als Wahlkampfhilfe für die Schwarzen ausgelegt werden könnte. Daher hielt er sein Dossier zurück, nur Bundespräsident Rudolf Kirchschläger bekam eine Kopie.

Bei der Wahl hielt Kreisky wider Erwarten die Absolute, die Variante mit dem Vizekanzler Peter war hinfällig. Vier Tage nach der Wahl ging Wiesenthal an die Öffentlichkeit. Peters Reaktion: „Ja, es stimmt, ich habe seit 1941 bei der 1. SS-Infanteriebrigade und anschließend daran bis 1945 in der 2. SS-Panzerdivision ‚Das Reich' meinen Dienst abgeleistet, aber nie an Erschießungen oder Repressalien teilgenommen." Er habe „nur seine Pflicht getan" – ein Satz, der 1986 in Zusammenhang mit Kurt Waldheims Wehrmachtsdienst weltweit für Schlagzeilen sorgen sollte.

Einen Tag später reagierte Kreisky: Er glaube Friedrich Peter und misstraue Wiesenthal. „Ich kenn' den Herrn Ingenieur Wiesenthal, oder was für einen Titel er hat. Das ist eine Mafia, die hier am Werk ist. Für mich ist das viel mehr eine Affäre Wiesenthal als eine Affäre Peter." In dieser Tonart ging es weiter: Wiesenthal wolle ihn, Kreisky, zur Strecke bringen, weil er (Kreisky) seine Aufgabe „nicht im Dienste Israels" leiste; außerdem gebe es, wissenschaftlich betrachtet, kein jüdisches Volk. Dagegen protestierten die israelische Regierung und die

Israelitische Kultusgemeinde. Den Höhepunkt erreichten die Streitigkeiten, die inzwischen gerichtsanhängig waren, im November 1975.
Vor der Auslandspresse sagte der Kanzler am 10. November: „Und der
Herr Wiesenthal hat zur Gestapo, behaupte ich, eine andere Beziehung
gehabt als ich, ja, nachweisbar. Ich war ihr Gefangener ... Ich verstehe,
dass er sein Leben retten wollte unter den Nazis, jeder hat's auf seine
Art versucht."

Am 17. November gab Kreisky dem israelischen Rundfunkjourna-
listen Zeev Barth ein Interview, in dem er nach einem hitzigen Wort-
wechsel sagte: „Wenn die Juden ein Volk sind, so sind sie ein mieses."
Die meisten Reaktionen waren kritisch bis entsetzt. Daraufhin trat
der Bundeskanzler den Rückzug an. Am 25. November sagte er, er
habe „kein Bedürfnis, mit dem Herrn Wiesenthal zum Bezirksgericht
zu gehen". Tags darauf sprach er davon, dass ein parlamentarischer
Untersuchungsausschuss das beste Mittel zur Klärung der Angelegenheit wäre.

Dazu kam es aber ebenso wenig wie (vorerst) zu einem Prozess Wiesenthals gegen Kreisky, weil der SPÖ-Klub dessen Immunität nicht
aufheben wollte. Heinz Fischer, damals seit wenigen Wochen Klubobmann, erinnert sich: „Es war mein Bemühen, zu vermeiden, dass
Kreisky einerseits und Wiesenthal ein Gerichtsverfahren gegeneinan-
der führen, das sich womöglich über Jahre hingezogen hätte. Ich habe
mit vielen Leuten übereingestimmt, dass ein solcher Prozess, der durch
alle Instanzen gegangen wäre, vermieden werden muss.

Als eine der Möglichkeiten, einen Prozess zu vermeiden, habe ich
die Einsetzung eines Untersuchungsausschusses zur Untersuchung aller
diesbezüglichen Behauptungen angeregt, weil das in einigen Monaten
hätte erledigt sein können und auch kein Berufungsmittel möglich ist.
Da mir aber der von mir sehr geschätzte ÖVP-Klubobmann Stephan
Koren gesagt hat, dass er das für keine gute Idee hält, habe ich diesen
Gedanken nicht weiterverfolgt und es ist auch kein diesbezüglicher Antrag im Parlament eingebracht worden."

Später, als Bundespräsident, entschuldigte sich Fischer für sein Verhalten: „Ich würde heute anders und reifer handeln. Es tut mir leid,
dass ich damals keinen besseren Weg zur Bereinigung des Konflikts
gefunden habe." Wiesenthal bekam vom ihm 2005 das Große Goldene
Ehrenzeichen für Verdienste um die Republik Österreich überreicht.

Kreisky musste schließlich seine Anschuldigungen gegen Wiesenthal zurückziehen. Zehn Jahre später wiederholte er sie, Wiesenthal klagte, Kreisky wurde wegen übler Nachrede zu einer bedingten Geldstrafe verurteilt. Wiesenthal kommentierte das später so: „Kreisky hat verloren und anstatt die Geldstrafe zu bezahlen, ist er gestorben."

Wie konnte es zu diesem Eklat – dem dunkelsten Punkt in Kreiskys Biografie – kommen? Wenige Monate vor seinem Lebensende bekannte Kreisky in einem Gespräch mit dem Journalisten Werner A. Perger: „Mir war die Mentalität des Herrn Peter ja nicht fremd. Denn in der Zeit, als er groß wurde, war der Herr Peter ein junger Nazi, und die kannte ich. Die habe ich im Gefängnis kennengelernt. Für mich waren die Nazis nicht a priori meine ersten Feinde. Das waren die Austrofaschisten."

Je länger der Konflikt dauerte, desto mehr rückte Peter aber in den Hintergrund. „Die Frage der Verantwortung der Täter schien sich unversehens in eine innerjüdische Kontroverse verwandelt zu haben", schreibt Kreisky-Biograf Wolfgang Petritsch. Weltweit kommentierten Medien den Umstand, dass zwei Juden, beide Opfer des Nationalsozialismus, mit allen Mitteln nach der Vernichtung des jeweils anderen trachteten. „Mit Ausnahme von Hannes Androsch hat wohl kein anderer Mensch die leidenschaftliche Ablehnung Kreiskys deutlicher zu spüren bekommen als Simon Wiesenthal." (Wolfgang Petritsch).

„Kreisky und ich, wir sind Blätter vom selben Stamm", hatte Wiesenthal einmal gesagt. Doch davon wollte der Kanzler nichts wissen. Der israelische Historiker Tom Segev sieht den Zwist sozialpsychologisch begründet: Wiesenthal stammte aus einer jiddisch sprechenden und strenggläubigen ostjüdischen Familie in Galizien, Kreisky war in einem assimilierten, großbürgerlichen Wiener Umfeld aufgewachsen. Er sah sich nicht als Mitglied der jüdischen Gemeinschaft und wollte sich von Wiesenthal keine solche Identität aufzwingen lassen. Wiesenthal wiederum nannte Kreiskys Haltung „jüdischen Selbsthass".

Für die Affäre Wiesenthal und ihre Eskalation gab es mehrere Beweggründe:

Es gab einen machtpolitischen Grund – Kreisky brauchte Peter, um die „bürgerliche Vorherrschaft" der ÖVP zu brechen, diese Option wollte er sich nicht von Wiesenthal nehmen lassen.

Es gab auch einen taktischen Grund – die Debatte über die Kriegsvergangenheit sollte nicht offensiv geführt werden, weil sie viele Wähler persönlich betraf und verstörte. Kreisky verstand sich als ihr Schutzpatron und negierte daher auch den Antisemitismus, 1973 etwa mit den Worten: „Es gibt heute keinen Antisemitismus mehr in Österreich." Der pragmatische Kanzler wollte Wahlen gewinnen und vertrat daher die Meinung, alle Menschen dürften für sich in Anspruch nehmen, nach 1945 klüger geworden zu sein, außer es würden ihnen Kriegsverbrechen nachgewiesen.

Und es gab einen persönlichen Grund, weil in der liberalen Selbstwahrnehmung von Kreisky, der sich immer als Agnostiker sah, die Religion, die Wiesenthal derart betonte, keinen Platz hatte. Er habe seine Emigration nie als Folge seiner jüdischen Abstammung verstanden, sagte Kreisky einmal in einem Interview: „Ich wäre vielmehr ebenso verfolgt worden, wie ich ja auch schon vier Jahre vorher verfolgt worden bin – aus rein politischen Gründen. Mir fehlen also viele Erlebnisinhalte, die den rassisch verfolgten Juden eigen sind."

Die wütenden Fehden mit Androsch und Wiesenthal waren Fehlleistungen, die Kreiskys Leistungen nicht überdecken sollen.

Es gab eine Fülle von Fortschritten, deren Erwähnung heute skurril wirkt, etwa ein zweites ORF-Fernsehprogramm an allen Tagen der Woche oder die Inbetriebnahme des einmillionsten Telefonanschlusses am 19. Mai 1971; ein Jahr später wurde die Vollautomatisierung des Telefonnetzes abgeschlossen.

Im Wiener Donaupark wurde ab Mai 1973 die UNO-City gebaut – seltsamerweise gegen den Widerstand der ÖVP, die während ihrer Alleinregierung den Plan vorangetrieben und einen weltweiten Architektenwettbewerb ausgeschrieben hatte. 1979 wurde das Vienna International Center, wie die UNO-City offiziell heißt, vom damaligen UN-Generalsekretär Kurt Waldheim eröffnet. Als 1982 die zweite Baustufe, das Austria Center Vienna, konkret wurde, initiierte die ÖVP ein Volksbegehren gegen diese „Geldverschwendung". Es gab 1,4 Millionen Unterschriften gegen das Konferenzzentrum – das bisher am stärksten unterstützte Volksbegehren der Zweiten Republik. Der Bau wurde trotzdem vollendet, doch die starke Mobilisierung der Opposition hatte Folgen; ein Jahr später konnte sie Kreiskys absolute

Mehrheit brechen (aber selbst dann seine relative Mehrheit nicht verhindern).

Bizarr war auch die Auseinandersetzung um das Atomkraftwerk Zwentendorf, die größte Investitionsruine des Landes. Die Ablehnung der Atomkraft ist heute eine Art Staatsreligion, dabei war diese Entscheidung denkbar eng und hatte mehr mit Kreiskys Winkelzügen als mit der Atomkraft zu tun.

Genehmigt wurde der Bau von der ÖVP-Alleinregierung 1969, begonnen wurde er 1972 unter Kreisky. Damals waren laut Heinz Fischer „vermutlich noch 90 Prozent der österreichischen Bevölkerung und auch 90 Prozent der Abgeordneten für diese saubere Form der Energiegewinnung". Der Energieplan 1976 sah den Bau mehrerer AKW vor, etwa im Eferdinger Becken in Oberösterreich, in St. Andrä in Kärnten und bei St. Valentin an der Grenze zwischen Niederösterreich und Oberösterreich.

Ab 1975 bildete sich mit Galionsfiguren wie Freda Meissner-Blau eine Anti-Atomkraft-Bewegung, auf die die ÖVP aufsprang, obwohl sie die Nutzung der Kernenergie grundsätzlich bejahte. Vor dem Volksentscheid am 5. November 1978 warben die SPÖ und die Sozialpartner für ein Ja. Kreisky machte aus der Abstimmung eine Art Vertrauensfrage und deutete an, bei einem Nein zurückzutreten. Mit 50,5 Prozent und einem Überhang von weniger als 30.000 Stimmen war die Ablehnung äußerst knapp, aber ausreichend für ein Atomsperrgesetz. Die Abhaltung dieser Volksabstimmung über ein erstes Atomkraftwerk für Österreich brachte vordergründig zwar eine Niederlage für Kreisky mit sich, hatte aber – wie von ihm geplant – den Riesenvorteil, dass die kommende Nationalratswahl keine Abstimmung über Zwentendorf wurde.

Kreisky machte dann im Parteipräsidium tatsächlich ein Rücktrittsangebot, das geschlossen abgelehnt wurde. Die erste Wortmeldung kam von ÖGB-Chef Benya, der in seiner direkten Art feststellte: „Bruno, den Gedanken kannst auf jeden Fall eingraben!" Kreisky bekam auf sein Verlangen hin sogar eine Generalvollmacht, was manchen Genossen seltsam erschien, weil „größere Vollmachten, als sie Kreisky de facto in den letzten Jahren besessen hatte, ohnehin nicht denkbar waren" (Fischer).

Als Unterrichtsminister Fred Sinowatz den im Ausland weilenden burgenländischen Landeshauptmann Theodor Kery telefonisch über das Ergebnis des Parteipräsidiums informierte, fragte dieser erstaunt: „Was ist das, eine Generalvollmacht?" Sinowatz darauf: „Das ist das, was du im Burgenland schon die ganze Zeit hast." (Der autoritäre Kery regierte „sein" Bundesland 21 Jahre lang, von 1966 bis 1987.)

Kreisky schadete die Niederlage bei der Volksabstimmung, die schwerste Schlappe seiner Karriere, gar nicht. Wenn er einen Fehler zu korrigieren hatte, kostete ihn das nicht nur kein Prestige, „sondern es erhöhte sogar seine Glaubwürdigkeit und sein Ansehen", schrieb Heinz Fischer bewundernd. Durch die einstimmige Verabschiedung eines Atomsperrgesetzes konnten „Atomwahlen" 1979 verhindert werden.

Bei dieser Nationalratswahl erzielte die SPÖ einen Kantersieg, das beste Ergebnis in der Geschichte der Sozialdemokratie. Sie bekam mit 51 Prozent den höchsten Stimmenanteil, den je eine Partei bei Nationalratswahlen erzielte.

Das Foto für das Wahlplakat „Kreisky – Österreich braucht ihn" war bereits ein Jahr zuvor aufgenommen worden: Der Kanzler, von der Sonne Mallorcas gebräunt, wirkte erholt und tatendurstig. In Wahrheit war er bereits durch Krankheiten geschwächt. Doch als Garant für Sicherheit und Stabilität war er unschlagbar. Bei Wahlkampfveranstaltungen skandierten die Sympathisanten: „Die 80er mit Rot / sichern Arbeit und Brot / mit Götz und Taus / ist der Ofen aus." (Alexander Götz war der FPÖ-Spitzenkandidat, Josef Taus jener der ÖVP.) Großen Einfluss hatten zudem die SPÖ-Wahlkampfpickerl, die den Anti-Atom-Protesten des Jahres 1978 nachempfunden waren: „Taus/ Götz – nein danke!"

Während die FPÖ an diesem 6. Mai 1979 auf 6,1 Prozent zulegte, büßte die ÖVP (41,9 Prozent) geringfügig an Zustimmung ein. Parteichef Josef Taus übergab nach seiner gescheiterten Kanzler-Kampagne die Obmannschaft an Alois Mock.

Viele Wählerinnen und Wähler, die sonst nie SPÖ gewählt hätten, anerkannten in den 1970er-Jahre Kreiskys Generallinie, die Schaffung des „modernen Österreich". Vor allem die Frauen profitierten davon. 1969 bekannten sich nur 39 Prozent der befragten Frauen zu ihrer SPÖ-Präferenz, 1972 waren es bereits 45 Prozent. Kreisky vermittelte ihnen das Gefühl, dass er auf ihrer Seite stand – in der Sachpolitik, aber auch in der Personalpolitik. Unvergessen ist sein „Paukenschlag" nach dem Triumph bei der Nationalratswahl 1979, als er vier Staatssekretärinnen berief: Anneliese Albrecht im Handels-, Beatrix Eypeltauer im Bauten-, Franziska Fast im Sozialministerium und Johanna Dohnal für Frauenfragen im Bundeskanzleramt.

Für die konkrete Besserung der Lebensverhältnisse zog die rote Alleinregierung eine Fülle von Reformen durch: Familienrechtsreform, Strafrechtsreform, Schulreform, Universitätsreform. Mann und Frau wurden in der Familie gleichberechtigt, ledige Mütter bekamen eine Sondernotstandshilfe, die Abtreibung wurde innerhalb der ersten drei Schwangerschaftsmonate straffrei.

Die sogenannte Fristenlösung war eine der ganz großen Auseinandersetzungen der Ära Kreisky, ein Kulturkampf. Sie brachte auch ihn in Probleme und führte zu schweren Konflikten mit vielen Katholiken und mit der Amtskirche.

Die Art, wie er diese Schwierigkeit politisch meisterte, sagt viel über ihn aus. Er wollte keinen Konflikt mit der Kirche und blendete die Streitfrage daher aus. Die Strafrechtsreform war die einzige große politische Weichenstellung in seiner Zeit, die ohne ihn erfolgte, sondern von Justizminister Broda beinahe im Alleingang vorangetrieben wurde. Broda wiederum konnte auf die Unterstützung der sozialistischen Frauenvorsitzenden Hertha Firnberg bauen. Sie schilderte die Ausgangssituation so: „Kreisky hat am Anfang die Tragweite nicht gesehen, sondern nur die strategischen Aspekte, vor allem mit Blick auf die Kirche. Broda und ich waren sehr beharrlich. Wir mussten einen Weg finden, um das Leid der Frauen zu lindern. Kreisky war zwar nicht wirklich überzeugt, hat aber die Meinung seiner Mitarbeiter akzeptiert."

„Ich gebe zu, ich habe mich um diese Frage zu wenig gekümmert", sagte Kreisky später im Gespräch mit Heinz Fischer. „Aber worum soll ich mich noch alles kümmern? Als ich erkannt habe, wohin der Zug fährt, war es bereits zu spät. Hätte ich kämpfen sollen? Das hätte die Partei in dieser Frage zu tief gespalten." Die Vermeidung eines Binnenkonflikts war ihm in diesem Fall wichtiger als alles andere.

Gelegenheit, sich für das neue Strafgesetzbuch zu interessieren, hätte es genug gegeben. Die Pläne zu seiner Ausarbeitung gingen auf das Jahr 1954 zurück. Damals wurde auf Beschluss der im Parlament vertretenen Parteien eine „Strafrechtskommission" mit namhaften Juristen eingesetzt, die Anfang 1962 bei einer Klausurtagung in Salzburg ihre

Beratungen abschloss. Laut Heinz Fischer kam die Kommission „in den weltanschaulich umkämpften Bestimmungen zum Vorschlag der Abschaffung der Strafbestimmungen gegen die homosexuelle Betätigung zwischen Erwachsenen und einer erweiterten Indikationenlösung beim Schwangerschaftsabbruch". Das Justizministerium erstellte einen Gesetzesentwurf, der wegen der Neuwahlen 1966 liegen blieb.

Während der ÖVP-Alleinregierung wurde der Entwurf in modifizierter Form im Nationalrat eingebracht. Die Bestimmungen über den Schwangerschaftsabbruch wurden unter dem Einfluss der Bischofskonferenz wieder verschärft, lediglich eine eingeschränkte medizinische Indikation sollte strafbefreiend wirken.

Schon in seiner ersten Regierungserklärung am 27. April 1970 kündigte Kreisky eine tief greifende Rechtsreform an, „damit ein modernes Österreich auch ein modernes Recht anstelle von überalterten Gesetzen erhält". Das Strafrechtsänderungsgesetz 1971, das z. B. die Aufhebung der Strafdrohung gegen die homosexuelle Betätigung unter Erwachsenen enthielt, war ein erster Schritt im Sinne des „Aufholbedarfs" (Christian Broda) der österreichischen Justiz.

Am 16. November 1971 wurde die Regierungsvorlage für eine große Strafrechtsreform eingebracht. Sie enthielt eine sogenannte „Indikationslösung": Die Abtreibung sollte nicht prinzipiell straffrei sein, aber unter bestimmten Umständen, sogenannten Indikationen, soll von einer Bestrafung Abstand genommen werden. Diese Indikationen sollen von einem Arzt/einer Ärztin festgestellt werden.

Den SPÖ-Frauen war dieser Vorschlag zu wenig weitreichend. Die Gewerkschafterin Gabriele Traxler sagte dazu: „Es ist interessant, dass in unserer Gesellschaft zwar der Arzt für eine so schwere Entscheidung Verantwortung übernehmen kann, dass man aber die Frau für unmündig erklärt, diese Entscheidung selbst zu treffen."

Auf Druck der SPÖ-Frauen änderte Justizminister Broda vor dem Villacher Parteitag 1972 seine Position; er schloss sich der Forderung der Frauen nach einer Fristenlösung an, also der Freigabe der Schwangerschaftsunterbrechung innerhalb von drei Monaten. Kreisky war anderer Ansicht. Er empfand die Fristenlösung als ernsthafte Gefährdung für seinen Kurs der Aussöhnung mit der katholischen Kirche. Bis zur endgültigen Beschlussfassung blieb er skeptisch, ließ aber den Genossinnen freie Hand: „Ich habe mir die Sache überlegt;

macht, was ihr für richtig haltet." Am Parteitag enthielt er sich der Stimme.

In einem Brief an Kardinal Franz König, den großen Brückenbauer zur Sozialdemokratie, legte Kreisky seine Gründe dar. „Die geltenden Strafbestimmungen haben zu einer Eindämmung der Zahl der illegalen Abtreibungen nichts beigetragen ... Die Zurückdrängung des Strafrechts soll durchaus nicht einer Preisgabe werdenden menschlichen Lebens dienen. Es soll vielmehr der Konfliktsituation der Frau Rechnung getragen werden. Hier ist es die Aufgabe des Staates, der Frau durch positive Maßnahmen zu helfen und sie aus ihrer Konfliktsituation herauszuführen." Der Schwangerschaftsabbruch „innerhalb einer medizinisch zumutbaren Frist" sei eine Gewissensentscheidung, deren Inhalt der Staat weder vorschreiben noch erzwingen solle.

Das neue Strafgesetzbuch wurde am 29. November 1973 mit den Stimmen der SPÖ beschlossen. Im Bundesrat, wo die ÖVP über eine Mehrheit verfügte, wurde es beeinsprucht, erst ein Beharrungsbeschluss des Nationalrats setzte am 24. Jänner 1974 einen Schlusspunkt. Auch eine Beschwerde beim Verfassungsgerichtshof und ein Volksbegehren der „Aktion Leben" mit knapp 900.000 Unterschriften änderten nichts an der Regelung, die heute noch gilt.

Doch es ging in dieser Phase nicht nur um „Mein Bauch gehört mir" versus „Abtreibungen werden verharmlost". Die Frauen profitierten von der Einführung des Mutter-Kind-Passes und der erhöhten Geburtenbeihilfe, einer Erhöhung des Karenzgeldes, zusätzlicher Unterstützung für alleinstehende Mütter und der Einrichtung der ersten Familienberatungsstellen.

Kreisky hat mehr als spätere Regierungschefs für die Frauen getan, obwohl: „Feminist war er keiner", wie Johanna Dohnal sagte. Durch seine Offenheit habe er aber vieles zum Positiven verändert. Und: Er sei einer der wenigen Männer gewesen, die sich vor starken Frauen nicht fürchteten, sondern es genossen, „wenn Frauen eine Persönlichkeit sind".

Dohnal, eine äußerst autarke Persönlichkeit, ließ sich von Kreisky sogar zum Friseur schicken, wie sie in späteren Jahren erzählte. Sie sei bei ihm im Büro gesessen, „da war der Friseur schon überfällig, ich hab' halt keine Zeit dafür gehabt. Da brummte er: Du musst dir da vorne die Haare schneiden lassen. Na also gut, dann bin ich schon Haare schneiden gegangen."

Kreiskys Sorge, der Wahlkampf 1975 könnte vom Abtreibungsstreit überschattet werden, bewahrheitete sich nicht. Bei der Nationalratswahl am 5. Oktober 1975 erzielte die SPÖ 50,4 Prozent, ein Zuwachs von 0,4 Punkten. Die ÖVP unter Josef Taus verlor 0,2 Punkte und kam auf 42,9 Prozent. Die FPÖ Friedrich Peters blieb mit 5,4 Prozent gleich.

Nach dem historischen Höhepunkt 1979 wurden „nicht nur die Schatten der ökonomischen Krise immer länger, sondern auch jene durch eine neue politische Klasse verursachten politischen Skandale deutlich sichtbar" (Robert Kriechbaumer).

Vor allem dank des damals neuen investigativen Journalismus brachen die „Eiterbeulen" auf – so nannte Bruno Aigner, Heinz Fischers jahrzehntelanger engster Mitarbeiter, die skandalösen Seilschaften in der Partei. Der AKH-Skandal, die Consultatio und der Fall Androsch, der gefährliche Gaukler Udo Proksch und der „Club 45" in der vormaligen k. u. k. Hofbäckerei Demel, all das waren „parasitäre Erscheinungen" (Bruno Aigner). Aber nicht nur das: Im Fall „Lucona" ging es um sechsfachen Mord und Versicherungsbetrug, 16 Politiker, Juristen und Spitzenbeamte wurden von ihren Posten entfernt, angeklagt oder verurteilt.

„Noricum" war eine Affäre um gesetzwidrige Waffenexporte einer VÖEST-Tochterfirma. All das veranlasste den von der SPÖ nominierten, sonst so zurückhaltenden Bundespräsidenten Rudolf Kirchschläger zu seinem legendären Ausspruch über das „Trockenlegen der Sümpfe und sauren Wiesen", den er bei der Eröffnung der Welser Messe im August 1980 anlässlich des AKH-Skandals äußerte.

Das Schwierigste am Höhenflug ist die Landung. Diese Erfahrung musste auch Kreisky machen. Er verlor durch körperliche Gebrechen und politische Enttäuschungen zunehmend Kraft und Substanz. Bei seinem letzten Antreten bei der Nationalratswahl am 24. April 1983 büßte er die absolute Mehrheit ein und trat zurück.

Mit 47,6 Prozent (heute wäre das ein Traumergebnis für jede Partei) blieb die SPÖ die Nummer eins und bildete in der Folge mit dem neuen Bundeskanzler Fred Sinowatz und den Freiheitlichen unter Norbert Steger eine Kleine Koalition.

Obwohl Mocks Volkspartei als einzige Parlamentspartei zugelegt hatte, blieb ihr nur die Oppositionsrolle. Erstmals kandidierten bei diesem Urnengang übrigens mit den Vereinten Grünen und der Alternativen Liste zwei Grün-Parteien; sie hätten auch addiert den Einzug ins Parlament nicht geschafft. Das gelang der geeinten grünen Partei erst 1986.

Bruno Kreisky war immer eine Projektionsfläche für Wünsche und Verwünschungen. Das galt speziell für seine Außenpolitik, das Hauptfach seiner Politik. Auf diesem Gebiet konnte er sein Talent und Temperament ausleben. Die Pflege seiner internationalen Verbindungen war sein Kapital; ihn kannte man, auch wenn sein Land nicht wichtig war. Obwohl „nur" Bundeskanzler und nicht Außenminister, bestimmte er zwischen 1970 und 1983 die Grundlinien der österreichischen Außenpolitik. Das Land zu öffnen und ihm eine internationale Aufgabe zu geben, war seine Mission.

Das klingt heute großspurig und ist nur verständlich, wenn man sich in die damalige Zeit hineindenkt: Europa war zweigeteilt, Österreich, insbesondere Ostösterreich in einer Randlage am Eisernen Vorhang. Der Handlungsspielraum des neutralen Landes war begrenzt, doch Kreisky kümmerte sich nicht darum. Seine Grundlinie war die strikte Bedachtnahme auf den Neutralitätsstatus (an dessen Zustandekommen er 1955 maßgeblich mitgewirkt hatte), verbunden mit seiner ganz persönlichen Überzeugung: „In unserer Außenpolitik geht es immer darum, im Westen ein Maximum an Vertrauen zu schaffen und im Osten ein Minimum an Misstrauen zu erregen."

So etablierte er auch seine eigene Nahostpolitik, nachdem die Anschläge palästinensischer Terroristen Europa erschüttert hatten. Es war ein Balanceakt zwischen Diplomatie und Terror, zwischen Israelis und Palästinensern.

Als Transitland für jüdische Emigranten aus dem Ostblock, vor allem aus der Sowjetunion, nach Israel war Österreich automatisch in den Konflikt verwickelt; das zeigte sich 1973, als es in einem Auswandererzug eine Geiselnahme gab. Jene Kampfgruppen, die keinen friedlichen Ausgleich wollten, nahmen österreichische Ziele ins Fadenkreuz. Die Terrororganisation Abu Nidal ermordete 1981 in Wien den SPÖ-Stadtrat Heinz Nittel, den Leiter der österreichisch-israelischen Freundschaftsgesellschaft; die Wiener Synagoge wurde attackiert, es gab zwei Tote und 17 Verletzte.

Kreisky wollte die Wurzeln der Gewalt beseitigen. Er fuhr immer wieder in die Region, traf Jassir Arafat, der damals als „der gefährlichste Mann der Welt" galt, und den ägyptischen Staatschef Anwar el-Sadat. Seine Ziele: Anerkennung Israels durch Araber und Palästinenser, Etablierung der palästinensischen Befreiungsorganisation PLO als Verhandlungspartner, Schaffung eines Palästinenserstaates, Kampf gegen den Terror.

Zu wichtigen Akteuren entwickelte sich ein Vertrauensverhältnis, das auch US-Außenminister Henry Kissinger zu nutzen gedachte. Er habe oft mit Kreisky über mögliche Lösungen für den Nahen Osten gesprochen, erinnerte sich Kissinger später: „Kreisky war sehr aktiv interessiert daran, einen Frieden zwischen Israel und den Arabern zu fördern. Und er dachte, er könnte eine besondere Rolle in Gesprächen mit beiden Seiten spielen. Er wurde sicher von Sadat und auch von König Hussein von Jordanien zur Beratung herangezogen. Daher war ich immer interessiert, Kreiskys Sichtweisen zu hören." Nach Kreiskys Tod sagte Kissinger bei einer Gedenkveranstaltung in New York, es gebe wenige Staatsmänner, die er besser verstanden oder gemocht und so sehr respektiert habe wie Bruno Kreisky.

Ein ebenso großes Anliegen war ihm die Ost-West-Politik. Kreisky war ein überzeugter Anti-Kommunist – aber er wusste, dass Österreichs Interessen mit einer realistischen Politik gegenüber seinen östlichen Nachbarn am besten gedient war. An die „Bekehrung" der kommunistischen Staaten glaubte er nie. Sein Ziel war Entspannung: „Man kann mit kommunistischen Staaten nur eine Politik der Normalisierung unter striktester Beobachtung der möglichen Grenzen machen und keine der Selbsttäuschung oder gar der Fraternisierung."

Er war seinerzeit der erste westliche Außenminister, der Rumänien, Ungarn und Bulgarien offizielle Besuche abstattete. Dabei ging es ihm vor allem um mehr Sicherheit gegenüber dem Warschauer Pakt. Später, als Regierungschef, knüpfte er tragfähige Wirtschaftsbeziehungen an – und versuchte zugleich Leuten, die aus politischen Gründen eingesperrt waren, zu helfen.

Eine Besonderheit waren die Beziehungen zur DDR. Das ostdeutsche Regime hatte sich die beiden neutralen Länder Österreich und Schweden als Dialogpartner ausgesucht. Mit der Regierung in Wien schloss die DDR mehr als zwanzig Abkommen – ein Test, wie weit sie in der Beziehung zu einem kapitalistischen Staat gehen konnte, ohne Moskaus Misstrauen zu erregen. Die DDR war nach der Sowjetunion der zweitwichtigste Handelspartner Österreichs im Ostblock, Österreich stets zweitgrößter Aussteller auf der Leipziger Messe (nach der Bundesrepublik). Damit eröffneten sich auch Interventionsmöglichkeiten in humanitären Fällen. Die Namenslisten mit DDR-Bürgern, die in Schwierigkeiten waren und in den Westen wollten, wurden diskret an Erich Honecker übergeben. Sehr häufig setzte sich Kreisky für Schriftsteller ein, die den Schikanen der Stasi und dem Druck der staatlich gelenkten Massenmedien ausgesetzt waren.

Wenn Kreisky in „Härtefallen" Honecker brieflich kontaktierte, verwendete der gelernte Diplomat folgende fein austarierte Sätze: „Wenn ich Sie, sehr geehrter Herr Vorsitzender des Staatsrates, abschließend nochmals bitte, zu prüfen, ob in dem einen oder anderen dieser Fälle Hilfe möglich ist, so möchte ich mich damit keineswegs in die inneren Angelegenheiten Ihres Landes einmischen. Ich möchte aber noch einmal betonen, dass ich es neben den humanitären Beweggründen auch politisch für außerordentlich wichtig halte, wenn in solchen Fragen ein Dialog abseits von jeder Öffentlichkeit möglich sein sollte. – Genehmigen Sie, sehr geehrter Herr Vorsitzender des Staatsrates, den Ausdruck meiner besonderen Hochachtung. Ihr Bruno Kreisky, m.p."

Der politische und wirtschaftliche Austausch war zeitweise so intensiv, dass Bonn die österreichische Regierung beschuldigte, „den Deutschen in den Rücken zu fallen". Kreisky verbat sich jegliche Einmischung in die Beziehungen zu anderen Staaten: Wenn jemand glaube, die Politik Österreichs qualifizieren zu müssen, stoße er in Wien auf taube Ohren.

Im Februar 1976 stattete der Bundeskanzler der Tschechoslowakei als erster Bundeskanzler seit dem Ende des Zweiten Weltkriegs einen Staatsbesuch ab. Zu diesem Land hatte er eine persönliche Beziehung, stammten doch seine Vorfahren aus den ehemaligen Kronländern Böhmen und Mähren. In der Hauptstadt der ČSSR fiel ihm auf, dass die österreichische Delegation, wenn sie durch Prag ging, feindselige Blicke erntete. Die Menschen auf der Straße schienen ausdrücken zu wollen, dass die Österreicher dem KP-Regime zu viel Ehre antaten; sie hätten sich mehr Distanz gewünscht.

Die Prager wussten freilich nicht, dass Kreisky sehr wohl Distanz hielt. Sowohl in der Tschechoslowakei als auch bei seinen Besuchen in der Sowjetunion, in der DDR oder in Ungarn versuchten die Machthaber, den Staatsgast zu den höchsten Parteifunktionären, den Generalsekretären der Partei, zu lotsen – aber nicht am Regierungssitz, sondern in der Zentrale der Kommunistischen Partei. Doch Kreisky lehnte es strikt ab, einen Generalsekretär aufzusuchen: Er sei Gast des Staates und nicht der Partei, ließ er seine verdutzten Gastgeber wissen.

Neben der konsequenten, aber illusionslosen Normalisierung der Beziehungen zu den kommunistischen Staaten im Donauraum war die Teilnahme an der europäischen Integration ein Hauptziel von Kreiskys Außenpolitik. Innenpolitisch war das umstritten. „Es ist heute fast gespenstisch, zu lesen, mit welchen geradezu kindischen Argumenten der damalige Kurs der Außenpolitik als neutralistisch, ost-anfällig und gefährlich bekämpft wurde." (Paul Lendvai)

Österreichs Zugehörigkeit zur europäischen Freihandelsgemeinschaft EFTA war noch in der Raab–Figl-Zeit beschlossen worden. Kreisky versuchte, das Land in kleinen Schritten näher an die Wirtschaftsgemeinschaft EWG zu bringen, wobei diese Frage in der SPÖ traditionell ideologisiert war. Schon vor seiner Zeit als Parteivorsitzender hatte Kreisky unverblümt erklärt: „Es ist absolut falsch, die EFTA als eine sozialistische und die EWG als eine konservative Institution darzustellen. Es gibt keine rote EFTA und ebenso wenig eine schwarze EWG."

Peter Jankowitsch sagt, der Kanzler habe natürlich gewusst, dass für einen Neutralen die Annäherung an die EWG (später EG bzw. EU) aus geopolitischen Gründen schwierig war, aber sie war kein Feindbild für ihn. Die Parole von Kreiskys Vorgänger als Parteivorsitzender, Bruno Pittermann, die EWG sei ein kapitalistischer Bürgerblock, „hat er immer für Unsinn gehalten".

In der Außenpolitik kreuzten sich die Wege von Kreisky und Karl Fürst zu Schwarzenberg. Der in Prag geborene Aristokrat betätigte sich früh politisch und unterstützte die Opposition in der Tschechoslowakei gegen das kommunistische Regime. 1984 wurde er auf Empfehlung von Kreisky Präsident der Internationalen Helsinki-Föderation; nach der politischen Wende war er Kanzler (also Kabinettschef) von Präsident Václav Havel, später Außenminister.

Schwarzenbergs Resümee über den Außenpolitiker Kreisky: „Erstens habe ich von ihm einiges darüber gelernt, wie man mit Leuten umgeht. Zweitens, dass man nicht versuchen darf, in einer außenpolitischen Frage emotional zu reagieren – was ihm passiert ist. Drittens, dass gewisse Prinzipien unter allen Umständen, auch gegenüber einer Großmacht, eingehalten werden müssen. Und zum Schluss – dass man seine Politik auch zu Hause gut verkaufen muss, sonst ist man restlos isoliert."

Innenpolitisch wurde dieser „Verkauf" nach dem Triumph von 1979 zunehmend schwieriger. Die Diskussion über die Vermengung von öffentlichem Amt und privaten Geschäftsinteressen, ausgelöst durch den Fall Androsch, wurde immer heftiger. Der Gedanke, der verstoßene Ziehsohn könnte bald sein Nachfolger werden, veranlasste Kreisky im November 1982 zu einem handschriftlichen Rücktrittsangebot an die Partei zu Handen von Zentralsekretär Karl Blecha – er schickte den Text jedoch nie ab.

Wirtschaftlich waren die Budgetprobleme kaum mehr zu verschleiern. Heinz Fischer kleidet das in die Worte: „Immer betonte er (Kreisky) die Priorität der Arbeitsplatzerhaltung, aber er wusste, dass in der kommenden Gesetzgebungsperiode Maßnahmen zur Verbesserung der Struktur des Staatshaushaltes unverzichtbar sein würden. Und er stellte sich die Frage, ob er in die Wahl 1983 gehen könne, ohne diesbezüglich der Öffentlichkeit reinen Wein einzuschenken."

Bruno Kreisky hatte oft ein taktisches Verhältnis zur Wahrheit. (Der Architekt und Karikaturist Gustav Peichl sagte einmal über ihn, er habe als Politiker „so gelogen, dass nicht einmal das Gegenteil wahr war".) Doch diese Situation ließ keine Schönfärberei mehr zu, wie er bekannte: „Wenn ich gefragt werde, ob ich in der nächsten Gesetzgebungsperiode Steuererhöhungen ausschließen kann, dann ist es mir unmöglich, darauf mit Ja zu antworten und es dann doch tun zu müssen."

Obwohl ihm der fehlgeschlagene „Paukenschlag" von ÖVP-Finanzminister Stephan Koren 1968 eine Mahnung war, entschloss sich Kreisky zu Weihnachten 1982 zum „Mallorca-Paket". Kern war eine Besteuerung der Zinserträge, in der Diktion der politischen Gegner die „Sparbuchsteuer". Die Kritik war heftig, die Verunsicherung in der Bevölkerung groß. Finanzminister Herbert Salcher, Androschs Nachfolger in der Himmelpfortgasse und ein staubtrockener Tiroler, tat sich mit der Verteidigung dieser Initiative schwer; der kranke Kreisky war ihm keine Stütze.

Ein Ärzteteam hatte wider besseres Wissen grünes Licht für die Kandidatur des 72-Jährigen gegeben, der dreimal pro Woche zur Blutwäsche musste und auf einem Auge nahezu blind war. Zudem hatte er Sorgen mit seiner kranken Ehefrau Vera.

Selbst im TV-Duell mit seinem neuen Herausforderer Alois Mock wirkte der Kanzler matt. Am 12. März 1983 erklärte Kreisky, er stehe als Regierungschef nach der Wahl nur zur Verfügung, wenn die SPÖ wieder die absolute Mehrheit erhielte. Eine Koalitionsregierung würde er sich im 73. Lebensjahr nicht mehr antun.

Am 24. April 1983 stand Kreisky nach Josef Klaus, Hermann Withalm, Karl Schleinzer und Josef Taus mit Alois Mock der fünfte ÖVP-Obmann bzw. Kanzlerkandidat gegenüber. Er war seit 13 Jahren Bundeskanzler, seit 12 Jahren hatte seine Partei im Nationalrat die Absolute.

Am späten Nachmittag zeichnete sich ab, dass es für eine Alleinregierung nicht mehr reichen würde. Noch einmal stellte Kreisky die Weichen: In der Parteizentrale versammelte er seine engsten Vertrauten um sich, darunter Heinz Fischer und Karl Blecha. Ihnen offenbarte er, dass er Vizekanzler Fred Sinowatz zum Nachfolger designieren und eine Koalition mit der FPÖ von Norbert Steger empfehlen wolle.

Die Ära Kreisky war vorbei.

Gespräch mit Hugo Portisch

„Er wollte die Menschen ständig überzeugen"

Hugo Portisch, einer der bedeutendsten österreichischen Journalisten nach dem Zweiten Weltkrieg, erinnert sich in diesem Interview an Bruno Kreisky. Portisch war von 1958 bis 1967 *Kurier*-Chefredakteur. 1964 initiierte er das Rundfunkvolksbegehren. Später war er viele Jahre der Chefkommentator des ORF. Mit seinen TV-Dokumentationen wurde er zum Geschichtelehrer der Nation. Er starb am 1. April 2021 in Wien.

Herr Portisch, was war der wesentliche Grund für die Popularität, die Kreisky ab Ende der 1960er-Jahre erlangte?
Das war die neue Natur des ORF. Kreisky hat im Rundfunk geredet und ist beim Publikum ungeheuer gut angekommen.

Wie war das vor 1967?
Bis dahin gab es im ORF die Herrschaft der Parteien mit ihren Zensoren. Vor einem Interview mit einem Politiker wurden die Fragen und die Antworten abgestimmt. Die ORF-Journalisten haben die Fragen gestellt, die Politiker haben die Antworten von einem Zettel runtergelesen. Das war ein unfreier Rundfunk. Dann kam das Volksbegehren. Nachher gab es keinerlei Einschränkungen, nichts wurde abgesprochen – und alle anderen Politiker waren entsetzt, weil sie nicht gewöhnt waren, frei zu reden. Es schien ihnen unmöglich, vor einem Mikrofon zu sprechen. Kreisky konnte das und war damit ein König.

Ein Naturtalent?
Ja! Er hat das gekonnt. Wahrscheinlich war er das schon aus seinem schwedischen Exil gewohnt. Er hat gewusst, dass ihm die freie Berichterstattung nützt, denn er war ein Könner im Formulieren und er hat zu allem eine Antwort gehabt – meistens eine gute.

Das Establishment der SPÖ hat den jungen Kreisky anfangs abgelehnt – warum?
Er hatte anfangs wenig Hoffnung, dass er eine höhere Position in der

Partei bekommt. Er war damals bei mir und er war bei Otto Schulmeister (seinerzeit Chefredakteur der *Presse*). Kreisky sagte uns, die wollen keinen Juden. Wir haben uns enorm aufgeregt und gesagt, das darf nicht sein, dass einer, weil er ein Jude ist, nichts werden darf. Also, dann treten wir ganz für Sie ein, haben wir gesagt.

Von wem kam die Ablehnung?
Das war bei Bruno Pittermann (SPÖ-Vorsitzender von 1957 bis 1967) eine Hauptwaffe – diese hingeflüsterten antisemitischen Bemerkungen. Aber Schulmeister und ich haben gesagt, wir gehen auf die Barrikaden für Kreisky. Denn in Österreich darf keiner mehr diskriminiert werden, weil er Jude ist.

Welche Rolle hat bei Kreisky sein Judentum gespielt?
Er war ganz bestimmt ein bewusster Jude. Und er hat jüdische Verbindungen sehr gepflegt. Der Industrielle Karl Kahane (1920–1993) war einer seiner besten Freunde. Er hat viel dazu beigetragen, dass Kreisky seine Nahost-Politik machen konnte, auch indem er ihm das Flugzeug zur Verfügung gestellt hat, mit dem Kreisky in Nahost unterwegs war. Er hat auch andere jüdische Kontakte intensiv gepflegt. Ich war oft bei ihm eingeladen, wenn prominente internationale Juden zu Gast waren.

Kreisky hat ab 1970 unglaublich viel bewegt. Wie haben Sie diesen Wandel erlebt?
Das kam nicht über Nacht, sondern langsam. Kreisky war kein Stürmer, aber sehr konsequent. Entscheidend war die Bildungspolitik, zum Beispiel das Gratisschulbuch oder die Schülerfreifahrt. Das war wichtiger als alles andere.

Die Strafrechtsreform oder das neue Eherecht waren auch gewaltige Veränderungen.
Ja. Und die Fristenlösung, die gegen seinen Willen von den SPÖ-Frauen durchgesetzt wurde. Er wollte in keine Konfrontation mit der Kirche gehen. Aber die SPÖ-Frauen haben ihn dazu gezwungen – und Justizminister Christian Broda.

*Umstritten war neben vielen innenpolitischen Reformen auch die Außen-
politik, weil Kreisky Tabus gebrochen und sich damit Feindschaften zuge-
zogen hat. Wie haben Sie das erlebt?*
Außenpolitisch habe ich mit ihm nicht sympathisiert. Ich habe ihm
Vorwürfe gemacht. Er hatte zwar gute Ideen für den Nahen Osten, und
seine prinzipielle Linie war richtig, dass es eine Lösung für das israe-
lisch-palästinensische Problem nur in der Zusammenarbeit zwischen
den Israelis und Jassir Arafat geben kann. Die Israelis haben sich ganz
und gar dagegen gesträubt. Arafat war für sie ein Terrorist. Darauf hat
Kreisky die Israelis beschimpft und ist auf sie losgegangen. Da war ich
ganz dagegen, denn: Ein Bundeskanzler aus Österreich, wo ein großer
Teil des Holocaust stattgefunden hat, darf nicht gegen Israel sein, in
keiner Phase. Egal, ob right or wrong. Er war nicht erfreut, dass ich
diese Position eingenommen habe.

Wer waren Kreiskys Stützen in der Außenpolitik?
Mit Willy Brandt, der zuvor auch in der Emigration in Skandinavien
war, hat er sich gut verstanden, mit Olof Palme detto. Eine Schlüssel-
figur in der Sozialistischen Internationale war deren Generalsekretär
Hans Janitschek, ein sehr ambitionierter Mann.

Janitschek galt als bunter Hund. Konnte sich Kreisky auf ihn verlassen?
Er war Tag und Nacht aktiv, also keiner, der faul oder nachlässig gewesen wäre. Als zum Beispiel Salvador Allende in Chile gewählt wurde, flog Janitschek sofort hin, um sich ein Bild zu machen. Ich habe
ihn am Tag nach seiner Rückkehr in London getroffen und er hat zu
mir gesagt: „Du, das ist beängstigend. Allendes Wachposten sind alle
Kubaner oder Nordkoreaner – mit russischen Maschinenpistolen. Der
ist kein unbedingter Demokrat." Das hat Janitschek dann auch in der
Sozialistischen Internationale vertreten. Dort ist das nicht gut angekommen. Dabei war er ein Augenzeuge bei Allende.

*Kreisky galt als einer, der in der ganzen Welt mitmischt, und hat diesen
Eindruck nach Kräften gefördert. War diese Darstellung korrekt?*
Die Leute haben Kreisky gern geglaubt. Er hat manche Sachen gesagt,
von denen ich nicht weiß, inwieweit sie richtig waren. Nach der Kuba-
Krise hat er behauptet, er habe John F. Kennedy die Idee zukommen

lassen, die amerikanischen Raketen in der Türkei im Tausch gegen die russischen Raketen in Kuba anzubieten. Ich habe nie irgendwo eine Bestätigung dafür gefunden.

Kreisky legte den Ehrenvorsitz der SPÖ zurück, weil die ÖVP von Franz Vranitzky das Außenministerium übertragen bekam. Haben Sie diese Reaktion verstanden?
Er war entsetzt, dass man das Außenministerium einem Schwarzen übergeben hat. Er hat gesagt, das ist das wichtigste Ministerium, und das überlassen sie dem Feind. Das hat ihn sehr aufgeregt. Aber ich glaube, seine Entfremdung gegenüber der Partei hatte mehr mit Hannes Androsch und Anton Benya zu tun als alles andere. Von den beiden fühlte er sich hintergangen – was nicht gestimmt hat! Androsch hat das nicht getan. Er hat sehr gelitten unter dem Konflikt mit Kreisky. Ich habe den Konflikt auch bedauert, denn beide waren höchst talentiert.

Herr Dr. Portisch, danke für dieses Gespräch.
Eine wichtige Frage haben Sie mir nicht gestellt.

Welche wäre das?
Was es zu essen gab. Jedes Mal, wenn ich bei Kreisky zum Abendessen eingeladen war, gab es Flusskrebse.

Flusskrebse?
Das edelste Menü, das man kriegen konnte.

War Kreisky im persönlichen Umgang eigentlich misstrauisch?
Nein, gar nicht. Er war sehr offen. Nur wenn ich in der Abendausgabe des *Kurier* die geringste Kritik geäußert habe, hat er in der Nacht stundenlang mit mir telefoniert. Er hat immer geglaubt, ich kann um drei Uhr früh noch was ändern in der Zeitung. Er wollte mich überzeugen, dass das, was er sagt, richtig ist. Doch da ist ihm wenig gelungen.

Es wäre spannend, wie Kreisky auf die heutigen Herausforderungen reagieren würde, auf Klimawandel, Digitalisierung, Migration …
Er konnte dem Publikum alles erklären. Er war einer, der andere ständig überzeugen wollte. Das war auch seine Mission: die Menschen zu

überzeugen, dass er recht hat. – Ich hatte übrigens auch einmal eine wichtige Mission mit ihm.

Welche?
Meine Mission war es, Kreisky nach Hause zu chauffieren. Er stand in der Nähe des Wiener AKH im Regen auf der Straße. Sein Auto hatte gestreikt.

Der Regierungschef als Autostopper?
Ja. Er stand dort und hat versucht, Autos aufzuhalten, damit ihn irgendjemand mitnimmt. Ich habe ihn erkannt – und mitgenommen.

Der „Alte" und die Neuen Medien

Wie würde Bruno Kreisky, dem die Kommunikation alles bedeutete, mit den digitalen Medien umgehen? Würde er sie beherrschen – oder würden sie ihn dominieren? Wie sehr würden sie ihn fordern, ja überfordern? Die Antwort ist naturgemäß spekulativ, doch einige Indizien lassen sich finden.

Historiker setzen als Beginn des „Digitalen Zeitalters" die Zeit um 1970 an. In den Industriestaaten kam es ab diesem Zeitpunkt zur zuerst gemächlichen, dann rasanten Durchdringung aller Lebensbereiche durch digitale Kommunikationstechnologien.

Ein Zwischenschritt war das Autotelefon. Es war der Übergang vom leitungsgebundenen Festnetztelefon zum Mobiltelefon. Die Anbindung erfolgte bereits über eine Funkstrecke. Die Mobilität wurde jedoch durch die Größe und das Gewicht der Sende- und Empfangseinrichtungen eingeschränkt; sie konnten nur in Verbindung mit einem Fahrzeug transportiert werden.

Das Autotelefon der 1970er-Jahre war „ein Telefon, das nicht an Kabeln aus der Wand hing, das nicht von der spärlichen Erreichbarkeit einer Vierteltelefonnummer desavouiert wurde, ein Telefon aus der Zukunft. Es hatte die Größe eines Kindersarges und war nur mit einem dicken Auto drumrum erhältlich" (so die Journalistin Andrea Maria Dusl in ihrer „Ode ans Handy", erschienen in der „Standard"-Beilage „Rondo", 23. Juni 2006).

Der Teilnehmer konnte selbst wählen, eine Vermittlung war nicht mehr nötig. Allerdings musste während der Fahrt den Anrufern der Aufenthaltsort bekannt sein, da jeder Funkbereich eine eigene Vorwahl besaß.

Bruno Kreisky ließ bereits Anfang der 1970er-Jahre ein Telefon auf der Rückbank seines Dienstwagens Rover P5 installieren, was das Platzangebot im Auto stark reduzierte. Aber die leichte Erreichbarkeit war dem Kanzler wichtiger. Er war auch beim Autotelefon ein „First Mover".

Sein damaliger Büroleiter Alfred Reiter berichtet von den Schwierigkeiten, die der „Alte" mit dem neuen Medium hatte. Kreiskys Mitarbeiterinnen und Mitarbeiter mussten immer mitverfolgen, wo sich

Kreiskys Auto gerade befand. Nur mit diesem Wissen konnte ein Gespräch hergestellt werden. Die Kommunikation war mühsam, aber technisch auf der Höhe der Zeit.

Ganz andere Herausforderungen hatte Kreisky mit seinem Festnetzanschluss im Wohnzimmer der Villa in der Armbrustergasse 15. Der 10 x 21 cm große Apparat – mit Wählscheibe im Standfuß und extralangem Kabel – läutete oft bei Tag und Nacht, weil der private Anschluss des Kanzlers im öffentlichen Telefonbuch stand.

Laut Reiter kamen circa sieben von zehn Anrufen von Leuten, die Kreisky völlig unbekannt waren. Manchmal kamen sie aus privaten Runden, die sich einen Scherz erlauben wollten. Wenn sich dann der Regierungschef mit seiner sonoren Stimme meldete, kam oft kein Gespräch zustande, weil der Anrufer so perplex war, dass er kein Wort herausbrachte und nach ein paar Sekunden auflegte.

Oft riefen auch Menschen an, um mit Kreisky über ihre privaten oder beruflichen Probleme zu reden. Der Kanzler machte sich Notizen, sein Büro musste dann „das Gespräch erledigen." Nachdem Kreiskys handschriftliche Aufzeichnungen nicht immer exakt waren, hatten seine Mitarbeiter häufig Mühe, einen Anruf zurückzuverfolgen und zufriedenstellend zu erledigen.

Einer der Augen- und Ohrenzeugen war Hannes Androsch nach einer langen Sitzung im Hause Kreisky: „Es muss in der Nacht so um halb, dreiviertel Zwölf gewesen sein, da hat das Telefon geläutet, er hat abgehoben. Und ein verzweifelter Anrufer sagt: Die Rettung kommt nicht, wir brauchen die Rettung. Worauf er (Kreisky) die Rettung angerufen hat und sie zum Anrufer vermittelt hat. Wahrscheinlich haben die zuerst geglaubt, es ist ein Schmäh – ‚hier Kreisky!'. Aber Sie können sich vorstellen, bis zum Lebensende haben das alle hundert Mal erzählt. Und es war so."

So sehr Kreisky die Verbindung zu allen Bevölkerungsschichten liebte: Alfred Reiter ist ganz sicher, dass dieser Kommunikationsstil eines Regierungschefs heute zum Scheitern verurteilt wäre. „Er würde dauernd am Handy hängen", sagt Reiter. Kreisky gestaltete seinen Austausch mit der Öffentlichkeit weitestgehend selbst, die Pressesprecher waren mehr oder weniger Statisten.

Kreisky würde heute wohl auch die diversen sozialen Netzwerke nutzen und auf allen denkbaren Plattformen, von Facebook und X (vormals Twitter) bis Tiktok, persönlich präsent sein. Der optischen und akustischen Reizüberflutung durch die Neuen Medien könnte sich jemand wie Kreisky nicht entziehen. Das ständig vibrierende Smartphone würde jedoch seine Aufmerksamkeit binden und ein konzentriertes sachliches Arbeiten unmöglich machen.

Heute gibt es zwei Arten von Politikerinnen und Politikern, die auf Social Media aktiv sind, erklärt Ingrid Brodnig. Sie ist Journalistin und Buchautorin. In ihrer Arbeit beschäftigt sie sich mit den Auswirkungen der Digitalisierung auf die Gesellschaft. Sie hat sechs Bücher verfasst, ihr Buch „Hass im Netz" wurde mit dem Bruno-Kreisky-Sonderpreis für das politische Buch ausgezeichnet.

Der erste Typ ist laut Brodnig jener, der vieles tatsächlich selbst kommuniziert, eine Art „One-Man-Show" oder „One-Woman-Show" ist. Das funktioniert, wenn jemand eine starke Marke ist, „Social Media lebt von starken Marken."

Der zweite Typ ist jener, der sich auf ein Social-Media-Team verlässt, das den Content auswählt, vorbereitet und umsetzt. Auf solche Um- und Übersetzer verlassen sich heute fast alle Politikerinnen und Politiker. Brodnig: „Und das kann gut funktionieren, wenn man die passenden Leute hat."

Der Anspruch, alles selbst zu machen, sei unrealistisch, meint Brodnig. Es gebe unterschiedliche Zielgruppen, die verschieden angesprochen werden müssen. Wichtig sei auch: Social Media lebt vom Gefühl der Authentizität; das heißt nicht, dass Spitzenpolitiker intimste Einblicke zeigen müssen, sondern sie wählen sehr genau aus, welchen Ausschnitt des privaten Lebens sie zeigen, um authentisch und nahbar zu wirken.

Das Gespür für den richtigen Inhalt hatte Kreisky zweifellos – auch bei Bildern. Er ließ durch ausgewählte Fotografen bestimmte Szenen ablichten, die seiner politischen Planung entsprachen.

Der deutsche Fotograf Konrad Rufus Müller zum Beispiel begleitete Kreisky auf Vermittlung von Willy Brandt neun Jahre lang, von 1980 bis 1989. Er zeigte Kreisky als Politiker, als Denker, als Träumer. Müller wollte Kreiskys vielschichtige Persönlichkeit festhalten; ein Bild zeigt ihn umringt von saudischen Prinzen, ein anderes im Gespräch mit Anwar el Sadat, ein drittes als Pensionist unter einem Olivenbaum. Manche später berühmt gewordene, scheinbar ungezwungene „photo opportunity" war Kalkül.

Kreisky hätte gewiss auch die Gelegenheit genützt, sich im Tagesgeschäft unabhängig von den klassischen Medien zu machen. Parteien wie die FPÖ zeigen mit eigenen oder „befreundeten" Printprodukten, digitalen Aktivitäten und Videokanälen („FPÖ TV"), wie das geht. Sie bedienen die gewünschte Zielgruppe. Der Rechtspopulismus kann hier besonders stark eigene Kanäle etablieren, weil zu seiner Erzählung auch gehört, die angebliche Elite negativ darzustellen – traditionelle Medien werden als scheinobjektive „Lügenpresse" diskreditiert.

Aber auch für alle anderen Parteien stellen die Inszenierungen auf Kanälen abseits des Mainstreams „die Chance dar, eine eigene Erzählung herauszubringen" (Brodnig). Die Expertin ist freilich überzeugt, dass die klassischen Medien ihre Bedeutung nicht verlieren werden. Ihnen bleibt die Aufgabe der sachkundigen, fairen Einordnung und Bewertung für eine Öffentlichkeit, „die nicht nur parteigebunden ist." Dieser handwerklich saubere Journalismus habe und behalte seinen gesellschaftlichen Wert.

„Es gab unter Linken eine gewisse Streitkultur"

Jan Kreisky, geboren 1978 in Wien, ist ein Enkel von Bruno Kreisky, Sohn von Peter Kreisky (1944–2010) und dessen Ehefrau Eva, geborene Zgraja. Er studierte Geschichte, Internationale Entwicklung und Publizistik/Kommunikationswissenschaften in Wien, Salamanca und Mexiko-Stadt. Seit 2018 ist Jan Kreisky wissenschaftlicher Mitarbeiter des Österreichischen Volkshochschularchivs in Wien-Floridsdorf. Das Interview fand am 5. März 2024 in Wien statt.

Herr Kreisky, Sie waren zwölf Jahre alt, als Bruno Kreisky starb. Welche persönlichen Erinnerungen haben Sie an ihn?
Meine Erinnerungen stammen aus der Zeit zwischen seinem Rücktritt 1983 und dem Staatsbegräbnis im August 1990. Das sind eher private Erinnerungen, aber ein bisschen kommt immer auch etwas Politisches dazu. Das sind die Jahre, an die ich mich bewusst erinnern kann, weil ich eben schon ein bisschen älter war.

Welcher Art sind diese Erinnerungen? Sind das vor allem familiäre Erinnerungen an den Großvater?
Ja, ich erinnere mich zum Beispiel gut an die Mittagessen mit und bei ihm und an einige Urlaube auf Mallorca oder an Kuraufenthalte. Er fuhr ja auch gern zur Kur in den Schwarzwald nach Baden-Württemberg.

Ist Ihr Name Kreisky ein persönlicher und beruflicher Vorteil – oder eher ein Nachteil?
Beides wahrscheinlich. Es kann so oder so sein.

Sie haben 2012 bei Gericht den Antrag gestellt, Bruno Kreisky durch eine Einzelfallprüfung als Opfer des Austrofaschismus zu rehabilitieren. Das geltende Gesetz sah nur eine pauschale Rehabilitierung vor. Warum war Ihnen der persönliche Aspekt so wichtig? Und wie war der Ausgang des Verfahrens?

Es endete recht bald mit einem positiven Bescheid. Warum ich das gemacht habe? Ich hatte das Gefühl, dass ihm das wichtig gewesen wäre, und habe gefunden, dass es ein relevantes historisches Thema ist.

Gesetz war damals nicht sehr bekannt, kaum jemand wusste, dass man sich an ein Gericht wenden kann.
Der Austrofaschismus war kaum mehr ein Thema. Die Aufarbeitung der NS-Zeit erschien vielen dringlicher. Dabei haben viele, nicht nur Bruno Kreisky, die Jahre ab 1933 als tiefen Bruch erlebt.

Ihr Vater Peter zählte zum linken Flügel der SPÖ. Zeitweilig hatte er ein gespanntes Verhältnis zum damaligen Bundeskanzler. In den 70er- und 80er-Jahren war er in Bürgerinitiativen aktiv und organisierte Demonstrationen, etwa gegen Zwentendorf. Wie sehen Sie heute das Spannungsverhältnis von Vater und Sohn?
Einerseits war es eine Konkurrenz, andererseits doch in gewisser Weise konstruktiv. Damals gab es unter Linken ja eine gewisse Streitkultur. Das ist in der jüngeren Vergangenheit anderen Einstellungen gewichen, da werden Einzelfragen zu sehr zugespitzt, jeder beharrt auf seinem Standpunkt. Bei diesem Vater-Sohn-Konflikt ist man dann doch wieder zusammengekommen, auch wenn es vorher Konflikte gegeben hat.

Wobei Ihr Vater sehr starke Überzeugungen hatte, die mit Bruno Kreiskys Regierungsarbeit nicht kompatibel waren - wenn ich etwa an die Demonstration gegen den Vietnamkrieg denke, 1972 in Salzburg, während der Bundeskanzler US-Präsident Richard Nixon zum Staatsbesuch empfing.
Ja, er war gesinnungsstark. Aber als beide älter wurden, sind sie auch ein bisschen versöhnlicher geworden.

Ihr Vater hatte stets die Hoffnung, dass sich Sozialdemokraten, Christdemokraten und Grüne zu einer breiten Bewegung für gesellschaftliche Reformen zusammenfinden. Was halten Sie von dieser Perspektive?
Damals war das eine richtige Überlegung, inzwischen hat sich das Parteienspektrum geändert. Es gibt links, aber auch rechts mehr Möglichkeiten für Koalitionen oder Bündnisse. Zum Beispiel sind neue linke Gruppierungen, aber auch die Neos dazugekommen.

Der Familie Kreisky war das Beispiel des schwedischen Wohlfahrtsstaates vertraut. Er galt lange Zeit als internationales Vorbild, auch wegen der aktiven Gleichstellungspolitik.Inzwischen nennen Kritiker das System teuer und ineffizient. Welches Modell des Sozialstaates ist Ihrer Meinung nach zukunftsfähig?
Der Sozialstaat hat Zukunft, wenn sich auch durch die Pandemie einiges geändert hat. Da ist Gutscheinpolitik statt Sozialpolitik gemacht worden. Ich sehe hier generell ein Problem. Seit dem EG-/EU-Beitritt 1995 sind doch kaum mehr große Reformen umgesetzt worden.

Es gab unter Wolfgang Schüssel eine große Pensionsreform …
… die sehr umstritten war. Ich meine, zur Unzufriedenheit trägt bei, dass es keinen „großen Wurf" mehr gegeben hat. Die Sozialhilfe wurde 2010 zur Mindestsicherung umgestaltet, aber sonst fällt mir nicht viel ein - außer den Privatisierungen.

Sie meinen die Privatisierungen im Bereich der Verstaatlichten Industrie?
Ja, die Privatisierung der ehemals staatlichen Betriebe ab den 90er Jahren, die im Jahr 2000 beschleunigt wurde.

Die Sozialdemokratie verstand sich immer als Partei der arbeitenden Bevölkerung. Ihr Großvater nannte die Arbeitslosigkeit einen unerträglichen Zustand, an den man sich nicht gewöhnen dürfe. 1983 hat er die Kommission für Beschäftigungsfragen in Europa gegründet. Wie schafft man Arbeit im 21. Jahrhundert?
Der Bericht der Kreisky-Kommission hieß „20 Millionen suchen Arbeit". Das war ein Beschäftigungsprogramm für die 1990er-Jahre und ein politisches Vermächtnis Bruno Kreiskys. Jetzt sind es noch immer allein in der Europäischen Union mehr als 13 Millionen Arbeitslose und sehr viele prekär Beschäftigte. Wir haben uns in Europa schon sehr lange an diese Arbeitslosigkeit gewöhnt. Notwendig wären mehr Investitionen in Bildung, Infrastruktur, Umwelt, Forschung und Entwicklung.

Die Sozialdemokratie war ursprünglich revolutionär, sozialistisch und international. Heute bekennt sie sich zur sozialen Marktwirtschaft und ist in vielen Ländern linksliberal. In Österreich gibt es – gerade in der jüngeren

Vergangenheit – starke Stimmen für eine Linkswende. Welche Zukunft hat denn die Sozialdemokratie Ihrer Meinung nach?

Ich vermute, dass viele heute gar nicht mehr wissen, was mit Sozialismus einmal gemeint war. Kreisky sprach vom demokratischen Sozialismus. Die heutige SPÖ sollte ihren eigenen Weg finden. Da könnte wieder die Bildung ein wichtiger Punkt werden. Eine richtige Ganztagsschule hielte ich auf jeden Fall für einen guten Anfang. Die Diskussion um die Gesamtschule gibt es schon sehr lange – ich denke, das wäre ein gutes Modell. Leider ist diese Idee in Österreich momentan kaum realisierbar.

Danksagung

Vom französischen Philosophen Michel de Montaigne stammt der Satz: „Je n'enseigne pas, je raconte – Ich belehre nicht, ich erzähle." Dieser Leitlinie folgt das vorliegende Buch. Es ist das Resultat einer fast vierzig Jahre währenden Beschäftigung mit österreichischer Politik. Auf dieser langen Reise hatte ich viele Begleiter, darunter „meine" Chefredakteure Luis Grundner und Josef A. Standl (*Neue Warte am Inn*), Franz Ferdinand Wolf und Hans Magenschab (*Wochenpresse*), Peter Michael Lingens und Helmut Voska (*profil*), Peter Rabl (*Kurier*) und Gerald Mandlbauer und Susanne Dickstein (*OÖ Nachrichten*). Besonders bedeutsam war die jahrelange freundschaftliche Zusammenarbeit mit Hubertus Czernin, dem besten Journalisten meiner Generation. Er hat bei der Aufarbeitung der NS-Vergangenheit Großes geleistet. 2006 ist er leider viel zu früh verstorben.

Auslöser für dieses Buch waren die vielen Gespräche mit Alfred Reiter, Kreiskys Kabinettschef in den stürmischen Reformjahren. Ohne die Einsichten, die er mir gewährte, und seine geduldigen Korrekturen gäbe es diese Seiten nicht. Ich danke ihm (und Michele von der Osteria del Collio, der uns bei Tischgesprächen mit Köstlichkeiten versorgte). Ebenso danke ich Margit Schmidt für Auskünfte sowie für die Privatführung in der Kreisky-Villa. Oliver Rathkolb sage ich Dank für die kritische Lektüre des Textes. Maria Steiner (Kreisky-Archiv), Birgit Francan und Marina Hofinger (Ueberreuter-Verlag) halfen mir ebenso mit Rat und Tat.

Ihre Zeit schenkten mir in besonderem Ausmaß Heinz Fischer, Hannes Androsch, Peter Jankowitsch, Hugo Portisch, Franz Schuh, Robert Kriechbaumer, Nora Schuster-Merlicek, Rudi John und Ernst Braun. Nicht zuletzt danke ich meiner Familie, die mit Sanftmut die Monate meines Schreibens hingenommen hat.

Wien und Langenzersdorf, im Sommer 2024   Christoph Kotanko

Zeittafel

22. Jänner 1911	Bruno Kreisky wird in Wien-Margareten, Schönbrunner Straße 122 geboren.
September 1916	Eintritt in die Volksschule in Wien-Mariahilf
1921 bis 1929	Besuch mehrerer Mittelschulen
7. November 1924	Teilnahme an einer Mittelschülerdemonstration vor dem Stadtschulrat, Anlass ist der Selbstmord eines Schülers
1925	Beitritt zum Verband Sozialistischer Mittelschüler. Diese Organisation sagt ihm jedoch nicht zu („Diskussion um der Diskussion willen").
1927	Beitritt zum Verband der Sozialistischen Arbeiterjugend (SAJ) in Wien-Wieden. Trotz anfänglicher Widerstände wird er Vorsitzender dieser Arbeiterjugendgruppe.
1929	Matura an der Bundesrealschule Wien-Landstraße, Radetzkystraße
Herbst 1929	Jus-Studium an der Universität Wien auf Anraten Otto Bauers, den Kreisky in diesem Jahr kennengelernt hat: „Die Partei braucht gute Juristen." Ursprünglich wollte Kreisky Arzt werden.
1930	Kreisky wird Vorsitzender einer niederösterreichischen Regionalorganisation der Arbeiterjugend (Purkersdorf-Klosterneuburg-Tulln).
1933	Er wird Vorsitzender des „Reichsbildungsausschusses" der SAJ, übernimmt die Gesamtverantwortung für die Bildungs- und Kulturarbeit.
12. Februar 1934	Kreisky und Franz Olah, Funktionär der Gewerkschaftsjugend, vervielfältigen und verteilen den Aufruf zum Widerstand gegen den Austrofaschismus.
18. Februar 1934	Nach dem Verbot der Sozialdemokratischen Arbeiterpartei treffen sich die ehemaligen Funktionäre der Jugendbewegung im Wienerwald. Die illegale Revolutionäre Sozialistische Jugend wird von Kreisky und Roman Felleis, seinem damals besten Freund, gegründet.
März 1934	Als Abgesandter der illegalen Partei reist Kreisky nach Brünn zu Otto Bauer. Er führt in dieser Zeit verschiedene Decknamen: Rainer, Braun, Brand, Pichler.

30. Jänner 1935	Verhaftung Kreiskys in der elterlichen Wohnung. Gleichzeitig werden (der spätere Bundespräsident) Franz Jonas, (der spätere Minister und Dritte Nationalratspräsident) Otto Probst, (der spätere Minister) Anton Proksch und viele andere eingesperrt.
16. März 1936	Hauptverhandlung gegen Kreisky und seine Genossen vor dem Schwurgericht im Wiener Straflandesgericht („Sozialistenprozess"). Kreiskys Verteidigungsrede erregt international Aufsehen.
24. März 1936	Nach vier Monaten Polizeihaft und einjähriger Untersuchungshaft das Urteil: ein Jahr Kerker wegen Hochverrats
3. Juni 1936	Kreisky wird enthaftet, aber für alle österreichischen Hochschulen gesperrt.
1936 bis 1938	Fortsetzung der illegalen Tätigkeit
1938	Bewilligung zur Fortsetzung des Studiums
14. März 1938	Nach dem Einmarsch deutscher Truppen erscheint die Gestapo in Kreiskys Wohnung, während er an der Uni sein letztes Rigorosum ablegt.
15. März 1938	Kreisky wird in Schutzhaft genommen.
August 1938	Enthaftung mit der Auflage, das Land zu verlassen. Kreisky reicht ein Auswanderungsansuchen für Bolivien ein. Der Führer der schwedischen Jungsozialisten (und spätere Außenminister) Torsten Nilsson lädt ihn nach Schweden ein.
21. September 1938	Kreisky verlässt Österreich mit dem Eröffnungsflug der Lufthansa von Wien nach Berlin. Das Flugticket hat ihm (der spätere Innenminister) Josef Afritsch besorgt. Nach seiner Ausreise von Berlin nach Kopenhagen will die Gestapo Kreisky verhaften.
1939 bis 1945	Angestellter im Sekretariat der Stockholmer Konsumgenossenschaft und Mitarbeiter verschiedener Tages- und Wochenzeitungen
30. Juli 1939	Auf dem Kongress der Sozialistischen Jugendinternationale in Lille (Frankreich) tritt Kreisky gegen kommunistische Einflüsse auf. Angereist ist er unter dem Namen Pichler.
1940	Erstes Zusammentreffen mit Willy Brandt, Beginn ihrer lebenslangen Freundschaft
23. April 1942	Heirat mit Vera Fürth, Tochter einer Industriellenfamilie
1942	Kreisky setzt das Asylrecht für nach Schweden geflohene deutsche Soldaten durch.
Sommer 1943	Kreisky entwirft eine Erklärung, in der die österreichischen Sozialisten in Schweden für die Wiederherstellung des selbstständigen Österreich eintreten.

8. Mai 1944	Geburt des Sohnes Peter
8. Juni 1944	Tod von Vater Max Kreisky
23. Oktober 1945	Kreisky wird vom schwedischen Innen- und Sozialministerium beauftragt, Hilfslieferungen nach Österreich zu organisieren: Medikamente, Trockenmilch, Lebensmittel. Die US-Besatzungsmacht verweigert ihm die Einreise nach Österreich.
Mai 1946	Die französische Besatzungsmacht gestattet die Einreise nach Österreich; nach acht Jahren kommt Kreisky wieder in seine Heimat.
Juli 1946	Kreisky wird zum österreichischen Interessenvertreter in Schweden bestellt. Im Februar 1947 wird er der Gesandtschaft in Stockholm zugeteilt und als „Legationssekretär erster Klasse" pragmatisiert.
14. April 1948	Geburt der Tochter Suzanne
Ab 1951	Beamter in der wirtschaftspolitischen Abteilung des Bundeskanzleramtes, Auswärtige Angelegenheiten; Subkassier der SPÖ in Wien-Hernals unter dem Bezirksvorsitzenden Olah, Rückkehr nach Österreich
Jänner 1951	Beförderung zum „Legationsrat dritter Klasse"
22. Juni 1951	Bundespräsident Theodor Körner beruft ihn zum Kabinettvizedirektor und Berater.
2. April 1953	Kreisky wird Staatssekretär im Bundeskanzleramt, Auswärtige Angelegenheiten.
12. bis 15. April 1955	Mitglied der österreichischen Staatsvertragsdelegation in Moskau. Der Staatsvertrag wird am 15. Mai 1955 unterzeichnet.
9. November 1955	Beim Parteitag erhält Kreisky bei der Wahl des Parteivorstands 123 Stimmen, obwohl er nicht auf der Kandidatenliste steht.
13. Mai 1956	Bei der Nationalratswahl wird Kreisky für Niederösterreich nominiert und im Wahlkreis St. Pölten zum Abgeordneten gewählt.
1958	In einer Rede vor sozialistischen Studenten stellt Kreisky erstmals eine Verbindung zwischen der Entspannung in Europa und der Lage im Nahen Osten her.
16. Juli 1959	Kreisky wird Außenminister im Kabinett Raab III und setzt die Errichtung des Außenamts als eigenes Ressort durch. Bis dahin waren diese Agenden im Bundeskanzleramt untergebracht.
21. September 1959	Vor der UNO spricht Kreisky erstmals über die Südtirol-Frage.

Juli 1962	Kreisky beruft eine „Konferenz für wirtschaftliche Zusammenarbeit" ein. Politiker aus 36 Industriestaaten und Entwicklungsländern kommen nach Salzburg, darunter Indiens Premier Jawaharlal Nehru.
März 1963	Nach dem Wahlsieg der ÖVP im November 1962 will die Volkspartei Kreisky aus der Regierung drängen. Erst nach langen Verhandlungen, in denen sich Olah für ihn einsetzt, wird er wieder Außenminister.
September 1963	Treffen mit Präsident John F. Kennedy in Washington
8. März 1964	Treffen mit Präsident Gamal Abdel Nasser in Ägypten
Dezember 1964	Pariser Geheimtreffen mit dem italienischen Außenminister Giuseppe Saragat, weitgehende Einigung über ein Autonomiestatut für Südtirol
6. März 1966	Absolute ÖVP-Mehrheit bei den Nationalratswahlen, Alleinregierung unter Josef Klaus
5. Juni 1966	Kreisky wird Parteichef der SPÖ Niederösterreich.
1. Februar 1967	Der Parteitag bestätigt mit 347 von 497 Stimmen die Wahl Kreiskys zum Nachfolger Bruno Pittermanns.
21. April 1970	Nach der relativen Mehrheit der SPÖ bei der Nationalratswahl vom 1. März 1970 wird eine Minderheitsregierung unter Bruno Kreisky angelobt.
3. Juli 1970	Erster Staatsbesuch in der Schweiz
1970/71	Reformstart: Gesetz über die Rechtsstellung des unehelichen Kindes, Liberalisierung bei den Delikten der Ehestörung, der Homosexualität, der Amtsehrenbeleidigung, Einführung der Schülerfreifahrten
10. Oktober 1971	Nationalratswahlen, absolute SPÖ-Mehrheit
4. November 1971	Angelobung des Kabinetts Kreisky II
April 1972	Die Kärntner Slowenen fordern die volle Erfüllung des Staatsvertrags: Zweisprachigkeit der Ortstafeln in Bezirken mit gemischter Bevölkerung. Eskalation des „Ortstafelkonflikts"
14. Mai 1972	Rede beim 50-Jahr-Jubiläum der Paneuropäischen Union, Begegnung mit Otto Habsburg
22. Juli 1972	Unterzeichnung des bilateralen Freihandelsabkommens mit der EG in Brüssel, dafür hatte sich Kreisky seit Jahren auch gegen innerparteiliche Widerstände eingesetzt.
28. September 1973	Die Geiselaffäre von Marchegg wird unblutig beendet. Palästinenser hatten jüdische Auswanderer aus der Sowjetunion in ihre Gewalt gebracht.

1973/74	„Stahlfusion" zur Strukturverbesserung der Verstaatlichten, neue Gewerbeordnung, Mutter-Kind-Pass, Geburtenbeihilfe von 16.000 Schilling
12. Februar 1974	SPÖ-Parteitag hebt die Altersklausel auf, wonach Mandatare nach Vollendung des 66. Lebensjahres ausscheiden müssten (Kreisky ist zu diesem Zeitpunkt 63).
März 1974	Kreisky leitet die erste „Fact-Finding-Mission" der Sozialistischen Internationale im Nahen Osten. Weitere Missionen folgen 1975 und 1976. Er führt in diesen Jahren Gespräche in Ägypten, Syrien, Israel, Marokko, Algerien, Tunesien, Libyen, Kuwait, Jordanien, Saudi-Arabien und in den Vereinigten Arabischen Emiraten.
23. Juli 1974	Der auf Kreiskys Vorschlag aufgestellte parteilose Kandidat der SPÖ, Rudolf Kirchschläger, wird zum Bundespräsidenten gewählt.
Herbst 1974	In einem Gespräch mit dem deutschen Bundeskanzler Helmut Schmidt betont Kreisky den Vorrang der Vollbeschäftigung im Kampf gegen die Krise der Weltwirtschaft. Mit dem Budget 1974 beginnt das „deficit spending". 1975 bis 1977 werden Aufträge über 160 Milliarden Schilling an die Wirtschaft vergeben.
2. Juli 1975	Die Gleichberechtigung von Mann und Frau in der Ehe wird Gesetz.
5. Oktober 1975	Die SPÖ baut bei der Nationalratswahl unter der Devise „Kreisky, wer sonst?" ihre Mehrheit aus.
21. Dezember 1975	Terroristenüberfall auf die OPEC-Konferenz in Wien. Kreisky führt die Verhandlungen, alle als Geiseln genommenen Erdölminister erlangen in Algerien ihre Freiheit wieder. Bei dem Überfall werden ein österreichischer Polizeibeamter und ein libyscher OPEC-Angestellter ermordet.
1976	Weitere Reformen: Unterhaltsvorschussgesetz (der Staat springt ein, wenn der Unterhaltspflichtige seinen Zahlungen nicht nachkommt); Gesetz über vier Wochen Mindesturlaub
1977	Einführung der Volksanwaltschaft
8. Juli 1978	Wiener Treffen zwischen Kreisky, Brandt, dem ägyptischen Staatspräsidenten Anwar el Sadat und dem israelischen Oppositionsführer Shimon Peres
5. November 1978	Zwentendorf-Volksabstimmung, knappe Entscheidung gegen die Inbetriebnahme des AKW – trotz Kreiskys Einsatz für die friedliche Nutzung der Kernenergie
6. Mai 1979	Zum dritten Mal erringt die SPÖ die absolute Mehrheit.

5. Juni 1979	Angelobung des Kabinetts Kreisky IV
7. Juli 1979	Treffen mit PLO-Chef Jassir Arafat und Brandt in Wien
1980	Reisen nach Singapur, auf die Philippinen, nach Indien, Saudi-Arabien; Erkundungsmission der Sozialistischen Internationale unter Kreiskys Führung mit Olof Palme und Felipe González in Teheran
3. September 1980	Affären überschatten zunehmend die Regierungstätigkeit. Auf einer Versammlung in Linz verkündet Kreisky angesichts des Korruptionsskandals um das Wiener AKH zehn Punkte für mehr „Sauberkeit und Kontrolle im öffentlichen Leben", Politik und Geschäft sollen streng getrennt werden.
22. Jänner 1981	Regierungsumbildung. Vizekanzler und Finanzminister Hannes Androsch geht, Gesundheitsminister Herbert Salcher wird Finanzminister, Unterrichtsminister Fred Sinowatz Vizekanzler, der Wiener Hautarzt Kurt Steyrer kommt als neuer Gesundheitsminister ins Kabinett.
22. Mai 1981	Beim Parteitag in Graz unter dem Motto „Österreich muss vorne bleiben" wird Kreisky mit 98 Prozent wiedergewählt.
17. September 1981	In einer aufsehenerregenden Rede in Linz mahnt Kreisky die polnischen Arbeiter, ihre Kohle-Lieferverpflichtungen an Österreich zu erfüllen. Hintergrund: Das Verhältnis zur freien polnischen Gewerkschaft Solidarność ist schwierig. Während die USA die Kämpfer um Lech Wałęsa mit Geld und Material unterstützen, ist der ÖGB unter Anton Benya vorerst zurückhaltend.
16. Oktober 1981	Kreisky sagt seine Teilnahme am Nord-Süd-Gipfel in Cancún (Mexiko), den er vorbereitet hat, aus Gesundheitsgründen ab. Dort wird ein Statement verlesen, in dem er seine Idee des neuen „Marshallplans" zwischen Industrie- und Entwicklungsländern darlegt.
22. Dezember 1981	Gründung eines „Österreichischen Nationalkomitees für Polenhilfe"
5. Mai 1982	Ein Ärztekonsilium gibt trotz schwerer Bedenken grünes Licht für eine Kandidatur bei den Nationalratswahlen 1983.
27. Oktober 1982	Auf dem Parteitag in der Wiener Stadthalle bezeichnet Kreisky die Entwicklung im Österreich der 1970er-Jahre als „wahrhafte Revolution ohne Tränen". Er wird mit 484 von 489 Stimmen neuerlich zum Parteivorsitzenden gewählt.
14. Dezember 1982	Kreisky bekräftigt, dass er für eine Koalitionsregierung nicht zur Verfügung stünde.

24. April 1983	Bei den Nationalratswahlen verliert die SPÖ fünf Mandate und die absolute Mehrheit. Kreisky stellt die Weichen für Rot–Blau und schlägt als Nachfolger Fred Sinowatz vor. Im Herbst legt er den Parteivorsitz zurück und wird zum Ehrenvorsitzenden ernannt.
24. April 1984	Nierentransplantation in Hannover
Herbst 1984	Kreisky wirbt bei zahlreichen Veranstaltungen für seinen „Marshall-Plan für die Dritte Welt".
1985	Bei einem USA-Besuch hält Kreisky Vorträge an mehreren Universitäten.
September 1986	Reise nach Nordkorea, Treffen mit Staatschef Kim Il Sung. Unter der Regierung Kreisky waren auf Initiative des damaligen Außenministers Kirchschläger diplomatische Beziehungen zum nordkoreanischen Regime aufgenommen worden.
15. Jänner 1987	Kreisky tritt vom Ehrenvorsitz der SPÖ sowie von allen übrigen Funktionen, darunter der Präsidentschaft im Renner-Institut, zurück. Grund ist der Koalitionspakt mit der ÖVP, die das Außenamt erhält.
11. November 1987	Kreisky hält im Wiener Konzerthaus seine letzte Rede „Zur Lage" und kritisiert Bundespräsident Kurt Waldheim, weil er seine militärische Funktion während des Zweiten Weltkrieges verschwiegen habe.
Februar und März 1988	Anlässlich des 50. Jahrestages des Einmarsches deutscher Truppen in Österreich spricht der Altkanzler auf Veranstaltungen, auch in Schulen.
Jänner 1989	Nationalratspräsident Leopold Gratz und Innenminister Karl Blecha, zwei Vertraute Kreiskys, treten als Folge des „Lucona"-Skandals zurück. Der Frachter „Lucona" war 1977 bei einem versuchten Versicherungsbetrug versenkt worden. Stolperstein für Gratz und Blecha war ihre langjährige Freundschaft zum Haupttäter Udo Proksch, der später wegen sechsfachen Mordes verurteilt wurde. Das Gericht stellt fest, dass durch die Taten von Proksch „zeitweise das politische Leben des Landes erschüttert wurde".
22. Juni 1989	Die Sozialistische Internationale verabschiedet Kreisky als Vizepräsidenten.
27. Juni 1989	UNO-Generalsekretär Pérez de Cuéllar bittet Kreisky, in einer Kommission zur Untersuchung der südafrikanischen Apartheid mitzuwirken.
26. November 1989	Mit Bundeskanzler Franz Vranitzky nimmt Kreisky in Wien an der Festveranstaltung „100 Jahre Sozialdemokratie" teil.

13. Juni 1990	Bei der Geburtstagsfeier eines engen Freundes trifft Brandt Kreisky zum letzten Mal. Danach verschlechtert sich der Gesundheitszustand des Altkanzlers zunehmend.
Juni 1990	Urlaub in Meran. Kreisky lässt sich von seiner Physiotherapeutin Ilse Köck Geschichten aus dem jüdischen Schtetl vorlesen, darunter einige, die um das Thema Tod kreisen. „Du brauchst nicht glauben, dass ich nicht weiß, wie es um mich steht", sagt er zu ihr.
17. Juli 1990	Kreisky wird in das Krankenhaus Lainz in Wien gebracht. Solange er bei Bewusstsein ist, macht er Pläne.
29. Juli 1990	Um sechs Uhr morgens stirbt Bruno Kreisky an Herzversagen. Beim Staatsbegräbnis am 7. August 1990 sagt Willy Brandt: „Seine Weltsicht und sein Mut werden uns fehlen. Seine Welt war größer als sein Land."

Quellen

Gespräch mit Hugo Portisch, geführt am 19. Februar 2019 in Wien
Gespräch mit Peter Jankowitsch, geführt am 5. März 2019 in Wien
Gespräch mit Ernst Braun, geführt am 15. März 2019 in Baden bei Wien
Gespräch mit Alfred Reiter, geführt am 16. April 2019 in Wien
Gespräch mit Margit Schmidt, geführt am 24. April 2019 in Wien
Gespräch mit Hannes Androsch, geführt am 6. August 2019 in Wien
Gespräch mit Jan Kreisky, geführt am 14. April 2024 in Wien

Literatur

Kreisky, Bruno: Zwischen den Zeiten. Erinnerungen aus fünf Jahr-
    zehnten. Berlin 1986
Kreisky, Bruno: Im Strom der Politik. Der Memoiren zweiter Teil.
    Berlin 1988
Kreisky, Bruno: Der Mensch im Mittelpunkt. Der Memoiren dritter
    Teil. Herausgegeben von Oliver Rathkolb, Johannes Kunz und
    Margit Schmidt. Wien 1996
Kreisky, Bruno: Ansichten des sozialdemokratischen Staatsmannes.
    Herausgegeben von Johannes Kunz. Wien 1983

Androsch, Hannes: Wirtschaft und Gesellschaft in Österreich
    1945–2005. Wien 2005
Austria-Forum: Biographie Bruno Kreisky. Redaktion Trautl Brand-
    staller. austria-forum.org
Böhler, Ingrid: „Wenn die Juden ein Volk sind, so ist es ein mieses
    Volk." Die Kreisky-Peter-Wiesenthal-Affäre 1975. In: Gehler,
    Michael/Sickinger, Hubert (Hg.): Politische Affären und Skandale
    in Österreich vom Ende der Monarchie bis zur Zweiten Republik.
    Thaur 1995 (Neuauflage 2008)
Bunzl, John/Marin, Bernd: Antisemitismus in Österreich. Innsbruck
    1983
Brandt, Willy/Kreisky, Bruno/Palme, Olof: Briefe und Gespräche
    1972 bis 1975. Frankfurt am Main 1975
Bruno-Kreisky-Forum für internationalen Dialog: Biografische Daten
    Bruno Kreisky. Wien o. J.

Czernin, Hubertus: Die Haider-Macher. Franz Vranitzky und das Ende der alten Republik. Wien 1997
Czernin, Hubertus: Die Interviews. Wien 2016
Dichand, Hans: Im Vorhof der Macht. Wien 1996
Fischer, Heinz: Die Kreisky-Jahre. Wien 1993
Horvath, Elisabeth: Ära oder Episode? Das Phänomen Bruno Kreisky. Wien 1989
Klaus, Josef: Macht und Ohnmacht in Österreich. Wien 1971
Kleindel, Walter: Österreich. Daten zur Geschichte und Kultur. Wien 1995
Kopeinig, Margaretha/Kotanko, Christoph: Eine europäische Affäre. Der Weisen-Bericht und die Sanktionen gegen Österreich. Wien 2000
Kopeinig, Margaretha/Petritsch, Wolfgang: Das Kreisky-Prinzip. Wien 2009
Kotanko, Christoph (Hg.): Die Qual der Wahl. Die Programme der Parteien im Vergleich. Wien 2013
Kriechbaumer, Robert: Die Ära Josef Klaus. Zwei Bände. Wien 1998, 1999.
Kriechbauer, Robert: Die Ära Kreisky. Wien 2006
Lackner, Herbert: Die Flucht der Dichter und Denker. Wie Europas Künstler und Wissenschaftler den Nazis entkamen. Wien 2017
Lendvai, Paul: Mein Österreich. 50 Jahre hinter den Kulissen der Macht. Salzburg 2007
Lendvai, Paul: Die verspielte Welt. Begegnungen und Erinnerungen. Salzburg 2019
Lendvai, Paul/Ritschel, Karl Heinz: Kreisky. Porträt eines Staatsmannes. Wien 1972
Leser, Norbert: Elegie auf Rot. Wien 1998
Liegl, Barbara/Pelinka, Anton: Chronos und Ödipus. Der Kreisky-Androsch-Konflikt. Wien 2004
Lingens, Peter Michael: Ansichten eines Außenseiters. Wien 2009
Maimann, Helene: Über Kreisky. Gespräche aus Distanz und Nähe. Wien 2011
Matzka, Manfred: Die Staatskanzlei. 300 Jahre Macht und Intrige am Ballhausplatz. Wien 2017
Mayer, Horst Friedrich/Vogl, Gerhard: Sisi-Kult und Kreisky-Mythos. Ein österreichisches Jahrhundert in Anekdoten. Wien 1998

Mesner, Maria: Geschichte der Abtreibungsdiskussion 1945–1992. Wien 1994

Mitterlehner, Reinhold: Haltung. Flagge zeigen in Leben und Politik. Elsbethen 2019

Müller, Konrad R./Roth, Gerhard/Turrini, Peter: Bruno Kreisky. Berlin 1981

Neugebauer, Wolfgang: Der österreichische Widerstand 1938–1945. Wien 2015

Pelinka, Anton: Die Kleine Koalition SPÖ-FPÖ 1983–1986. Wien 1994

Pelinka, Peter: Österreichs Kanzler. Von Leopold Figl bis Wolfgang Schüssel. Wien 2000

Petritsch, Wolfgang: Bruno Kreisky. Die Biographie. St. Pölten–Salzburg 2010

Petritsch, Wolfgang: Ich bin der Meinung. Bruno Kreisky – Sprüche und Widersprüche. Wien 2019

Pittler, Andreas: Das Kreisky-Album. Schleinbach 2010

Plasil, Tina: Klare Verhältnisse für ein modernes Österreich. Die Nationalratswahlen 1970 und 1971. Radio-Berichterstattung über Wahlkampf und Wahltag. Wien 2006

Rathkolb, Oliver: Bruno Kreisky 1911–1990. Der „beste zweite Mann" als beliebtester Bundeskanzler der Zweiten Republik. In: Brandt, Peter/Lehnert, Detlef (Hg.): Sozialdemokratische Regierungschefs in Deutschland und Österreich 1918–1983. Bonn 2017

Rathkolb, Oliver: Die paradoxe Republik. Wien 2015

Rauchensteiner, Meinhard: Das kleine ABC des Staatsbesuches. Wien 2011

Rauchensteiner, Manfried: Unter Beobachtung. Österreich seit 1918. Wien 2017

Reimann, Viktor: Bruno Kreisky. Das Portrait eines Staatsmannes. Wien 1972

Reiter, Franz Richard (Hg.): Wer war Bruno Kreisky? Dokumente, Berichte, Analysen. Wien 2000

Reiter, Margit: Die Ehemaligen. Der Nationalsozialismus und die Anfänge der FPÖ. Göttingen 2019

Ringel, Erwin: Die österreichische Seele. Wien 1984

Röhrlich, Elisabeth: Kreiskys Außenpolitik zwischen österreichischer Identität und internationalem Programm. Göttingen 2009

Scheidl, Hans-Werner, Ironimus: Der wahre Kreisky. Wien 2010

Schmid, Gerhard; Schober Marcus: Sozialdemokratie. Positionen und Perspektiven. Wien 2024

Schuh, Franz: Bruno Kreisky – wer hat Macht? Interview in zwei Teilen. Wespennest

Nr. 83 und 84, Wien 1991

Schuster, Nora: Aug in Aug. Photographien. Vorwort von Bruno Kreisky, Einleitung von Christoph Kotanko und Hubertus Czernin. Wien 1984

Seidel, Hans: Wirtschaft und Wirtschaftspolitik in der Ära Kreisky. Wien 2017

Thonke, Christian: Hitlers langer Schatten. Der mühevolle Weg zur Entschädigung der NS-Opfer. Wien 2004

Tóth, Barbara: Karl von Schwarzenberg – Die Biografie. Wien 2017

Treichl, Heinrich: Fast ein Jahrhundert. Erinnerungen. Wien 2003

Verein für Zeitgeschichte (Hg.): Endlich vorbei! Erinnerungen Braunauer Zeitzeugen bis 1955. Aspach 2005

Vodopivec, Alexander: Der verspielte Ballhausplatz. Vom schwarzen zum roten Österreich. Wien 1970

Vodopivec, Alexander: Wer regiert in Österreich? Wien 1960

Vogelauer, Klaus: Die Affäre Kreisky/Peter/Wiesenthal. Wien 2002

Weber, Max: Politik als Beruf. Ditzingen 1992

Wenzel-Jelinek, Margret: Kreisky und kein Nachfolger. Wien 2017

Personenregister